阿伦特与教育

HANNAH ARENDT
and EDUCATION

更新我们共有的世界

Mordechai Gordon
〔美〕莫迪凯·戈登 主编　丁道勇 译

Renewing
Our Common World

北京大学出版社
PEKING UNIVERSITY PRESS

著作权合同登记号　图字：01-2025-3334
图书在版编目(CIP)数据

阿伦特与教育：更新我们共有的世界 / (美)莫迪凯·戈登(Mordechai Gordon)主编；丁道勇译. 北京：北京大学出版社, 2025.7. -- ISBN 978-7-301-35917-4

I. G40-02
中国国家版本馆CIP数据核字第2025KW5111号

Hannah Arendt and Education: Renewing Our Common World, 1st edition, edited by Mordechai Gordon, ISBN: 978-0813366326
Copyright © 2001 Taylor & Francis
Authorized translation from the English language edition published by Routledge, a member of the Taylor & Francis Group, LLC. All Rights Reserved. 本书原版由Taylor & Francis出版集团旗下Routledge出版公司出版，并经其授权翻译出版。版权所有，侵权必究。
Peking University Press is authorized to publish and distribute exclusively the Chinese (Simplified Characters) language edition. This edition is authorized for sale throughout Mainland of China. No part of the publication may be reproduced or distributed by any means, or stored in a database or retrieval system, without the prior written permission of the publisher. 本书中文简体翻译版授权由北京大学出版社独家出版并仅限在中国大陆地区销售。未经出版者书面许可，不得以任何方式复制或发行本书的任何部分。
Copies of this book sold without a Taylor & Francis sticker on the cover are unauthorized and illegal. 本书封面贴有Taylor & Francis公司防伪标签，无标签者不得销售。

书　　　　名	阿伦特与教育：更新我们共有的世界 ALUNTE YU JIAOYU: GENGXIN WOMEN GONGYOU DE SHIJIE
著作责任者	〔美〕莫迪凯·戈登（Mordechai Gordon）　主编 丁道勇　译
责任编辑	张宇溪
标准书号	ISBN 978-7-301-35917-4
出版发行	北京大学出版社
地　　　　址	北京市海淀区成府路205号　100871
网　　　　址	http://www.pup.cn　新浪微博：@北京大学出版社
电子邮箱	zpup@pup.cn
电　　　　话	邮购部 010-62752015　发行部 010-62750672 编辑部 021-62071998
印　刷　者	大厂回族自治县彩虹印刷有限公司
经　销　者	新华书店
	880毫米×1230毫米　A5　10.125印张　280千字 2025年7月第1版　2025年7月第1次印刷
定　　　　价	58.00元

未经许可，不得以任何方式复制或抄袭本书之部分或全部内容。
版权所有，侵权必究
举报电话：010-62752024　电子邮箱：fd@pup.cn
图书如有印装质量问题，请与出版部联系，电话：010-62756370

献给我的女儿朱莉娅(Julia)、献给加芙列拉(Gabriela),
她们帮我更新了一个共有的世界。

前　　言

玛克辛·格林(Maxine Greene)

自从我开始教"教育哲学"以来,阿伦特的作品就一直在向我提问。对我的专业生活而言,那都是些至关重要的主题。这些作品与杜威(John Dewey)的思想以及一些存在主义的基本观念,尤其是梅洛-庞蒂(Maurice Merleau-Ponty)的思想交织在一起。阿伦特的一些观念为我打开了通往"共有的世界"(common world)以及教育的广阔视野,并且一直在发挥这种作用。正是这种教育,可以让"共有的世界"得以实现并且保持活力。阿伦特的这些观念包括:关于思和无思(thoughtlessness)的观念、对于决策时"止步并思考"的必要性的强调、对公共空间当中人类自由和行动的联系。基于所有这些理由,我欢迎这本书的问世。它内容丰富,包含多个面向。正如本书编者所说,在这个领域,教育和政治的关系此前还从未有人探索过。同样的,阿伦特的新生性(natality)、传统与权威的概念与在学院和大学中发生的事情之间有什么联系,此前也还是一个空白。

阅读这些深入思考并且往往带有批判性的文章,让我不禁回想起曾经上过的汉娜·阿伦特的一门叫作"意愿的历史"的课程。我记得她在黑板上引用了西塞罗(Marcus Tullius Cicero)的一句话,之后开始自如地联系到陀思妥耶夫斯基（Fyodor Mikhaylovich Dostoyevsky）以及福克纳（William Faulkner）。我们亲历了戈登（Mordechai Gordon）博士准确描述的那种"传统"，它被认为是"一系列创新，其中充满了缝隙和冲突，以及阿伦特希望年轻人作出的各种形式的再创造。"在思考"传统"以及它在教育上的应用时，我总会回到阿伦特在《在过去和未来之间》（Between Past and Future）中有关教育章节的结论：

> 教育是关键。借助教育，我们可以确定自己是不是足够热爱这个世界，愿意为这个世界承担责任；同样，正是通过教育，可以挽救这个世界，让它不至于走向毁灭。因为，如果没有更新、没有新人和年轻成员的加入，世界的毁灭就难以避免。同样的，我们还可以在教育中判断自己是不是足够爱孩子，不把他们排挤出我们的世界，让他们孤苦无依。我们不是去剥夺孩子们从事新的、我们前所未见的事情的机会，而是提前为他们作好准备，去完成更新一个共有的世界的任务。

在我看来，这本书率先探索了这段话中提到的教育的多重意义。这些作者，甚至包括他们进行探索的方式，都从"批判"以及保护的角度出发，进行了率真的评论。读者可能会发现，自己对于今日教育中的各种张力和期待已经获得了更加清晰的看法，并已了解这到底是不是一个"黑暗时代"。

本书打开了通往很多主题的通道。戈登等人的探索，给关于什么是教学、什么是学习的对话带来了一些重要的、新的声音。

致　　谢

首先，我要感谢 Westviews 出版社的编辑萨拉·沃纳（Sarah Warner）、凯瑟琳·墨菲（Catherine Murphy）以及凯瑟琳·钱德勒（Katharine Chandler），她们在本书出版过程中表现出的耐心和宝贵洞见，给我提供了巨大的帮助。我同时感谢所有为本书做出贡献的作者们：金伯利·柯蒂斯（Kim Curtis）、爱德华多·杜瓦蒂（Eduardo Duarte）、彼得·尤本（Peter Euben）、玛克辛·格林（Maxine Greene）、杰罗姆·科恩（Jerome Kohn）、安·莱恩（Ann Lane）、娜塔莎·莱文森（Natasha Levinson）、阿龙·舒茨（Aaron Schutz）、斯特西·史密斯（Stacy Smith）以及伊丽莎白·扬-布吕尔（Elisabeth Young-Bruehl）。如果没有他们的贡献和努力，这本书就不可能完成。最后，我要感谢乔·金奇洛（Joe Kincheloe）和雪莉·斯坦伯格（Shirley Steinberg），他们是了不起的朋友和丛书主编，他们从一开始就看好这个项目，不断给我提供支持和反馈。

目　录

导言 　　　　　　　　　　　　　　莫迪凯·戈登　001

新生性的悖论：面向迟来性的教学　　娜塔莎·莱文森　012

　　新生性的悖论　　　　　　　　　　　　　　　013
　　"保护新意"的教学　　　　　　　　　　　　019
　　身份的重要性：面向迟来性的教学　　　　　026
　　在"过去与未来之间的夹缝"中去教　　　　037

阿伦特论权威：重新思考教育中的保守主义　莫迪凯·戈登　042

　　权威和政治性存在　　　　　　　　　　　　043
　　重新思考教育中的保守主义　　　　　　　　051
　　阿伦特和民主教育　　　　　　　　　　　　063

判断教育：一种阿伦特式的矛盾用法？　斯特西·史密斯　075

　　阿伦特思想中的判断　　　　　　　　　　　　078
　　阿伦特思想中的教育　　　　　　　　　　　　086
　　判断教育　　　　　　　　　　　　　　　　　092

结论　　　　　　　　　　　　　　　　　　　　　*103*

反对乌托邦主义：阿伦特与民主教育的张力　　阿龙·舒茨　*105*
　　公共空间：一种粗略的近似　　　　　　　　　　　*112*
　　公共空间的张力　　　　　　　　　　　　　　　　*117*
　　融会贯通：以"公共成就"项目为例　　　　　　　*132*
　　结论　　　　　　　　　　　　　　　　　　　　　*140*

多元文化教育和阿伦特的保守主义：论记忆、历史性伤害和我们的共同感　　金伯利·柯蒂斯　*144*
　　阿伦特式的保守主义　　　　　　　　　　　　　　*150*
　　多元文化教育：对于奇卡诺/奇卡纳研究的反思　　*161*

阿伦特是一个多元文化主义者吗？　　安·莱恩　*174*
　　超越而非放弃身份政治　　　　　　　　　　　　　*181*
　　政治的优先性　　　　　　　　　　　　　　　　　*186*
　　新政体　　　　　　　　　　　　　　　　　　　　*189*
　　视角的多样性　　　　　　　　　　　　　　　　　*193*

阿伦特论大学政治化及其他　　彼得·尤本　*200*
　　Ⅰ　　　　　　　　　　　　　　　　　　　　　　*200*
　　Ⅱ　　　　　　　　　　　　　　　　　　　　　　*211*
　　Ⅲ　　　　　　　　　　　　　　　　　　　　　　*218*
　　Ⅳ　　　　　　　　　　　　　　　　　　　　　　*221*
　　Ⅴ　　　　　　　　　　　　　　　　　　　　　　*226*

思考的没落：一种对于合作学习的阿伦特式批评

　　　　　　　　　　　　　　爱德华多·杜瓦蒂 *231*

　　合作学习的基础　　　　　　　　　　　*232*

　　阿伦特对行动和思考的区分　　　　　　*239*

　　加图的格言　　　　　　　　　　　　　*245*

　　一种受阿伦特启发的沉思的教学　　　　*250*

向阿伦特学什么？怎么学？

　　　　　　　　　伊丽莎白·扬-布吕尔　杰罗姆·科恩 *257*

译名对照　　　　　　　　　　　　丁道勇 *293*

译者的话　　　　　　　　　　　　　　 *311*

导　言

莫迪凯·戈登

　　近年来,汉娜·阿伦特的生平与作品再次引起了人们的关注。几年前出版的阿伦特与卡尔·雅斯贝斯(Karl Jaspers)、马丁·海德格尔(Martin Heidegger)、玛丽·麦卡锡(Mary McCarthy)的三卷本通信集,丰富了我们对于阿伦特的生活及其作为思想家的成长历程的理解。此外,一系列富有启发的论文集近来也相继出版,论题涉及阿伦特对于政治理论、伦理学和女性主义等领域的贡献。尽管人们重新对阿伦特发生了兴趣,但有关她在教育理论和实践方面的诸多洞见的重要性的讨论,却显然被忽略了。文献回顾表明,很少有作品涉及阿伦特思想在教育上的应用。本书是对这种缺失的初步回应。

　　贯穿全书、反复出现的一个主题是,需要严肃和批判性地对待阿伦特的教育思想。举例来说,阿伦特认为政治和教育是两个不同的领域,需要严格区分,而本书的许多作者都对此提出了质疑。然而,尽管这些作者认为阿伦特关于政治领域与教育领域的区分存在很大争议,但是他们也承认这个区分是重要的,能够促使我们去重新审视教育与政治之间的复杂关系。在这个意义上,本书各位作者接受了塞拉·本哈比(Seyla Benhabib)所谓"用阿伦特来反对阿伦特"[①]的主张。尤其是对于那些关注"民主教育""浸入式教学法""多元文化教育""意识形态与课程"等话题的学者、教育者和管理者们来说,本书为这些热烈讨论提供了一些了不起的洞见。

大多数尝试分析政治与教育之间关系的学者,都基于一种"批判性—革命性"视角。因此,批判理论家、女性主义者、激进教育者、少数族裔知识分子等人士,不仅揭示了美国的政治、经济、文化权力通过何种方式影响各个层次的教育系统,同时也提出了一些不同的教育方式,包括一些更加普适的课程、新的教学方法,以及完全不同的建立和管理学校的方法。这些学者的共识在于,他们都相信这个国家的教育系统维系并巩固了多种性别、种族、阶级的不公平。他们认为,唯有彻底改变我们思考教育、实践教育的方式,才有可能逐步纠正这种巨大的不公平、"野蛮的不平等"[②]。

本书各章节尽管在总体上对于"批判性—革命性"的传统采取了同情的立场,但是许多作者也认为这一审视政治与教育关系的视

---

① Benhabib, S. (1988). Judgment and the moral foundation of politics in Arendt's thought. *Political Theory*, 16(1), 29-51.
关于"用阿伦特来反对阿伦特",塞拉·本哈比在别处有一段清晰的说明:"我们需要的,不仅仅是重新解读汉娜·阿伦特的思想,同样还要修订它;因为,如果我们要'用阿伦特来反对阿伦特',我们就必须放弃对于文本分析的虔诚,向自己提出一些阿伦特式的问题,准备提供一些非阿伦特式的答案。"[Benhabib, S. (2000). *The reluctant modernism of Hannah Arendt*. Lanham, ML: Rowman & Littlefield Publishers, p.198.]——译者注

② "野蛮的不平等"这个词来自:Kozol, J. (1991). *Savage inequalities: Children in America's schools*. New York: Broadway Paperbackes. 这本书描述了不同阶层、种族的学校之间的差异。在美国,房产税高低影响所在学区的办学条件,房产价值更高的学区办学资金也更充裕。这一制度设计客观上造成了穷学校和富学校在办学条件上的巨大差异。结果,教育机会均等实际上成了一种迷梦,穷孩子和富孩子之间的差距被进一步放大了。——译者注

角本身应加以扩展。因此,本书各章节的另一条核心线索是相信汉娜·阿伦特提供了一种独特的声音,能够推动批判传统所呼吁的变革教育的要求,从而让教育可以为民主公民身份和社会正义价值服务。关于教育者与过去或传统的关系,阿伦特提供了一种有别于主流保守派和批判理论家的概念化方式。主流保守派不加批判地看待过去和传统,认为西方文化中的思想和价值是缓解当代困境的持续性知识来源。保守派则认为教育应该向学生灌输这些观念和价值,这样学生们就可以接受甚至效仿它们。[1]

激进理论家和激进教育者经常采取一种相反的立场,把过去和传统与统治逻辑联系在一起。根据这一观点,西方经典服务于社会中的统治群体,因为它们会将统治群体的价值观合法化,同时否定和边缘化被统治群体的知识和经验。这个立场背后的假设是,学校主要是再生产和统治的机构。从这个角度看,传统和过去都被认为是消极的、压迫性的力量,没有推动解放的价值。[2]

与主流保守派不同,阿伦特并不认为传统是连接不同代际的接口,不认为传统可以赋予人类文明完整性和意义。阿伦特同时也不接受激进派的方法,不愿意把过去、传统与统治逻辑联系起来。对阿伦特来说,传统应该被理解为一系列创新,传统本身充满了各种断裂、缝隙以及年轻人可以不断重塑的东西。在阿伦特看来,任务不在于恢复我们与传统和过去之间的联系,而是要发现那些虽然历经改变,但仍以不同形式保存下来的思想和价值,可以使用它们来干预、批评和改造现在。与主流保守派不同,阿伦特并不是要使用

---

[1] 有关主流保守派对于教育权威的看法,参考我在本书中的论文(第二章)。

[2] 例如:Aronowitz, S., & Giroux, H. A. (1993). *Education still under siege* (2nd ed.). Westport, CT: Bergin & Garvey, pp. 135-158.

这些思想和价值观来连接过去和现在,而是要用它们来创造新的起点。此外,与那些往往批判且否定地看待传统的激进理论家不同,阿伦特认为传统可以形成一种解放的教学法,这种教学法可以给学生赋权,让他们作出改变和创造新事物。因此,这本书的作者们相信,阿伦特将过去和传统概念化的独特方式,对民主社会的教育具有重要意义,需要严肃对待。后续章节将对此进行探讨。

本书的第三个统一的主题,也是最重要的一个主题,是公民教育或民主教育。本书所有章节都关注公民议题,例如民主教育的目的、多元文化主义的意义、克服种族冲突和矛盾以及如何培养批判的、能动的公民。许多作者作出这样两个假设:当前美国社会对于公共事务的漠视是不能容忍的,教育对于改变这一现状至关重要。尤其是,本书作者们都相信,民主社会出了问题:只有不到一半的合格公民在全国大选时参与投票,很少有人参与公共事务,贫富之间存在巨大差距,暴力文化日益滋长,同时社会中却缺乏公共话语和公民行动的文化。用乔·金奇洛(Joe Kincheloe)的话来说,这是一个"始终让特权者因其特权而受到奖赏,让边缘人群因其边缘化而受到惩罚"的社会。[①] 本书各位作者相信,汉娜·阿伦特的这些洞见,可以对当前有关公民教育、教育在民主社会中的角色的讨论做出重要贡献。

有趣的是,尽管阿伦特本人并非教育者,她关于教育议题的撰述也很有限,但她的作品却涉及大量与民主社会极其相关的政治概

---

① Kincheloe, J. L. (1993). The foundations of a democratic educatioal psychology. In J. L. Kincheloe, S. R. Steinberg, & L. E. Villaverde (Eds.), *Rethinking intelligence: Confronting psychological assumptions about teaching and learning*. New York: Routledge, p. 3.

念,诸如新生性(natality)、行动(action)、自由(freedom)、平等(equality)、公共空间(public space)、多样性(plurality)等等。事实上,本书的前四章聚焦于阿伦特思想中四个不同的概念,对于讨论教育在民主社会中的角色问题有重要应用。在第一章,娜塔莎·莱文森探讨了"新生性"的条件对于我们从事多元文化教育、反种族主义教育的方式带来的挑战。当我们试图参与跨种族对话时,我们可能会遇到那些无可避免的、必然的挫折。"新生性"是阿伦特政治行动概念的核心,也可以认为这是在某个世界当中开启一些意料之外的东西的能力,而这个世界正愈发怀疑新意(newness)能够进入其中的可能性。莱文森的这一章,标题是《新生性的悖论:面向迟来性的教学》(The Paradox of Natality: Teaching in the Midst of Belatedness),强调了新生性的矛盾。这个主题贯穿阿伦特的《教育危机》(The Crisis in Education)一文,同时也贯穿《人之为人的条件》(*The Human Condition*)对于政治行动可能条件的更大规模的研究始终。莱文森的章节同时谈到了迟来性和多样性的条件,这些条件不仅对抗新生性,而且削弱了社会改造的可能性。莱文森告诉我们,新生性概念可以帮助我们更好地理解在跨种族对话中出现的诸多挫折。她希望这种理解可以让我们认识到,那些平常看来几乎毫无用处的各种遭遇,实际上恰恰是新意进入这个世界的可能性的一个标志。

我所作的章节《阿伦特论权威:重新思考教育中的保守主义》(Hannah Arendt on Authority: Conservatism in Education Reconsidered)从下面这个假设开始,并且沿着这个假设来展开论述:大多数保守的教育方法,都强调要教年轻人一些有价值的科目和基本的道德价值。我们很难遇到这样的保守教育者,会认为要给学生们提供改变和创新的机会。与他们不同,我把汉娜·阿伦特的保守主义视为这一倾向中的例外,她关于权威的洞见需要民主教育者严肃对待。尽管阿伦特倾向于在教育中保留传统的权威概念,但是她也坚持认为教师应该培养儿童的革命性和创新性。实际上,她帮助我们弥合了"旧"(传统)与"新"(改变)之间的鸿沟,这是困扰了教育者几个世纪的难题。我还认为,阿伦特的教学权威概念不同于主流保守派的观点,它对于民主教育有许多重要的启示。因此,阿伦特的教育方法不仅仅比主流保守派的观点更为可信,而且也对民主社会当中关于学校教育目的的相关讨论有实质性的贡献。

第三章题为《判断教育:一种阿伦特式的矛盾用法?》(Education for Judgment: An Arendtian Oxymoron?)。在这篇论文当中,斯特西·史密斯(Stacy Smith)分析了在阿伦特的政治哲学中,"判断教育"的内在张力和可能性。史密斯认为,阿伦特关于判断和政治的观点表明,民主教育在培养未来公民的判断官能方面发挥着关键作用。从康德(Immanuel Kant)所说的判断力是"一种特定天赋,只可以实践,不可以教授"出发,史密斯提出"作为准备的实践"的概念,把阿伦特有关政治领域和教育领域的严格区分进一步复杂化了。在史密斯看来,判断教育是阿伦特宣称的为年轻人"更新一个共有的世界的任务"作准备的工作的基础。

阿龙·舒茨(Aaron Schutz)在《挑战乌托邦主义:阿伦特与民主教育之间的张力》(Contesting Utopianism: Hannah Arendt and the Tensions of Democratic Education)中指出,在许多教育学者关于教育民主思想的作品中,存在一种乌托邦式的冲动。舒茨关注的民主愿景,主要来自约翰·杜威。他利用阿伦特关于"公共空间"的作品,来挑战这种乌托邦式的冲动。与近来的许多学者不同,阿伦特关注的是在参与一个平等、合作的共同体时,固有的那种根本的、有时是悲剧性的限度。在阐述了阿伦特的这一愿景之后,舒茨探索了一个发动学生参与民主行动实践的真实案例,展示了阿伦特的愿景在具体环境下的可能性和限度。舒茨的结论是,如果希望在包含冲突的实际教育场景中实现民主行动的承诺,我们就需要多样且往往是相互冲突的民主模式和民主教育模式。

  本书接下来两章探讨的问题是,汉娜·阿伦特的思想对于多元文化教育有没有意义?在第五章中,金伯利·柯蒂斯(Kimberley Curtis)对这个问题作出妥善和肯定的回答,她相信阿伦特的教育保守主义阐明并强调了多元文化主义的深层追求。柯蒂斯在《多元文化教育和阿伦特的保守主义:论记忆、历史性伤害和我们的共同感》(Multiculturatl Education and Arendtian Conservatism: On Memory, Historical Injury, and Our Sense of the Common)中提醒我们,多元文化教育的支持者不仅仅是某些身份群体的成员,他们同时也是阿伦特式意义上的这个世界的成员。他们试图扩展经验和视角,让经验和视角变得更加多样化[这个世界的居间(in-between)部分],借此形成了我们是"谁"的意识。驱使他们回顾过去,发掘和重新诠释历史记录的原因,是不同人群承受的各种伤害和剥夺、各种遗忘和排挤,它们扭曲了这个我们共有的世界,让它不再为我们所共有。在这方面,优秀的多元文化教育并不会招致碎片化和飞地政治的危险,反而让我们的世界能够更生动、更积极地被共同拥有。柯蒂斯的分析以奇卡诺/奇卡纳(Chicano/Chicana)研究为例,说明多元文化教学必须体现政治和教育之间的那种既相互勾连又相互排斥的探索性理解。她认为,阿伦特式保守主义是丰富的思想资源,可以用来重新思考指向这些目标的多元文化教学。

安·莱恩(Ann Lane)在《阿伦特是一个多元文化主义者吗?》(Is Hannah Arendt a Multiculturalist?)中继续讨论阿伦特的思想与多元文化教育之间的关联。莱恩说明了阿伦特的工作是怎么对她的学生们变得重要起来的。这些工作包括阿伦特关于犹太边缘人(pariah)的描述、关于在苦难基础上建立共同体的危险的讨论、对于极权主义发展的分析、关于"受害者"共同责任的主张。莱恩指出,尽管新一波文献往往是以更新、更巧妙的方式来解读阿伦特的思想,但是其中的许多评论都放在哲学讨论的背景下,或者放在关于政治生活观念的抽象斗争的背景当中。然而,对于莱恩的学生们来说,阿伦特关于同化作用(assimilation)、沙文主义(chauvinism)、帝国主义(imperialism)的令人不安的断言,以及她对于"社会的"(the social)和"政治的"(the political)、"制作"(making)和"做"(doing)的区分,似乎都直接触及了他们的生活和抗争。莱恩发现,阿伦特不仅提醒我们"遗失的"政治片段,而且还警告那些政治运动参与者们有丧失初衷的危险。

第七章和第八章讨论的是阿伦特对于当前教育领域的两个争论的贡献。在《阿伦特论大学政治化及其他》(Hannah Arendt on Politicizing the University and Other Clichés)中,彼得·尤本(Peter Euben)让阿伦特扮演当代"文化战争"的一个对话者。尤本建议,要基于阿伦特关于苏格拉底和阿道夫·艾希曼(Adolf Eichmann)的作品(以及她关于教育的作品),来理解文化战争中的这些冲突。这让我们可以把重大议题与那些分散我们注意力的自吹自擂区分开来。尤本同时表明,阿伦特的作品是如何提供概念基础,来区分政治化教育(politicized education)(政治化教育对高等教育构成了威胁)和政治教育(political education)(政治教育则是高等教育的必要组成部分)的。最后,尤本还采用了阿伦特的那种"希腊风格":基于她认可的那种政治教育,来复兴一种有关政治和自由的观念。

在《思考的没落:一种对于合作学习的阿伦特式批评》(The Eclipse of Thinking: An Arendtian Critique of Cooperative Learning)中,爱德华多·杜瓦蒂(Eduardo Duarte)以阿伦特关于思考的"纯粹"哲学描述作为概念架构,来批判基于同伴干预、集体学习过程来创设学习共同体的教学模式。这些教学模式被纳入"合作学习"的范畴。杜瓦蒂的批评指向了合作学习的一个基本假设,即在他人陪伴下,可以更好地完成。这个假设的基础是社会建构主义认识论,连带形成了这样一些教学模式的应用,抑制了阿伦特所谓对于沉思的"迫切需求"。因为合作学习与"远离"(withdrawal)他人陪伴这件事在结构上就是不相容的,而沉思又正是基于这种"远离",因此合作学习就导致了思考的没落。总之,杜瓦蒂认为合作学习模式可能正在创造"无思"(nonthinking)的条件。

本书的最后一章是汉娜·阿伦特的两位学生之间的通信。在《向阿伦特学什么?怎么学?》(What and How We Learned from Hannah Arendt: An Exchange of Letters)中,伊丽莎白·扬-布吕尔(Elisabeth Young-Bruehl)和杰罗姆·科恩(Jerome Kohn)不仅交流了"跟随阿伦特学习的乐趣",同时也启发我们去关注阿伦特关于何种教育适于帮助人们理解政治的观点。科恩强调,阿伦特的基本教义以及随之而来的全部思想来源,都在于史无前例的极权主义事件:"我想要强调的是,阿伦特试图让她的学生们明白……极权主义是在西方文明的大本营内部出现,而不是从外部引进的,或者像阿伦特常常说的那样,'不是从月亮上来的',或者别的什么地方。"扬-布吕尔同意科恩的看法,认为极权主义思想在 20 世纪的表现对于思考的结果是,人们现在必须想象和付出努力生活在"一个好的世界"(a decent world)当中。他写道,这个世界"不是乌托邦,不是意识形态的宫殿,不是英雄主义的舞台,不是一种道德说教,而是一个好的世界。用汉娜·阿伦特的术语来说,我想这意味着一个不可能出现极权主义的世界"。科恩继续沿着这个思路,总结阿伦特作为一名教育者的基本贡献。他写道:

> (阿伦特)是通过教学,在很大程度上是通过自己的示范,来把我们带入这个世界、找回这个世界的过去。我想,这里的关键在于,从我们的内部发展出一种能力,对于分享这个世界的男男女女的伟大多样性,作出不偏私的回应。这有助于维系一个共有的世界,而极权主义正是要摧毁这个世界。这样的责任,尽管不是知识方面的问题,但是仍然需要思考。阿伦特并不是往我们的脑袋里填充知识,而是教我们"思考";在阿伦特的概念当中,"思考"是实践的。因为,正如阿伦特所说,作为一种习惯的思考,"是让人免于作恶的诸多条件之一"。

对于本书各章节的概述表明,汉娜·阿伦特的政治概念的遗产以及她提出的许多问题和话题,对于民主社会的教育有许多重要的应用。今天,政治和教育的相互联系变得越来越明显,我们再也不能忽略作为 20 世纪主要政治理论家之一的阿伦特的教育思想了。

然而,阿伦特不仅是一位对教育问题的贡献在很大程度上被忽略了的政治理论家,她也是一位独特的、原创性的思考者,不能被纳入任何当代政治话语或教育话语体系中去。无论是在讨论政治、道德,还是在讨论哲学、社会议题,人们都不能准确识别阿伦特对于主流保守派、自由派、激进派的看法。阿伦特不能归入任何已有的阵营,这个事实本身是一个优势。因为,阿伦特的观点可以帮助我们在历史上相互冲突的教育观念之间弥合差异、搭建桥梁。她提供了一种新颖的视角,当代学者和教育者可以基于此来分析各种政治问题、教育议题以及这两个领域之间的内在联系。

新生性的悖论:面向迟来性的教学[1]

娜塔莎·莱文森

奥古斯丁在他的政治哲学中说,"有那么一个起点,人在这个起点上被创造出来,在此以前则籍籍无名。"这个起点不同于世界的起点,它不是事物的起点,而是人的起点,人自身就是一个创造者。[2]

——汉娜·阿伦特,《人之为人的条件》

---

[1] 本文首先见于:Levinson, N. (1997). Teaching in the midst of belatedness: The paradox of natality in Hannah Arendt's educational thought. *Educaitonal Theory*, 47 (4), 435-451. 感谢尼古拉斯·博比莱斯(Nicholas Burbules)和梅丽莎·奥利(Melissa Orlie)推荐我承担此项工作,感谢他们对于本文多个版本的细致、富有挑战同时又充满鼓励的评论。同样,我也要感谢莫迪凯·戈登(Mordechai Gordon)提供的有益的编者建议,他认为是时候来一本谈论阿伦特与教育的书了。

[2] Arendt, H. (1958). *The human condition*. Chicago: University of Chicago Press, p.177.
为保持一致,在讨论学会在"过去和未来的夹缝"中生存意味着什么的问题时,我决定不改变阿伦特对于生理上的男性的用法,尽管我的这个强调恰恰表达了我的不适。我不仅关心她的文本的完整性,还不愿意以现在的眼光来重述过去。清除那些让我们感到不适的语言,对于理解过去时代对女性的排斥和清除来说并无太大益处,结果只会让我们改变当前实践的动机变得愈加模糊起来。
对于奥古斯丁的这句话,卡诺文(Margaret Canovan)的译法和阿伦特的译法存在巨大差异。卡诺文译为:With the creation of man, the principle of beginning came into the world.... It is in the nature of beginning that something new is started which cannot be expected. 阿伦特译为:That there be a beginning, man was created before whom there was noboy. [Arend, H. (1958/1998). *The human condition* (2nd ed.). Chicago: Chicago University Press, p. viii, 177.]——译者注

我只想成为他们中的一员。我想用轻快而朝气的姿态进入一个属于我们的世界,并且和他人一道来建造这个世界。

你来迟了、太迟了,你和我们之间始终存在一个世界,一个白人的世界。①
　　　　　　　　　　——弗朗茨·法农,《黑皮肤,白面具》

新生性的悖论

在一本反映有色人种女性问题的论文集当中,格洛丽亚·安札杜尔(Gloria Anzaldúa)在《前言》部分分享了自己在"美国有色人种女性"课程上遭遇的挫败感(该书主要由有色人种女性作者完成):在面对种族主义和种族身份政治这些问题时,学生之间出现了一种直接的对抗②。安札杜尔写道,这不是一种抽象的、去个性化的讨论;自己的有色人种学生,"认为白人对种族主义负有责任",反过来,她的那些白人女学生则"恳请"有色人种学生来"教教她们"何为种族主义、告诉她们希望白人做些什么。安札杜尔描述了有色人种学生对于白人学生的抗拒,她们不愿意扮演班级的政治良知。在她看来,有色人种学生之所以拒绝和白人女性进行"浪费时间的对话",是因为"在教白人理解种族主义的尝试中,他们已体验了百年的厌倦"③。

"百年的厌倦"这个让安札杜尔深有感触的辛酸表述,最近在我

---

① Fanon, F. (1967). The fact of blackness. In F. Fanon. *Black skin, white masks* (trans. by C. L. Markmann). New York: Grove Press.
② Anzaldúa, G. (1990). Hacienda Caras, una entrada, In G. Anzaldúa (Ed.), *Making face, making soul/Hacienda Caras*. San Francisco: Aunt Lute Books, p. xix.
③ Ibid., p. xx.

的一位临近毕业的非裔学生那儿得到了更直接的回应。他出现在我的课程理论课上,这门课主要由白人组成,他是仅有的两位非裔学生之一。他在课堂讨论中发现,种族机制和种族意识看起来似乎毫无改观,他对此感到愤怒,于是表达了和安札杜尔课程中有色人种女性相似的挫败感:"每年都有一堆种族主义论坛,但是我们似乎从未在校园种族关系方面取得过任何进展。每当种族主义话题出现在课堂上时,我就不得不再次听到白人捍卫自己无辜的声音。我厌倦了。"

我必须承认对于这种挫败感的矛盾心理。一方面,许多有色人种学生有理由为一直向白人讲授种族主义而感到厌倦。一段时期以来,有色人种的女性主义者一直主张,白人女性主义者要担负起了解种族主义的责任。那些凭借种族、生理性别、性取向或者阶级身份,一只脚已经踏入主流文化的人,不能继续指望边缘人群来充当他们的良心;不能指望这些边缘人群每时每刻都激励我们,使我们更多意识到自己身份的某些方面在让我们把事情看成理所当然①。这些有色人种女性主义者指出的这一点,当然是正确的。然而,虽然让有色人种学生承担教育同龄人种族问题的重任有失公允,但当我们把这些看似无休止的重复视为某种道德或政治失败的迹象,而不是一种必要的教育性遭遇正在发生的信号时,就会错失一些东西。对于多次经历过这类交流的学生(和教师)而言,这类遭遇可能是让人厌倦的,但重要的是要记住这些遭遇实际上并不是重复的,而总是既熟悉又新鲜的事。从这个意义上说,这些遭遇构成

---

① 例如:Woo, M. (1981). Letter to Ma. In C. Moraga, & G. Anzaldúa (Eds.), *This bridge called my back: Writings by radical women of color* (pp. 140-147). New York: Kitchen Table Press, p.146.

了教育实践的缩影,两者都浸润在所谓"新生性的悖论"之中。新生性的悖论提醒我们注意,在各种应对种族隔离的努力当中包含的那些挫折。为了应对这种新生性的悖论,我们可以重置各种所谓的"失败",从而凸显教育进步的不规则的、非线性的本质。

在汉娜·阿伦特那里,"新生性"用来表达人类更新的能力。由于重新创造世界的欲望是政治行动的动机,因此新生性也就成为政治行动的条件之一。在最基本的层面上,新生性指的是人们不断降生到这个世界,并且不断需要被引入这个世界并介绍给他人这一事实。这就是为什么阿伦特会说新生性是"教育的本质"的原因[①]。因为,所有新人都带着让这个世界复兴的可能性,新生性是社会希望的源泉。[②] 然而,不断涌入的新人也意味着,任何唤醒世界活力的尝试都可能受到干扰或偏离正轨。[③] 这里蕴含了"新"的承诺和悲哀:新生性既推动了政治行动,又削弱了行动的预期效果。

本章的核心是,新生性的两个特性削弱了我们为这个世界带来某些新东西的可能性。首先,一个简单却又令人不安的事实是,这个世界不仅先于我们,而且还有效地将我们构造成为特定种类的人。这使我们处于一种困境,我们一方面是特定历史的继承人,另一方面对它而言我们又是新人。结果,我们感到自己是"迟来的"

[①] Arendt, H. (1977). The crisis in education. In H. Arendt. *Between past and future*. New York: Penguin Books, p. 174.

[②] 我从帕特里夏·怀特(Patricia White)那里借用了"社会希望"这个词:White, P. (1996). *Civic virtues and politic schooling*: *Educating citizens for a democratic society*. New York: Teachers College Press, pp. 8-12.

[③] 阿伦特对于这种状况的描述,在《人之为人的条件》中讨论行动的部分表达得最为清晰。同时,这也是阿伦特在研究自由问题时的核心,也是她在《在过去和未来之间》中对于"教育危机"评价的核心。

(belated),尽管我们同时也是新人①。这种关于迟来性的经验,迫使我们留意在后现代状况下本体论问题日益增加的复杂性。如果说现代的特点是"抛下过去"这一普遍的文化愿望,那么后现代就可以被理解为正视这种愿望的不可能性以及在伦理上的不可欲性。② 用福克纳的话来说,"过去从未死去,甚至从未过去"③。然而,如果由此产生的迟来感没有被新生性(即我们的行动能力)抵消,那么它就可能令我们一蹶不振。

新生性的第二个特征在于这样一个事实,即我们总是在其他行动者当中开启"新",而他人的存在本身就削弱了我们行动效果的实现④。新生性的这一特征,对于"新"具有相互矛盾的效果。阿伦特将其称为"多样性的条件"(condition of plurality),正是这种条件让跨越差异的遭遇变得如此令人厌倦:它们似乎"无处可去",而且从整个任务图景来看也似乎收效甚微。跨越差异的对话在表面上的无用性,让人想起阿伦特的一个令人费解的观点:政治行动可能是人类活动中最无用的东西,并非因为它真的一事无成,而是因为它很少实现其原本的目标。⑤

通过把新生性建基于生物学的必然性上,即人总是源源不断地降生到这个世界当中,新生性即成为潜在的挑衅性场所。但是,这

---

① Bhabha, H. (1994). *The location of culture*. London: Routledge, pp. 236-237.
② Lyotard, J. F. (1992). Notes on the meaning of 'post-'. In J. F. Lyotard. *The postmodern explained: Correspondence, 1982-1985*. Minneapolis: University of Minnesota Press.
③ Arendt, H. (1977). Preface: The gap between past and future. In H. Arendt. *Between past and future*. New York: Penguin Books, p. 10.
④ Arendt, H. (1958). *The human condition*. Chicago: University of Chicago Press, pp. 221-236.
⑤ Ibid., pp. 184, 197.

个生物学事实,并不确保新意会在这个世界中显现。正如阿伦特所说,"明日一如往昔的可能性总要更大"①。然而,这就是新生性所表达的人类主动性意义重大的原因。这是教育者为什么要格外关注能够推动新生性的条件的原因,也是教师为什么会在新生性问题上扮演如此核心而复杂的角色的原因。教师与"新"之间的关系非常奇怪。因为,我们一方面被要求去推动新意的出现,另一方面又像阿伦特提醒的那样,无法预知也难以控制新意出现的形式。用阿伦特的奇异表述来说,我们的任务毋宁说是去"保护新意"②。正如我将要展示的那样,"保护新意"并非易事,其中的困难是双重的。一来,这种困难是新意本身内在特征的一部分,是前文描述的那个悖论的结果之一。再者,这种困难也源于教学自身的重复性本质,也就是说我们总是不断重新开始,结果在种族问题上给人留下进展甚微的印象。

在保护新意的努力上,面临的第一组挑战来自社会定位本身的结构。一旦学生们意识到附着在自己身上的社会定位,那么无论他们希望自己被如何看待,都会开始感受到肩上的历史重担。学生们越来越能意识到自己的代表地位。例如,当少数族裔学生意识到他们在学校里的成功和失败,均反映了自己的种族和族群整体时,这种情况就出现了。结果,面对来自各方面的沉重历史,一种潜在的、压倒性的迟来感就产生了。然而,这种迟来感也开始适用于越来越多主流社会群体的学生。白人学生也开始有类似的感受,认为自己是特定种类的人,而不是独特的、史无前例的个体。这就是在安扎

---

① Arendt, H. (1977). What is freedom? In H. Arendt. *Between past and future*. New York: Penguin Books, p. 170.
② Ibid., p. 193.

杜尔课上的白人学生身上出现的情况。他们发现自己对种族主义负有直接责任,同样感受到了过去带来的压力。

当学生对自己的社会定位感到沉重,以至于认为没有必要去改变与自身定位有关的意义或影响时,迟来性就成了问题。同样棘手的是,一些学生拒绝接受自己是迟来的,坚持自己只是新生者。这种天真与弗朗茨·法农(Frantz Fanon)更为博学的表达如出一辙:他希望以"轻快而朝气"的姿态来到这个热情的世界,做一个纯粹而简单的人,而不是一个黑人或者白人。有时候,这是在人们意识到既不能重返过去,又不能迈步向前时,出现的一种热切的渴望、怀旧的向往。在另一些时候,对新人身份的坚持,则是一种站不住脚的天真召唤,拒绝正视现在与过去之间的联系。这些学生抗议道:"我们当时毕竟不在场,我们并不直接负责,我们的白色皮肤(或男性性别)仅仅是一个历史的偶然。"在这种对于无罪的渴望当中,人们不再能理解迟来性不仅把我们定位成与某种过去相联系的个体,迟来性同样还借助与现在的他人之间的联系来定位我们。也许对许多学生来说,最令人不安的是认识到自己是有责任的。这种责任不是来自有意而为的错误,而是来自"我们在这个位置上生活"的"集体过失"。① 正因为如此,迟来性才会对我们认识社会如此重要。与此同时,过去的重担也可能是新人难以承担的一种沉重负担。一种旨在"保护新意"的教学,能够吸收"旧的冲击"的影响,以此来培育而非扼杀新生性对我们的承诺。

"保护新意"的教学因其本身的重复性结构而变得更加困难。

---

① Orlie, M. (1994). Forgiving trespasses, promising futures. In B. Honig (Ed.), *Feminist interpretations of Hannah Arendt*. University Park: Pennsylvania State University Press, p. 341.

年复一年，我们总会遇到一部分学生的疲惫或悲观情绪，也会遇到另一部分学生的困惑——在这个世界当中，他们定位的确定性产生了动摇，或者他们试图与同学建立联系的努力遭到了回绝。这些似曾相识的遭遇提醒我们，教育是一件不断重新开始的事。在接下来的各部分，我将利用这种结构性的双重困难（教育在事实上的迟来性和重复性本质），来呼吁人们关注教师在保护新意方面关键但是岌岌可危的角色。鉴于这些非常真实的教学难题，我们有必要停下来思考教育如何促进或抑制新生性，并反思在新生性悖论之中重要但困难的教学工作必须有的那种激情、耐心、责任以及分离的艰难结合。

"保护新意"的教学

阿伦特把行动能力描述为重新开始某些事情的能力。① 新生性乃是基于个体不断降生到这个世界的生物学事实。然而，由于个体无法控制自己诞生的环境与条件，因此阿伦特把新生性比作"重生"，这是一种与那个既先于我们又包裹着我们的世界相联系的自我创造行为②。她写道，"这个世界之所以能感受到伴随降生出现的新起点，只能是因为新人具备开始某些新东西的能力"③。新生性标志着我们从社会进程的被动载体，转而成为社会行动者，亦即成为各种力量的可能的掌控者。无论何时，当个人和群体在与这个世界的联系当中行动、认为那些看似顽固的社会进程可以被改变时，新

---

① Arendt，H.（1958）. *The human condition*. Chicago：University of Chicago Press，p. 9.
② Ibid.，pp. 9、176-177.
③ Ibid.，p. 9.

生性便在这个世界中显现出来了。①

这种将新生性作为反应(reaction)、响应(response)以及重置(reconfiguration)的观念,让阿伦特的研究可以与后结构主义者对"新"的再概念化相提并论②。正如朱迪斯·巴特勒(Judith Butler)所指出的:"对'新'的追求是现代主义热衷的,而后现代主义对在某种程度上与'旧'毫无关联的'新'(如果存在这种'新'的话)的可能性持怀疑态度。"③阿伦特对新生性的理解,同样重新定义了"新"的含义。新生性并不指那些前所未有的原创性事件或行动。正如阿伦特理解的那样,"新"不仅指少数前所未有的重大事件,它还指那些更为平凡但仍旧令人感到惊讶的时刻,即个人建立关系并试图建立新的社会事实的时刻。事实上,正因为我们生活在一个高度确定的世界当中,许多社会进程似乎都超越了人类干预的限度,许多社会行为似乎都根深蒂固且难以改变,因此,动摇、扰动、偏转那些看

---

① 阿伦特探讨了人作为生活在时空当中的造物的观念。这样的人的出现,不仅打破了时间之流,而且打破了阿伦特本人曾经细致说明过的弗朗茨·卡夫卡(Franz Kafka)的寓言式的"他"当中所谓的社会力量之流。阿伦特用卡夫卡的"他",来比喻我们中的每个人持续斗争去规避过去的"力量"的方式,正是这种力量有着践踏任何人类自由的可能性的危险。"他"在清除前路障碍时试图与过去进行斗争的形象,是阿伦特为过去和未来之间的夹缝所作的比喻。[Arendt, H. (1977). Preface: The gap between past and future. In H. Arendt. Between past and future. New York: Penguin Books, pp.7-13.]

② Said, E. (1975). Beginnings: Intention and method. New York: Basic Books. 该书对于小说家和文学批评家的工作进行了研究。萨义德用更重要的"起点"(beginning)问题,来替代浪漫的"原创性"(originality)概念。他认为起点总是从某处开始的,尽管最初的起点在文本中是被隐藏起来的。

③ Butler, J. (1995). Contingent foundations. In S. Benhabib, J. Butler, D. Cornell, & N. Fraser (Eds.), Feminist contentions: A philosophical exchange. New York: Routledge, p.39.

似不可避免、无从逃脱的社会进程的努力才堪称奇迹。①

每当人类对先于他们又构造了他们的这个世界采取主动的姿态时,这些日常的奇迹便发生了。阿伦特提醒我们,历史进程"是由人类主动创造和经常扰动的,从起点(initium)开始人就是一个行动的存在"②。对于阿伦特关注的那些重大创举来说,情况的确如此,包括法国大革命、美国独立战争以及塑造了公民权利时代的许多公民不服从的事例。但这同样适用于那些微小但意义深远的英雄主义行为,它们反抗那些导致他人非人化,并同时让默许沉默的民众非人化的恶政③。不论多么稚嫩,这些微小的英雄主义行为,都照亮了"黑暗的时代"。④ 它们表现在被禁止的友爱、与他人的团结当中,也表现在对那些试图纠正错误的人的宽恕上。(最后一点或许最困难。)

这里的每一项创举的重要性在于,这些关系并非要回避政治差异,而是要抵制并重置附着在此类差异之上的意义。这正是让阿伦特对差异政治如此感兴趣的原因。就像阿伦特在汉堡接受莱辛奖时的演讲那样,称某个人有可能同时是"德国人、犹太人、友邻"是开

---

① Arendt, H. (1977). What is freedom? In H. Arendt. *Between past and future*. New York: Penguin Books, p.170. 阿伦特写道:"在政治领域中寻找不可预见的、不可预期的东西,准备并期待'奇迹'的出现,这根本不是迷信,甚至可以说是一种现实主义的忠告。总是自动发生并且看起来总是无法抵挡的,是灾难而非救赎。所以,有利于灾难这一方的分量越大,自由的行动就越是会表现出更多的奇迹。"
② Ibid., p.170.
③ 这些重大的公共性的创举,在这些作品中均有探索:Arendt, H. (1963). *On revolution*. New York: Penguin Books; Arendt, H. (1972). *Crise of the public*. New York: Harvest. 另外,阿伦特希望通过对那些往往被遮蔽的东西的说明,来把一些虽不重大、但同样复杂的时刻引入公共视野。这些内容在下面这本书当中得到了探索:Arendt, H. (1968). *Men in dark times*. New York: Harvest.
④ Arendt, H. (1968). *Men in dark times*. New York: Harvest.

创意外之举的一种方式。阿伦特谨慎的措辞表明,她并非暗示在战后德国做一个德国人和做一个犹太人的差异已经不显著了。但是她加上了一个出人意料的短语——"朋友们",这让我们看到在大屠杀的灾难性事件之后,德国人和犹太人依然有重建彼此关系的希望。①

新生性暗示了更新世界的可能性,但这种可能性并非板上钉钉。我们必须培养自己的行动能力。正是因为新生性和行动之间的联系尚不确定,教育才在阿伦特的政治哲学中扮演了关键性的角色。教育既可能培养学生行动的能力,也可能扼杀这种能力。当阿伦特把新生性视作"教育的本质"之时,她提醒我们关注教育和新生性之间关系的两个维度。② 我们进行教育,就是为了把源源不断的新人引入这个世界。但是,我们必须采用一种保护新生性的方式,保留学生使用有可能更新这个世界的方式来行动的能力。换句话说,教育必须为阿伦特所说的"不断矫正的"世界创造条件。③

对于(在"新"的问题上)处境尴尬的教师来说,这项任务绝非易事。我们要负责把学生引入这个"如其所是的"世界,而非我们希望的世界。④ 同时,我们也要提醒自己,引入这个世界的目的不仅是帮助我们的学生能够在这个世界中生存,而且还要让他们去重塑这个世界。进而,我们还被告诫,不要试图强行规定这种变革的细节。对阿伦特来说,最后一点尤其重要,她解释道:"我们的希望永远系

---

① 阿伦特在汉堡接受莱辛奖时发表的演讲,极其尖锐地提出了这个问题。该演讲见:Arendt, H. (1968). On humanity in dark times: Thoughts about Lessing. In H. Arendt (1968). *Men in dark times*. New York: Harvest, pp. 17-23。
② Arendt, H. (1977). The crisis in education. In H. Arendt. *Between past and future*. New York: Penguin Books, p. 174.
③ Ibid., p. 192.
④ Ibid., p. 189.

于每一代人带来的'新'之上;但正因为我们只能以此为希望,如果我们试图控制'新',让我们这些'旧'人来控制它的样貌,那我们就摧毁了全部。正是为着每个儿童身上新的和革命性的方面,教育才必须是保守的。"①

阿伦特的教育保守主义值得认真思考,它与那些为了抵抗"新"的侵袭而转向过去的人的保守主义全然不同。对这些保守主义者而言,教育的目的是维持现状或回归旧日的生活方式。相反,阿伦特的保守主义源于她所谓的"保护主义态度",力求"保护孩子免受世界的伤害,保护世界免受孩子的伤害,抵御'旧'来保护'新',抵御'新'来保护'旧'"。② 换句话说,教育的目的并非不假思索地保护"旧"(尽管没有什么能保证变革的到来),也不是为了强调"新"本身的价值(尽管到目前为止还没有什么值得保护的东西出现)。保护新意就是通过一种特定的方式来教,让学生了解自己与这个世界的关系,但是又不把这个世界或者他们在世界中的定位视为固定、决定和无法改变的。③

为此,阿伦特坚持,学生必须认识这个"如其所是的"世界,了解它的一切潜能和缺陷。只有在与这个世界的关系当中,学生才能理解哪些东西需要接受挑战和重置。阿伦特特别对下面这种教育者提出了批评——他们的教学假设这个世界不是现在这样的。她的忧虑有两点:首先,有些教师在教之时,假设世界已经发生了改变,或者对于自发的进步抱有极大信心,认为这种进步不需要人为干预。这些

---

① Arendt, H. (1977). The crisis in education. In H. Arendt. *Between past and future*. New York: Penguin Books, pp. 192-193.
② Ibid., p. 192.
③ Ibid., p. 193.

教师的教学，向学生传递了这样的信息，认为这个世界已经无须改变了，这个世界已经被改变过了。阿伦特的第二个忧虑来自这样一种观念，即学生们将会习惯于一个为他们改变，并显然代表了他们利益的世界。这两条道路都否定了学生"未来在政治体当中的角色"。① 以这种方式进行教学，便是"剥夺新人在'新'方面的机会"。② 教师在新生性悖论中的困境变得清晰起来：我们被要求按照世界本身的样子来教，既不支持它，也不试图指导其变革进程。

通过提醒教师，其责任是向学生呈现这个世界的本来面目，阿伦特也提醒我们，"这个世界"不仅包含教师的认知。因此，引导学生进入这个世界，并不意味要强加给他们某种对于世界的理解。而是让其接触到一个样本，这个样本代表了过去和现在这个世界被体验和解读的多种多样的方式。③ 以"如其所是的"方式来接触这个世界，并不是为了巩固这个世界的稳定性，而是为了激励学生想象未来的新可能性。

这就把我们带到了有关差异教学的意图和目标的争论核心了。许多教育者担心，关注群体差异可能会强化某些身份认同：把学生简化为他们的社会定位，让其困于其中，使他们无法超越这种定位。

---

① Arendt, H. (1977). The crisis in education. In H. Arendt. *Between past and future*. New York: Penguin Books, p. 177.

② Ibid., p. 177.

③ 这种对视角多样性的坚持，绝不是要逃避对我们这个矛盾的世界作出判断。相反，对于阿伦特来说，站在他人立场上思考问题的能力、与他人交往的需要，都是作出正确判断的先决条件。阿伦特关于判断能力和暴露于多种观点之间关系的观点，散见于她的众多作品，尤其是她的晚期作品。关于这一观点最简洁的表述见于：Arendt, H. (1977). The crisis in education. In H. Arendt. *Between past and future*. New York: Penguin Books; Arendt, H. (1971). Thinking and moral considerations. *Social Research*, 38(3), 9-13.

这些忧虑是合理的。问题在于,为了避免停滞不前的问题(这往往成为课堂上各种交锋的根源),这些教师的教学似乎表示,这样的群体差异已经不重要了。原本是担忧学生们固着于过去或现在,结果却过早剥夺了学生们重置自身定位、重构与他人关系的机会。① 换句话说,在迫切希望克服社会分裂的同时,我们的教学似乎把这些分裂当成了过去的遗迹,仿佛我们已经步入或正处于一个群体差异已无关紧要的新时代的开端了。

正如文化评论家霍米·巴巴(Homi Bhabha)提醒我们的那样,这种一厢情愿的想法的麻烦在于,种族主义并不仅仅是过去的遗迹,而是当代社会结构的一部分。他用一个短语恰当地描述了种族意义得到再生产的方式,即种族话语的"宣言式在场",其中意义转变的可能性必须经过协商。② 这个简洁的表述提醒我们去关注种族意识形态持续传播的方式,它作为一个关乎意义、行为、恐惧和欲望的系统,依附于我们的身体本身,并或多或少地内化于我们的自我认知和社会定位之中。这些范畴决定了我们的身份,并通过与历史、他人、未来的联系来确定我们的定位(我们当中很少有人会选择这种定位,大多数人希望作出改变)。很难想象新意会在这种迟来性当中出现,然后去重置各种看似棘手的社会关系。

---

① 梅利莎·奥利(Melissa Orlie)指出了丧失身份多样性可能带来的问题。(Orlie, M. (1994). Forgiving trespasses, promising futures. In B. Honig (Ed.), *Feminist interpretations of Hannah Arendt*. University Park: Pennsylvania State University Press, p. 344.)贯穿本文的关于憎恨以及憎恨与预封闭和固着的关系的讨论,也要感谢这篇论文。

② Bhabha, H. (1994). *The location of culture*. London: Routledge, p. 242.

身份的重要性:面向迟来性的教学

新生性代表着当我们承担起生活中与他人相关责任的时刻,新生性以这种方式开启了我们与这个世界的积极关系,它意味着我们尝试去回答"你是谁"的那些时刻(这种时刻不在少数)。这个问题被阿伦特视为一切行动的基础,也是对每一个新人的提问。①

这不是一个简单的问题,部分是因为我们每个人都需要穷其一生来回答它,但更主要的是因为没有人能够完全靠自己来回答这个问题。②"我们是谁"既是我们如何出现在他人面前的问题,也是一个关乎自我认知的问题。事实上,他人对我们的命名和定位方式,在很大程度上推动和塑造了我们的自我认知。从这个意义上来说,他人对我们的定位构成了我们是什么,这种定位来自制度、系统、社会结构,也可以来自个别意义上的他人。尽管并未决定,但是它们为我们成为谁设定了条件。对阿伦特来说,一个人是什么(*what*)和一个人是谁(*who*)的区别至关重要。③"我们是什么"指的是我们与他人共享的特征,但几乎不涉及我们的独特能力。相反地,"我们是

---

① Arendt, H. (1958). *The human condition*. Chicago:University of Chicago Press, p. 178. 在这里,语言是重要的。阿伦特式的行动者,希望表现的是自己是"谁",而不仅仅是自己是"什么"。换言之,这是一种个性化的语言。

② 在《人之为人的条件》当中,阿伦特写道:"对于其他人来说显而易见、明白无误的这个'谁',很可能对这个人本人来说仍是隐蔽的。这就好像希腊宗教当中的守护神(*daimon*),它会终生陪伴着人们,但是总是出现在人们的肩上,所以只对迎面而来的人,它才是可见的。"由此可见,行动者不是自身故事的最佳讲述者。阿伦特对于一个人是谁的他人视角的强调,强化了她的政治行动概念的主体间性维度。

③ Arendt, H. (1958). *The human condition*. Chicago:University of Chicago Press, pp. 179-180.

谁"则把我们与他人区别开来。这个问题在很大程度上正是为了揭示和发现那个"独一无二、与众不同的"个体身份。我们的行动能力,总是与我们被他人定位的方式密切相关。

我们以两种方式体验自己的迟来,可能是与作为整体的世界相联系,也可能是与我们周围的人相联系。对大多数人而言,我们关于整个世界的迟来性体验,在很大程度上完全把这个世界当成惊异的一个来源,它在我们抵达之前就已经被建立和发现了。但当我们发现,他人用一种我们似乎已经来过的方式来对待我们时,这种最初的兴奋就迅速消失了。每当我们仅仅作为某个社会群体的一员而不是一个独特的人,来被他人接近或者接近他人时,这种状况就发生了。这些遭遇都带有某种熟悉感。无论是在文化记忆的深处,还是近来和"像他们一样"的人的遭遇中,我们都感到自己似乎曾经遇到过这个特定的人。这种遭遇的讽刺性效果让这个陌生人、这个"他人"变得不那么陌生了。她或他为我们所知晓,我们已经拥有了有关这"类"人的经验。而在这个等式的接收端,我们发现自己同样被简化为人们所熟悉的那一面——尽管身份逻辑的基本讽刺就在于,我们为人所熟知的正是我们的独特之处。我们不再独一无二,而是成了某一类人:一个女人、一个犹太人、一个非裔美国人。

这便是法农的遭遇,当他离开马提尼克社区以后,他发现自己身处一群白人中间,他们把他标记为某个特定种类的人:"看啊,一个黑鬼!①"在《黑的事实》(The Fact of Blackness)当中,法农探索了这种自我认知逐步融入社会定位的现象学。法农解释说,自己最初

---

① Fanon, F. (1967). The fact of blackness. In F. Fanon. *Black skin, white masks* (trans. by C. L. Markmann). New York: Grove Press, pp.109-114.

的愿望是摆脱历史的烙印,摆脱殖民化的束缚,"我只想成为他们中的一员。我想用轻快而朝气的姿态进入一个属于我们的世界,并且和他人一道来建造这个世界"。① 然而,当他看到自己在他人的指指点点和目光当中被标记为一个黑人以后,法农意识到成为一个一般意义上的人的人文主义理想是不可能实现的。在生活当中,他总是被提醒:"你来迟了,太迟了,你和我们之间始终存在一个世界,一个白人的世界"。② 法农对黑人文化认同的探寻,正是始于这样一种领悟:在一个种族主义社会当中,要当一个黑人便意味着"被外部因素过度决定"。③ 这意味着一个人永远感到自己是迟来的,感到自己只是既成意义的继承者,而不是一个为自己创造意义的人。④

如同霍米·巴巴正确指出的那样,法农对"黑"意味着什么,存在某种矛盾心理。有时,迟来性具体表现在成为黑人的经验当中。这在很大程度上是一种政治建构,并仅仅在巩固了殖民经验的"白"的规范性语境下才有意义。这就是为什么法农将"你和我们"之间的世界,标记为一个白人世界的原因。事实上,只有在种族主义社会中,"黑"才会被用来把人标记为特定的种类,同时成为一个人渴望逃离却又无法逃离的境况。然而,霍米·巴巴指出,在另一些时刻,法农对于"黑人迟来性的理解"的特异性,让位于一般的迟来性事实,这是一种更为广泛的社会现象,是种族身份的现代产物,并用以揭露"(现代性的)最普遍的象征,亦即人的历史性"。法农指出,

---

① Fanon, F. (1967). The fact of blackness. In F. Fanon. *Black skin, white masks* (trans. by C. L. Markmann). New York: Grove Press, p.112.
② Ibid.
③ Ibid., p.116.
④ Ibid., p.134.

在这些时候,"不是黑人,也不是白人"。① 然而,就像法农的经历表明的那样,说"黑"或"白"在本质上没有任何意义,并不意味着社会身份的这些方面不再重要。

当优势社会群体发现自己被要求为身为白人或男性担负责任时,作为后现代一般境况的迟来性的事实便会愈加明显。一直到最近,白人和男性都不曾想过要逃离这种确保了他们在公共空间、教育、就业与财产当中享有特权的位置。对他们来说,同样身为后来者的事实反而令人感激,因为这让他们继承了这个星球。但是,随着他们在未来的角色越来越不确定,他们也开始感受到了迟来感的重担。当白人和男性被要求为自己的特权位置负责时(这种特权位置仍旧是一种种族和生理性别的等级),他们显然愈发难以推卸历史的重担。每当试图超越因外表而附着在我们身上的身份时,我们就会一再被拉回现实。我们拒绝接受历史植根性的努力受到"他人"的抵制,他们提醒我们在以何种方式从种族主义中获益。

因此,教育者现在面临的问题并不是"黑"的迟来性,而是迟来性的事实本身已不再局限于有着受压迫的历史和文化记忆的社会群体。这并不意味着迟来性对特权阶层有相同的影响,尽管他们现在不得不放弃曾被视为理所当然的那些保证和承诺。迟来性对于不同社会群体在心理上的影响是相似的。不论我们的社会定位是什么,似乎在我们抵达这个世界之后,我们很快便被告知这个世界已经厌倦了我们、这个世界早已看过我们这样的人。作为对这种境况的回应,我们中的许多人感到厌倦,甚至可能心生怨恨,我们在学生当中也看到了类似的反应。无论这种怨恨是表现为沮丧还是自

---

① Bhabha, H. (1994). *The location of culture*. London: Routledge, pp. 236-237.

以为是的愤怒,它都不太适于为差异政治中新型关系的出现创造条件。鉴于迟来性问题的困难程度,以及超越我们种族身份的不可能性,改变附着于我们社会定位的意义的可能性在哪里?打破我们中的许多人以及学生都很容易陷于其中的那种憎恨循环的可能性在哪里?①

　　教师面临两个困难。一方面,学生可能会因为自己的社会定位,产生某种"宿命"感。如果学生认为自己被困在自己的社会定位之中,他们就不太可能承担社会变革的艰巨任务。另一方面,试图通过忽视、淡化、抹除或拒绝的方式,来逃避社会定位的"宿命性"努力是注定要失败的,因为身份并不仅仅是一种自我认知。② 对于那些反对我们超越自身社会定位的努力、坚持以特定方式来标记我们的社会结构和个人,我们在不断增加抗争的程度。但是,更令人担忧的是,过早排除重置特定身份的社会意义的可能性,愈发有可能助长怨恨。怨恨是对"过去的重担和看上去封闭的未来"③这种困境的回应。基于学生的不同社会定位,这种怨恨可能表现为由于被迫

---

① 感谢梅利莎·奥利(Melissa Orlie),她主张通过为"我们如何展现'我们表现为是什么'的影响"承担责任,来"扰动"憎恨循环。她解释说:"我们不能彻底改变我们所处的境地,也不能改变我们在生命历程中侵犯他人的事实。但当我们通过挑战社会规则的模式来改变这种侵犯的效果时,我们就改变了自己是谁的意义和重要性。……当我们能够回应他人对于我们影响的诉求、当我们表现出一种改变的意愿时,我们可以打破预定的东西,对来自我们继承的主体定位的那种社会必要性进行新的定位。"[Orlie, M. (1994). Forgiving trespasses, promising futures. In B. Honig (Ed.), *Feminist interpretations of Hannah Arendt*. University Park: Pennsylvania State University Press, p. 348.]

② 我基于奥利对于"预封闭的身份"和"憎恨"之间的关系的讨论,发展出这个术语。[Orlie, M. (1994). Forgiving trespasses, promising futures. In B. Honig (Ed.), *Feminist interpretations of Hannah Arendt*. University Park: Pennsylvania State University Press, p. 344.]

③ Orlie, M. (1994). Forgiving trespasses, promising futures. In B. Honig (Ed.), *Feminist interpretations of Hannah Arendt*. University Park: Pennsylvania State University Press, p. 344.

划分在压迫者阵营而感到不满,也可能表现为由于被征服的历史而产生的愤怒,这种历史同时被更广泛的文化否定和强化。正如梅丽莎·奥利指出的,这两种立场的共同问题在于,"参与者陷入了一场不断升级的相互指责之中,远远不是释放或救赎过去,而只是重复和增加它的重担"①。

阿伦特警告我们,在迟来性的问题上,要避免两种常见反应。一种压倒性的迟来感有大量制造"社会边缘人"(social pariahs)的危险。他们会对自己的身份抱有一种宿命感,会以为在先于他们的世界之中,这种身份如此确定,以至于没有任何可能去撼动这个世界、为这个世界带去新的东西。社会边缘人把自己的社会定位视为既定的。② 对于被化约为社会定位并且把这种社会定位当成他们身份核心的做法,这些社会边缘人放弃了一切挑战的努力。社会边缘人几乎完全按照他人的认知和定位来定义自己。换句话说,"社会边缘人把自己是什么视为既定和不可改变的"③。社会边缘人问题是一个政治问题,他们不再努力改变自己的政治地位,不再努力改变自己社会定位的政治意义。简言之,他们接受了自己的不幸位置,而不对自己被排斥的理由提出任何重大政治挑战。

"趋附者"(parvenus)与其社会定位的关系则恰好相反,他们拒绝接受自己的社会定位。趋附者的问题在于没有历史感,他们把一切都看得太新了。然而,正如对迟来性的讨论已经表明的那样,我

---

① Orlie,M.(1994). Forgiving trespasses, promising futures. In B. Honig (Ed.), *Feminist interpretations of Hannah Arendt*. University Park: Pennsylvania State University Press,p. 345.
② Ibid., pp. 345-346.
③ Ibid., p. 345.

们终归无法避免被他人定位。当趋附者发现自己处于被定位的状况时,他们会不知所措,并受到这种陌生的迟来感的困扰,他们试图以某种方式来超越它。通常,他们会声明自己作为人的这一一般身份,并拒绝将他们定位为特定种类的那些人。问题在于,趋附者的那种试图超越自身社会定位的愿望注定会失败。

到最后,趋附者形成了与社会边缘人相同的身份认同感,认为身份是固定、确定、无可逃避的。[1] 趋附者和边缘人都可能因无法逃避"是什么"而心生不满。区别在于,社会边缘人往往接受自己的社会定位,而趋附者则始终愤愤不平,很可能会责怪他人对自己的定位,而不去寻求改变"他们是什么"的社会意涵。为了摆脱这种状况,需要直面他们自己的现状,以抵抗对这个世界来说太迟或太新的感受。

教师面临的挑战在于创造一个能让学生在其中面对自己的迟来感,同时又不感受到固着的空间。在理想状况下,这样的空间可以让学生实现身为世界新人的神奇之处,不是试图超越他们的社会定位,而是通过一种有意义的方式来重置这种社会定位。

但在这里,教师遇到了新生性时效的另一个侧面,即学生们在各自生活的不同阶段意识到自己的迟来性。尽管许多学生(尤其是少数族裔学生和女性)早已意识到自己的社会定位,但是另外一些学生还是不习惯把自己看作白人、男人或者异性恋者。事实上,对许多人来说,课堂会是他们第一次面对自身迟来方式的场所。这造成了课堂中的某种不对称,在学生们面对彼此以及自身的时候,他

---

[1] Orlie, M. (1994). Forgiving trespasses, promising futures. In B. Honig (Ed.), *Feminist interpretations of Hannah Arendt*. University Park: Pennsylvania State University Press, p. 345.

们不仅有着不同的社会定位,而且还身处于不同的时间框架之中。在讨论身份问题时出现的恼怒、不安、尴尬、愤慨和抵制,更是加剧了这种不对称。这都是一些必然的困境,因为身份政治触及了与他人在一个共有的世界中生活到底意味着什么的问题,提出了有关责任和自由的难题。但这些遭遇同时也是令人沮丧的,因为在与他人共有一个世界究竟意味着什么的问题上,控诉和指责往往取代了富有成效的思考。

在安札杜尔对课堂遭遇的分析当中,存在的问题之一是她意识到学生间的这种交锋是老问题、是人们熟悉的,但她却没有认识到正在发生的事情同时(而且是矛盾的)是可以识别的熟悉和令人惊异的新颖。安札杜尔把课堂视为一个"典型案例",她因为白人学生似乎(在某种意义上的确是)总是坚持认为其他人要负责关注种族主义而感到的沮丧、她自己对有色人种学生表达的"百年的厌倦"的认同,这些都是在种族隔离的遭遇中所有人都太熟悉的东西了。于是,白人女性再一次需要受到有色人种女性的挑战,才能认识到自己的白人特权地位。同样,安札杜尔再次目睹了白人女性以防御性的、回避的或者天真的姿态来应对这些挑战。

这种挫败和疲惫的感受,从某个重要的方面来看具有教育意义。它们能让人们关注那种因为直接讨论种族问题而带来的巨大不适感。它们也指出了这些讨论的重复性,对那些经验丰富的参与者来说,每次讨论都太过相似,无论是说什么还是谁来说,都变得可以预测。但是,如果按照阿伦特的说法,把新生性视为教育的本质,那么这种失望所包含的教育意义就同样也会令人不安。我们失去的,是在面向迟来性时表现出来的那种对于潜在新意的感受。如果教育的目的仅仅是向学生灌输一种迟来感,教学就真会成为令人绝望的努力了。这些学生在课堂上重置自己面对的社会定位的意义,在这个过程中建立意料之外的社会关系,并在这个过程中动摇那些根深蒂固的社会力量。这种可能性,拯救了教学,为希望提供了可能性。

教师眼中老生常谈的东西,或许对于一部分参与者来说是相当新颖的,尤其是那些从未在混合族裔团体中讨论过种族主义的学生。此前,这些学生不太可能会以如此直接的方式对种族和种族主义问题负责,当然更是在面对这群特定的同学的情况下。即使这些遭遇对某些学生来说是熟悉的(因此加强而非减弱了他们的迟来感),也仍要时刻铭记,不同学生在意识到自身迟来感方面的不对称。

这就是法农关于"黑人"的看法,肤色让那些被殖民者从小就被标记为"他人"。虽然美国白人很早就意识到与他人有关的种族问题,意识到把他人标记为不同的人的方式,但是直到很久以后他们都还没有意识到"白"与自己的联系方式。因此,相比有色人种学生,白人学生往往更少对自己的肤色感到"厌倦"。对大多数人而言,这可能是他们第一次被按照肤色来称呼。就像安札杜尔对犹太学生的反应的描述表明的那样,这种定位让许多学生深感不安。① 这种对迟来性的不对称反应,以及相应的疲倦感的不均衡分布,都表明了这样的讨论是如何在新生性当中变得饱和的。不对称性是跨越文化差异下的各种遭遇的特质,而种种对抗之所以看上去从未

---

① Anzaldúa, G. (1990). Hacienda Caras, una entrada, In G. Anzaldúa (Ed.), Making face, making soul/Hacienda Caras. San Francisco: Aunt Lute Books, p. xx.

取得进展，正是这种不对称性的直接结果：新人不断降生，并不断被介绍给他人和这个世界。新生性为跨越差异的遭遇赋予了一种矛盾的特质，既让人熟悉，又让人感觉新颖。每一次交锋都似乎是我们在重新开始。在许多方面，这正是我们在做的事。

当然，在这类遭遇当中，并非所有白人都是新手。我们中的许多人同样习惯了这样的遭遇，而且我敢说，我们中的许多人同样会因为在每次新遭遇中都要"证明"自己的种族意识，而感到疲惫和沮丧。然而，与其把这种厌倦当作失败的社会进程令人失望的迹象（在这种情况下，这个进程就是反种族主义的进程），更应把这种厌倦看作伦理遭遇正在发生的标志。有色人种学生表达的厌倦，证明了我们彼此之间既是新的，又不是新的。由于被化约为特定的社会定位，我们被认为可以和"像我们一样"的人互换。正是这一点，使得跨越差异的遭遇具有重复的特点，以及由于在这样的遭遇中我们总要从头开始而带来那种沮丧感。

然而，我们仍在面对这种遭遇的事实表明，在某种程度上我们意识到这些是必要的重复、我们对彼此来说既是新的、又不是新的。从这个意义上来说，与这些遭遇相伴的厌倦，并不是失败的标志。相反，这种厌倦意味着，在伦理上遭遇（他）人是一个令人疲惫的过程。认识到他人身上的新、意识到每个特定遭遇的差异是什么，都不能消除这些遭遇中令人疲惫的因素。但是，这确实重新定义了疲惫，把它当成跨越差异的遭遇中的一个持续发生的、不可避免的方面。

在我看来，更准确地说，这个问题在于人们对这些对话和对抗抱有一种支配性期望，即它们会使我们到达一个预定的、乌托邦式的"后差异"空间,在其中跨越差异的遭遇将变得不再必要。阿伦特关于新生性作为教育本质的理念,挑战了这种乌托邦式的思维。这个理念提醒我们,新人在不同时间不断涌入这个世界,他们在不同时间框架内建立与这个世界和他人的关联。新生性对于我们理解进步的方式提出了挑战,将通常视为持续进步的动作,重置为一种更恰当的描述,霍米·巴巴将其称为"时间延滞"[1]。时间延滞这个观念,让人们关注进步过程中的停顿,约束并限制了一种传统的、持续流逝的时间观念。这并不是说霍米·巴巴认为时间是"无止境的拖延",并且因此贬低了社会进步的观念。恰恰相反,他希望发展出一种对于进步的更恰当的隐喻,用来表明过去在减缓现代性对于未来的驱动方法。据此,时间在向前运动时并不那么平稳,社会进步也从来都不是确定的。时间延滞的想法强调了这样一个事实,迟来性总有超越"新"的可能性的危险。这同样提醒我们,那些不断到来的新人不仅让我们有必要重新开始,而且他们也在开启自己的新起点。

霍米·巴巴讨论的是在后殖民框架下新意采取的形式,其中"新"的可能性受到了对于一种殖民历史的种族界定的限制,这一点困扰着未来。霍米·巴巴同时也在后现代范式的潜在悲观主义当中写作,表明所有未来的可能性都行将耗尽。但是,霍米·巴巴没有因为这两种社会难题而放弃,而是设计了一个"第三空间",在其中无论是过去还是主体性的可能性以及给这个世界带来新意的可能性,都一并被消除了。[2]

---

[1] Bhabha, H. (1994). *The location of culture*. London: Routledge, p. 238.
[2] Ibid., p. 218.

这里的"第三空间"与阿伦特所谓"过去与未来之间的夹缝"遥相呼应。① 两者都打开了与过去联系的可能空间。霍米·巴巴把它标记为"一种投射性的过去,一种在前的未来的形式"。在这样的空间当中,过去会影响未来,但是并不决定未来。尽管从现在看来,过去不仅指过去是什么、曾经发生过什么,也指过去有什么曾经有可能发生。② 第三空间是一个夹缝,学生在其中遇到迟来的自己;但是,他们同样需要以一种既不忘却过去、又不受过去支配的方式来面向未来。在这里,我们发现了教师的核心角色:教师的任务是保护新生性,从而确保在过去和未来的夹缝当中能保存一个自由和可能性的空间。

在"过去与未来之间的夹缝"中去教

阿伦特常常被迫去解答,为什么要坚持政治和教育不可混为一谈。事实上,由于各个阶段的教育方式都渗透了政治,因此阿伦特对于政治和教育的区分,可能会打击差异教学的支持者,使其成为一项不可能达到的要求。③ 但是,阿伦特并不试图把政治和教育分隔为不同的领域。相反,她试图区分我们在教学中所要求的责任和品质与在政治中所要求的责任和品质。

在阿伦特的政治观念当中,政治参与就是在平等的、同样具备

---

① Arendt, H. (1977). Preface: The gap between past and future. In H. Arendt. *Between past and future*. New York: Penguin Book. 尤其是第 10—14 页。
② Bhabha, H. (1994). *The location of culture*. London: Routledge, pp. 251-253.
③ Arendt, H. (1977). The crisis in education. In H. Arendt. *Between past and future*. New York: Penguin Books, p. 177.

自由行动能力的人当中自由行动。这意味着"对世界进程的同等责任"①。因为教师不仅要关注世界进程,还要关注在和这个世界联系的过程中学生的发展,所以教育者就必须比学生承担更多的责任。而且,这种责任与我们作为政治行动者时所承担的责任不同。② 这是因为,教学在我们和新生性之间建立了一种特殊的联系,为学生在一个疲惫的、因而总是需要更新、需要"矫正"的世界中扮演政治行动者的角色做好准备,同时又并不具体规定变革世界的方式。③ 将新人引入这个疲惫的世界,同时保护学生在与世界的联系中尝试某些不一样的东西的可能性,要求教师在"过去与未来的夹缝"中与学生相遇。

这个夹缝所象征的,不是一种对历史的逃离,而是一种时间的裂缝。它标志着打破传统,而打破传统正是现代生活的特点。阿伦特指出,打破传统并非没有危险。最明显的是,我们有遗忘过去的危险,结果就意味着我们将失去理解现在的指南。④ 我们设想自己生活在一个后殖民主义、后性别主义的空间内,而不试图重新阐明种族主义和性别主义在美国的话语和实践。没有什么能比上述做法更明显地表明这种遗忘了。

但是,阿伦特同时也对传统的断裂抱有乐观态度。这有助于放

---

① Arendt, H. (1977). The crisis in education. In H. Arendt. *Between past and future*. New York: Penguin Books, p. 190.
② Ibid., pp. 189-190.
③ Ibid., pp. 192-193.
④ Arendt, H. (1977). Preface: The gap between past and future. In H. Arendt. *Between past and future*. New York: Penguin Books. 尤其是第 13 页。

松"将一代代人束缚在过去某个既定方面的链条"①。在这个过程当中,这种断裂开辟了一个自由空间,使我们能抵抗那种认为我们完全被历史决定和支配的观念。②它为每一个新人提供了机会,让他们去了解自己是如何被构造成现在这样的,同时又激励他们根据这段历史来重塑自己。在过去与未来的夹缝中教学,便是致力于教授过去,同时又鼓励学生尝试纠正一些事(关于过去的教学是为了理解、指导,也是为了保存记忆)。同时,我们也必须抵制那种想要决定和控制学生未来的诱惑。

这不是一件简单的事。它要求教师意识到特定社会身份带来的差异,并警惕学生对于各自身份的不同卷入程度。它同样需要教师认识到,一部分学生可能在这些问题上是新手,而对另一些学生来说则感到厌倦和疲惫。在这里,教师处在核心位置,因为我们很难期望那些正在经历直接对抗的、充满矛盾的学生能够后退一步,并且认识到和他人的相遇在某种意义上总是新的起点,即便这种相遇饱含着积淀深厚的文化记忆。同样地,对其他学生来说,难的是意识到自己已经迟来,而这种迟来在他的同伴们看来再明显不过了。在过去与未来的夹缝中教学,并不是要消除这些挫败或困惑,也不是要任由这些反应把学生带入绝望。这两种反应都存在问题:前一个试图抹除真正的问题,后一个则是因为它拒绝把教师的责任定义为激励学生冒险尝试"新"。

对于教师来说,更好的策略可能是去关注学生经历的分裂:我

---

① Arendt, H. (1977). What is authority? In H. Arendt. *Between past and future*. New York: Penguin Books, p. 94.
② Ibid.

们中的一部分人觉得自己的社会定位是一般的,而另外一部分人则被置于法农的位置,被标记为一种特别的人,这是怎么实现的?这种对社会定位的不同程度的意识,是怎样塑造我们与世界和他人的关系的?我们的社会定位会带来什么样的责任?与这种社会定位相关,我们拥有何种自由?[①]类似的问题鼓励学生们思考那些与他们不同的人体验世界的方式,以及他们是怎么被自己的社会定位塑造的。这样,社会定位的关系性层面就被凸显出来了。实现新关系、新社会现实的可能性,正是以这些领悟和认识为开端的。

和教学的其他方面相似,承担这种程度的责任需要教师付出巨大耐心,因为这些遭遇是连绵不断的。只要有新一代降生,这样的遭遇就总会发生。差异的确切范畴可能会变化,它们的社会影响也可能更大或更小,但是我们将会始终陷于阿伦特描述的"时间内核之中的小小的非时间、非空间,这不同于我们降生的这个世界和文化,它只能被标示出来,而不能由过去继承或传递。每一代新人,事实上,每一个新人在把自己嵌入无限的过去和无限的未来之间时,都必须重新发现和艰难地开辟自己的道路"[②]。

与其他有更多具体方法来衡量成效的教学方式不同,这种耐心并没有什么确切的回报。这就是阿伦特所谓"'新'的悲哀"——我们努力的结果总是不确定的。这意味着我们需要一种关于进步和社会更新的不同概念,以正视社会改变的缓慢步伐。认为社会进程

---

① Orlie,M.(1994). Forgiving trespasses, promising futures. In B. Honig (Ed.), *Feminist interpretations of Hannah Arendt*. University Park: Pennsylvania State University Press, pp. 343-345.

② Arendt, H. (1977). Preface: The gap between past and future. In H. Arendt. *Between past and future*. New York: Penguin Books, p. 13.

会毫不停顿地走向一个乌托邦式的未来、认为这样的遭遇最终会被废弃的观念,在许多方面都只是逃避我们与他人共同生活在这个世界上的责任。这也是阿伦特对启蒙时代有关道德进步和人类"无限可完善性"的信念质疑的原因。① 她这样做,不仅因为它在 20 世纪已经被证明是一种悲剧性的错觉,而且因为它没有考虑到作为"人之为人的条件"的新生性与多样性。

由于人类事务的特殊性(人类事务总是与阿伦特所说的"人类关系网"相关联)和时间的特殊性(时间本身是非线性的网状结构),使得启蒙时代的完美梦想终究无法实现。人不断降生到这个世界,并且融入世界之"网"中的这一事实,意味着新的东西永远不会向一个可识别的终点直线前进。

这意味着,为社会变革而教,本身就需要教师持续不断地革新。我们要认识到,由于新人不断降生并且需要被引入这个世界,我们作为教师的工作,就反映并且实际上成为霍米·巴巴时间延滞概念的范例了。作为教师,正是我们存在于过去和未来的时间夹缝当中,并且正是在这个"时间内核之中的小小的非时间、非空间"当中,我们一再被要求去承担起为每一代人以及每一个儿童"保护新意"②的责任。

---

① Arendt, H. (1977). The crisis in education. In H. Arendt. *Between past and future*. New York: Penguin Books, pp. 176-178.
② Arendt, H. (1977). Preface: The gap between past and future. In H. Arendt. *Between past and future*. New York: Penguin Books, p. 13.

阿伦特论权威:重新思考教育中的保守主义[1]

莫迪凯·戈登

大多数保守的教育方法,都强调要向年轻人传授一些有价值的学科和基本的道德价值。对于类似爱德华·威恩(Edward Wynne)这样的教育者来说,学校的主要任务就是向年轻人灌输传统道德价值。[2] 我们很难遇到这么一位保守的教育者,会认为要给学生提供改变和创新的机会。因为,这些人忽略了诸如多样性、个人创造性、批判性公民权等问题。类似芭芭拉·芬克尔斯坦(Barbara Finkelstein)这样的教育者以及另外一些人,看起来不会对当前关于民主教育的讨论做出什么贡献。[3]

本章把阿伦特的保守主义当作一种独特的方法,可以抵制许多

---

[1] 本文更早的版本,见于:Gordon, M. (1999). Hannah Arendt on authority: Conservatism in education reconsidered. *Educational Theory*, 49(2), 161-180.

[2] Wynne, E. A. (1985). The great tradition in education: Transmitting moral values. *Educational Leadership*, 43(4), 4-9; Wynne, E. A., & Walberg, H. J. (1985). The complementary goals of character development and academic excellence. *Educational Leadership*, 43(4), 15-18.

[3] Finkelstein, B. (1984). Education and the retreat from democracy in the United States, 1979-198?. *Teachers College Record*, 86(2), 275-282; Giroux, H. A. (1987). Schooling and the politics of ethics: Beyond liberal and conservative discourses. *Journal of Education*, 169(2), 14-15.

阿伦特论权威：重新思考教育中的保守主义

保守讨论中的反动倾向。接下来，我首先要表明，阿伦特的权威概念与主流、保守的权威观念之间有一些共同的基本假设。然而，阿伦特发展的政治哲学远不止是"保守的"，因为这个观念同时受到她那些存在主义信条的影响。传统的权威观念与存在主义政治观的这种独特混合，形成了阿伦特的教育观念。我会在第二部分来讨论它。如果不清楚阿伦特的教育观念乃是来自这两个要素，那就无法完整把握它。我把阿伦特关于权威的观点和主流的保守方法做了对比，认为阿伦特的观点的确构成了对于后者的一种替代方案，给教育中的保守主义提供了新的启示。本章最后一部分，讨论了阿伦特关于权威的洞见怎样在讨论民主教育的问题上得到应用。我将表明，与两种主流保守观点不同，阿伦特的教学权威概念在民主教育中有一些重要应用。

权威和政治性存在

一种保守的、历史的权威概念

在开始讨论阿伦特的权威概念和主流保守派之间的相似性之前，我想简要指出此处所谓的"保守派"是什么意思。尽管在保守思想家之间存在很大差异，但仍然可以在他们大多数人中间找到大量共同的核心信念。我所说的"保守派"，指的是一种希望保护那些过去成功建立起来的习俗、价值和制度的态度。大多数保守思想家"认同德性、稳定性、文明，都依赖于那些由来已久的制度的连续性。政治稳定性建立在国家、教堂和家庭之上，而道德稳定性则有赖于高度的责任感,最好是能得到宗教信仰的支撑"。① 保守派往往对激进的社会变革持怀疑甚至敌对态度,尤其是由政府推动的那种针对社会弱势人群的改革。即使呼吁变化和改良,这些保守派的用意也往往是要恢复传统价值和传统实践的影响力。

基于这种有关保守主义的基本定义,我们可以找到阿伦特与主流保守派在权威问题上共享的四个基本假设。例如,伊夫·西蒙(Yves Simon)认为,之所以需要权威,不是因为在何谓真理的问题上缺乏共识,也不是因为正义的缺失。相反,权威有一种更基本的、更具建设性的作用:

> 假定一个共同体正在形成自己的公共善,并且假定这个群体的一部分已经足够优秀,有可能用不同的方式来获得这种善,这时权威将扮演一个不可或缺的角色,这个角色完全来自他们的完满和成就。……一个得到了很好的启蒙、有德性的共同体,需要权威来整合其行动。这种共同体偶尔会因为无知的缘故,面临一些虚假的需求,因此也可能只需要更少的权威。但是,受权威影响的共同体,在本质上要比任何受到罪恶和无知影响的共同体更加强大。这种巨大权力(power)的一个结果,就是能控制涉及新的统一问题的选择。这些新问题无法通过全体同意的方式来解决,而只能诉诸权威。②

许多保守派秉持的一个假设是,在共同体生活当中,权威扮演

---

① Minogue, K. (1967). Conservatism. In P. Edwards (Ed.), *The encyclopedia of philosophy* (vol. 1). New York: Collier MacMillan Publisher, p. 196.
② Simon, Y. R. (1980). *A general theory of authority*. Notre Dame, IN.: University of Notre Dame Press, pp. 49-50.

了一种固有的积极角色。然而,类似西蒙这样的保守派也承认权威有一些消极功能,譬如诉诸权威而不是理性去处理意见争端,但他们还是坚持认为权威的核心角色是建设性的。

认为权威的角色在本质上是建设性的,这是阿伦特对于权威一词以及这个概念的罗马来源的解读的基础:"'*auctoritas*'是动词'*augere*'的派生词,意思是'增大'。权威或当权者不断增大的东西,就是权威的基础。那些被赋予权威的人,往往是长者、元老或者'*patres*'。他们的权威要么来源于血统,要么是从奠定了一切的祖先那里延续下来的(传统),罗马人因而称他们为'*maiores*'(大人)。"①在阿伦特看来,"权威"这个概念与"扩大"和"基础"密切联系,而这两个词都有积极的内涵。在这里,"基础"指的是罗马城最初建立起来的制度、法律和价值;而"扩大"指的是增加和巩固这一最初的基础。因此,与主流保守派一样,阿伦特也相信权威的角色在本质上是积极的、建设性的,而不是消极的和限制性的。

阿伦特与保守派共享的第二个假设是,权威与传统、宗教紧密联系在一起。保守派认为权威、传统和宗教是我们当前的行动和思想的基础。这三者是不可或缺的,因为它们为我们的生活提供了稳定性、意义和德性。而且,对于保守派来说,诸如暴力和青少年怀孕这类问题的激增,与我们对于权威、传统和宗教这三者的破坏有关。尽管阿伦特并不像保守主义者那样不加批判地敬畏这三者,但是她也同意,从历史角度看这三者是联系在一起的。事实上,阿伦特认为三者当中的任何一个受到威胁,其他两者也就不再安全了。例

---

① Arendt, H. (1977). What is authority? In H. Arendt. *Between past and future*. New York: Penguin Books, pp. 121-122.

如,现代政治权威的没落证明这是一种巨大的损失,因为同时没落的还有传统和宗教:"在一个既没有权威,也没有相应关于权威来源的认识(认为权威超越了权力以及那些拥有权力的人)的政治领域中生活,意味着没有关于神圣起点的宗教信仰,没有对传统因而是自证的行为标准的保护,而是要重新面对人类共同生活的基本问题。"①

阿伦特与主流保守派之间共享的第三个假设,与权威在共同体生活中的目的有关。许多保守思想家认为,共同体需要权威,以统一个别成员的行为。西蒙认为,既然"共同体由多个个体组成,如何统一这些个体的行为就不能是想当然的,它总有产生的缘由。此外,如果共同体要延续下去,那么统一行为的基础就必须是坚实稳定的"②。因为共同体由不同个体构成,因此就需要一条原则来确保每个人都会遵循同样的程序和规范。保守主义者相信权威或许是唯一的原则,可以带来统一的判断和行动。当然,阿伦特没有走得太远。她的行动概念(下面将要讨论),说明了在民主生活当中公共讨论和审议的重要性。然而,与主流保守派一样,阿伦特也认为历史地来看,权威是"赋予政治结构以持久性、连续性、永恒性"③的一个原则。阿伦特相信,正是基于同一个原则才统一了人类行动,并且为人的存在赋予了意义和一致性。

最后,阿伦特与许多保守派人士一样,都坚信权威并非基于说

---

① Arendt, H. (1977). What is authority? In H. Arendt. *Between past and future*. New York: Penguin Books, pp. 141.
② Simon, Y. R. (1980). *A general theory of authority*. Notre Dame, IN.: University of Notre Dame Press, p. 32.
③ Arendt, H. (1977). What is authority? In H. Arendt. *Between past and future*. New York: Penguin Books, p. 127.

服和理性辩论。阿伦特认为权威和说服是根本不同的,说服假设了一种平等的关系,并且通过论证来发挥作用:"只要允许讨论,权威就暂时被搁置了。对抗说服中的平等秩序的,是独裁主义的秩序,而后者总是等级式的。"① 这意味着保守派驳斥了许多自由主义者的说法,并不认为在权威关系中包含的服从是基于理性的讨论和说服。他们指出,专家的权威是基于行动主体对于专家的知识和德性的信任。因此,这种权威几乎总是不经讨论就被接受,也不允许争议或质疑。阿尔文·迈克尔·奈曼(Alven Michael Neiman)用教师和学生的例子来解释这一点:"学习数学的学生们会以教师说的话为根据,去相信某个分数除法公式是正确的。他们也会基于类似的理由,去接受和描述某些关于如何解读一首诗的想法。在这两个例子当中,学生毫无保留地相信自己接受的东西是正确的,不允许讨论和争议。"② 类似奈曼和西蒙这样的保守派和阿伦特一样,都相信权威是基于持有人和主体之间的等级秩序,"(等级制度本身的)正确性、合法性得到了双方(即'指挥者'和'服从者')的认可,双方(在等级制度当中)都拥有业已被确定的位置"。③

一个存在主义者眼中的政治性存在

迄今为止,我已经讨论了阿伦特与主流保守派在关于权威的认识上的几项共同假设。然而,正如我们将会看到的那样,这一"保守派"概念,并不能完全解释阿伦特关于教育权威的观念。为了对这

---

① Arendt, H. (1977). What is authority? In H. Arendt. *Between past and future*. New York: Penguin Books, p. 93.
② Neiman, A. M. (1986). Education, power, and the authority of knowledge. *Teachers College Record*, 88(1), 64-80.
③ Arendt, H. (1977). What is authority? In H. Arendt. *Between past and future*. New York: Penguin Books, p. 93.

一观念获得更充分的把握,我也需要解释她的行动概念和新生性概念,因为这些概念是理解阿伦特的政治性存在的方法的核心。

在《人之为人的条件》当中,阿伦特从主体的优势立场出发,讨论了政治性存在。这种政治性存在在历史当中行动,试图创造一个新的起点。对于阿伦特来说,政治行动与人的"新生性"的条件联系在一起:我们通过出生来到这个世界,而每一个出生都是全新的起点:

> 与生俱来的新起点,之所以能被这个世界感受到,只是因为新生者有重新开始某些事情的能力,也就是行动。这种意义上的主动性,是行动的一个要素,因此也是新生性的一个要素,是所有人类行动的必要元素。此外,因为行动是最卓越的政治行动,因此新生性(而非不死性)就成为政治思想的核心范畴,从而与形而上学思想区分开来。[①]

阿伦特解释说,行动就意味着借助言说和行动,让自己干预这个世界。然而,这样的干预既不靠必要性的推动(例如劳动),也不通过实用性来推动(例如工作)。阿伦特认为,行动往往是由于他人的在场来唤起的。我们渴望他们的陪伴,但是又不受他们的控制。行动的冲动源于我们降生到这个世界的最初时刻,我们通过主动开始新的事物来回应它。

阿伦特的观点包含两层意思:第一,她认为行动的价值就在其本身,行动不像工作或劳动这些工具性活动,仅仅是实现更高目的

---

① Arendt, H. (1958). *The human condition*. Chicago: University of Chicago Press, p. 9.

的手段①。她认为,行动应该被视为超越了"手段—目的"的范畴,因为行动没有目的。行动过程的力量,不能被化约为一种有明确结果的单一行为。相反,行动本身是可以生长的,可能出现多种结果。第二,人类的行动不像动物的活动,永远不可能被完全操纵或控制。换言之,行动和出生一样,都包含惊异这个要素,因为它的结果从来都不可能得到准确预测。这是因为,行动结果来自人的共同努力,而人就是这个世界中的起点(人是独特的)和创造者(人是发起者),因此人有能力让一些未曾料想的事情发生。人永远也不能预测一场政治辩论或一场工人罢工(更不要说革命了)的所有可能结果。简言之,行动是对自由这一人类条件的实现,它实现了我们开启某些全新事物的能力。

然而,关于政治性存在,阿伦特告诉我们的东西还要更多。她不仅告诉我们,行动是一种超越了"手段—目的"架构的活动,而且这种活动同时也就是自由的体验。同样重要的是,她洞察到行动让人类活动免于历史的厄运或者历史过程的宿命。就其自身而言,人类事务必须遵循有死性的法则,这是每一个个体生活的必然结果。行动对那种不可逆的、无法预期的人类生命活动构成了扰动,以此来开始某些新的东西。要点在于,行动作为一种扰动和重新开始的能力,赋予了人类存在的意义,否则人的生命活动就会是类似于火山喷发那样的自然过程了。

为了与人类活动的不可逆性和不可预测性相抗衡,行动并不需要别的更高级的官能。因为,这种困境的解决办法是行动自身的潜

---

① 与此相关的是阿伦特关于政治行动类似于表演艺术的观念。在阿伦特看来,二者都在行动结束后即到达终点,除了对于所见所闻的记忆以外就不再有别的痕迹了。

能之一。对于某人已经完成的、不可逆的事情的补救办法是宽恕,而对于不确定的未来的补救方法是在行动中做出承诺并履行诺言。如果没有得到宽恕,那么我们永远也不能摆脱行动的伤害性结果,因此也会极大限制我们重新采取行动的能力。如果不能遵守诺言,我们就无法掌握同时由人类自由和多样性塑造的混沌的未来。去发起、去宽恕、去许诺,所有这些都让行动看起来像是一个奇迹。这个奇迹不但给人间带来信心和希望,而且也让政治领域可以永远保有崇高(伟大的言辞和行动)这一要素:"最终把这个世界(人类事务的领域)从其通常的、'自然的'毁灭中拯救出来的奇迹,是新生性这一事实。正是在新生性当中,行动官能获得了本体论基础。换言之,新生性也就是新人的诞生和新起点的诞生,是人生来就能够采取行动。"①

这一简要的概述说明,尽管阿伦特的许多政治观念来自古希腊和古罗马的经验与哲学,但是在她的思想当中有强烈的存在主义元素。她比大多数政治哲学家更加强调,在强大的历史进程以及长期的压迫制度面前(例如,现代革命),人类拥有行动并开始某些新事物的能力。她坚持认为,民主国家不见得就是平等的,除非普通公民有机会集会、思考以及对公共事务作出决策。在这样的社会当中,个人的积极自由也就是在政治事务当中与他人合作的自由,得到了保障。阿伦特相信,这种自由承担着对我们所做决策负责的重任。如果不同时要求他们承担责任,那么让公民自由决策公共事务就毫无意义。正如我们将要看到的那样,这些存在主义信念对阿伦特的教育观念产生了复杂的影响。

---

① Arendt, H. (1958). *The human condition*. Chicago: University of Chicago Press, p.247.

重新思考教育中的保守主义

教育中的权威

有一种观点认为,教育权威在 50 年代末遭遇的危机(我认为这一危机延续到了今天),只不过是美国社会特有的一种现象,与整个 20 世纪的重大议题无关。阿伦特在《教育危机》(The Crisis in Education)一文当中,对此提出了质疑。如果真是这样,发生在美国学校里的这场危机就不会成为一个政治问题,教育者也就能够及时处理好它了。阿伦特相信,这里涉及的不仅是美国教育系统基本标准的降低。更准确地说,问题在于整个西方世界的权威受到了普遍的侵蚀,其结果渗透到美国学校系统以及整个教育领域当中。因此,她相信在可预见的将来,在美国能强烈感受到的这种教育危机,在别的国家也很容易成为现实。

那么,在美国教育系统当中,到底是何种权威受到了侵蚀?对阿伦特来说,教育中的权威与对这个世界的责任息息相关。她解释说:

> 与年轻人有关的这些教育者,是某一个世界的代表。他们必须为这个世界承担责任,尽管这个世界并不是他们造就的,甚至他们也会以或明或暗的方式,希望这个世界不是如此这般。这种责任不是武断地叠加在教育者身上的,而是隐含在这样一个事实当中,即年轻人是被成年人引入一个持续改变的世界,……在教育中,对这个世界的责任就表现为权威的形式。教育者的权威和教师资格不是一回事。尽管对于权威来说,资

格的评估不可或缺,但是最重要的资格本身也不会自动带来权威。教师的资格包括了解这个世界并能向他人传授这种了解,但是教师的权威是基于他对这个世界承担的责任。在面对儿童时,他们是(这个世界的)所有成人居民的代表,他向儿童指出细节,并对儿童说:这是我们的世界。①

我引用这一大段,不仅因为这段话揭示了阿伦特关于教育权威本质的看法,还因为这段话指出了此类权威和政治权威之间的联系。更甚者,这段话也显示了阿伦特的存在主义信念会如何影响她的教育观念。对于古代罗马人以及许多后来者,包括美国共和制的创立者们来说,真正的权威总与对这个世界某些事件进程的责任联系在一起。这些拥有权威的人懂得,他们必须为自己及自己的财产承担责任,同时也要为受其管辖的人和事承担责任。同样,阿伦特认为在教育中要想成为权威,家长和教师就要为培养年轻人参与这个共有的世界承担责任。因此,阿伦特的教育权威概念,是基于她对古罗马政治权威经验的理解。

然而,阿伦特坚持的"教师的权威是基于他对这个世界承担的责任"的观点,说明了她的教育观点也受到其存在主义信念的影响。正如阿伦特所做的那样,要求教师和家长对这个将要介绍给年轻人的世界承担责任,这预设了责任和自由是人之为人的条件的基本可能性。事实上,阿伦特相信当前教育中权威的丧失,部分是由于教师和家长拒绝承担这样的责任。阿伦特认为,在这个领域成人和儿童不能平等分担在教育年轻人方面的责任。"儿童无法摆脱教育权

---

① Arendt, H. (1977). The crisis in education. In H. Arendt. *Between past and future*. New York: Penguin Books, p.189.

威,似乎他们仍受到成人多数派的压迫一样。"①阿伦特更愿意相信,权威是被成人放弃的,这意味着成人越来越拒绝为他们要提供给孩子们的这个世界承担责任。为了说明这一点,我们只要想一想美国有多少父母滥用药物和酗酒就可以了,他们把孩子们带到这个世界,又几乎不为孩子们承担责任或完全不负责任。

因此,阿伦特的存在主义信念渗透到她对权威的传统认识中,形成了一种非同寻常的保守的教育方法。正如她所描述的:"为了避免误解:在我看来,在保护意义上的保守主义是教育活动的本质。教育的任务总是要去珍视和保护点什么:保护孩子免受世界的伤害,保护世界免受孩子的伤害,抵御'旧'来保护'新',抵御'新'来保护'旧'。甚至于,由此带来的对于这个世界承担的普遍责任,也暗含着一种保守的态度。"②换言之,这意味着从年轻人手中保护世界的需求:如果让年轻人自行其是,他们就可能摧毁这个世界的一部分。阿伦特的意思是,既然这个世界是由必有一死的凡人不断创造和重塑的,那么这个世界就有风险像它的制造者们那样,成为一种有死和暂时的东西。阿伦特在这里着重指的是人创造的世界,也就是人类文化的整体。为了保护人类世界免受其创造者的有死性的威胁,需要不断更新这个世界,这样就可以为今后要在其中安居的下一代提供永久的家园了。这是主流保守派颇为怀旧的观点,认为通过向年轻人传授重要的价值观和过去时代的伟大思想,社会和传统就可以得到保护。

---

① Arendt, H. (1977). The crisis in education. In H. Arendt. *Between past and future*. New York: Penguin Books, p.190. 这个观点在今天显得尤其有力,因为过去时代使用的传统专制的教学方法已经被替换为那些更自由、更民主的方法了。

② Ibid., p.192.

然而阿伦特同时提供了另一种有力的论证：教育中的保守主义，意味着成人这一方愿意保护年轻人，让他们免受这样一个世界的伤害，即包含诸如各种社会习俗在内，试图压制每一个儿童身上的"新"和革命性的这个世界。最乐观地说，主流保守派也会忽略新人带给这个世界的各种新的可能性。与之不同，阿伦特的方法则坚持认为，教育者必须珍视和保护这种可能性。对阿伦特来说，或许教育中最重要也最困难的问题，就是在保护儿童的"新"和革命性的同时，还能保护这个世界，使之成为人的安定归宿。问题在于，我们如何保护这个世界免受年轻人行动的破坏，同时又不扼杀年轻人发明、创造的机会？简言之，教育中的这个问题就是在"旧"（过去、传统）和"新"（改变、创造）之间搭建桥梁。我们很快就会看到，在阿伦特的观念当中，解决这个问题的唯一方法是采取某种保守的态度。

阿伦特针对今日教育面临的核心问题提供的这种保守态度，应与主流保守派区分开。一方面，她认同主流保守人士，诸如爱德华·威恩和艾伦·布卢姆（Allan Bloom），他们认为教育者的任务是要沟通"旧"与"新"。这意味着要求教育者这个职业本身就有一种敬畏过去的态度。例如，爱德华·威恩认为，教育者要关注我们和伟大传统之间断裂的影响，有意识地向学生传播道德价值。他坚持认为，"要理解伟大传统的意义，必须增进我们对于过去的理解、理解现在教育中流行的那些错误认识，进行某种形式的意识提升"。[①]

另一方面，阿伦特认为这些保守派忽略了这样的事实，权威的

---

① Wynne, E. A. (1985). The great tradition in education: Transmitting moral values. *Educational Leadership*, 43(4), 4-9.

危机与传统的危机是密切联系的。她指出,和权威一样,价值以及与西方传统的联系在现代也受到了质疑,我们再也不能理所当然地假设罗马人那种尊重过去的态度了。这一观点得到了当前那些自由主义思想家和激进思想家的进一步强化,他们认为教育者在进行传统作品的教学时要采用批判的方法,因为这些作品具有局限性和压迫性的元素。与多数保守派不同,阿伦特相信,教育者对于过去和传统的态度本身已经变得复杂化了。

此外,阿伦特批评了主流保守派,认为他们试图回归过时的政治性存在,传统和权威在其中扮演了举足轻重的角色。这样的立场在阿伦特看来是荒谬的,因为:

> 无论这种危机发生在现代世界的什么地方,一个人既不能不管不顾地走下去,也不能只走回头路。除了产生与危机完全相同的境况外,这种走回头路的办法不会带给我们任何东西。……另一方面,各种天真的、非反思性的坚持,最终都只会走向毁灭,因为它们都在听任时间进程的摆布——无论这种坚持是在危机中勉力前行,还是因循常规、淡然地相信这场危机不会吞噬特定的生活范围。①

这段引文指出了在教育者针对过去的态度上,阿伦特和其他保守派之间的根本区别。我认为,阿伦特对于传统的概念化方式,与诸如布卢姆和威恩这样的保守派相当不同。其间的差别,在阿伦特有关德国文学批评家瓦尔特·本雅明(Walter Benjamin)的文章当

---

① Arendt, H. (1977). The crisis in education. In H. Arendt. *Between past and future*. New York: Penguin Books, p. 194.

中表达得最为清晰。阿伦特注意到,本雅明清楚意识到了这种权威的危机,清楚意识到了与传统的断裂是无法逆转的,因此他试图寻找新方式来面对过去。他通过"引证的破坏力"以及"诗意的思考"来实现这一点。阿伦特写道,这种(诗意的)思考由当下滋养,"(这种思考)从过去攫取'思想碎片',并收集相关的东西。这就像采珍珠的人潜入大海深处,不是为了掘开海底看个究竟,而是为了撬动丰富性和陌生性,为了大海深处的珍珠和珊瑚,为了把它们带上来。诗意地思考探寻过去的深渊,但不是为了复兴过去本身,也不是为更新已消逝的时代做出贡献"。①

与采珠人不同,诸如布卢姆和威恩这样的保守派,通过复兴过去以及更新传统的价值和实践,对他们认为的我们时代的虚无主义作出回应。布卢姆和威恩相信,如果能将过去的伟大作品和事迹公之于众并加以珍视,权威和传统就可以免于毁灭并得到复兴。这个信念的基础是,传统类似于一个接口,其功能就在于连接现在和过去,为人类文明的不同阶段提供统一感。因此,教育者的任务就是修补和滋养这一接口,或者"保护和培养这种柔弱的藤蔓"②。这样一来,过去就可以持续照亮现在,为我们提供连贯性和统一性。

作为对诸如布卢姆和威恩这些保守派的反对,阿伦特并不认为传统是连接这一代与下一代的一个接口,并不认为传统能够赋予人类文明统一性和意义。对阿伦特来说,传统应该被设想为一系列创新,其中充满了断裂和冲突、充满了阿伦特希望年轻人完成的各种

---

① Arendt, H. (1968). Walter Benjamin, 1892-1940. In H. Arendt (1968). *Men in dark times*. New York: Harvest, p. 205.

② Bloom, A. (1987). *The closing of the American mind*. New York: Simon & Schuster, p. 380.

形式的再创造。为了澄清这一观念,让我们再次回到采珠人这个比喻上来。阿伦特与本雅明一样,认为所有的人类文化都要面临时间的侵蚀:"败坏的过程同时也就是一个结晶的过程。在大海深处,曾经活着的东西沉入其中并且消散殆尽。但是,有一些东西'经历了巨变',以新的结晶形态、新的形式保存下来,不受那些因素的影响。尽管它们仍要等待采珠人,但是采珠人终有一天会到来,把它们带到人类世界中去。"①

从这个角度来看,真正的挑战不在于像修补残破的接口那样去复活我们与传统和过去的联结。相反,挑战在于发现那些结晶形态和形式,它们在历经各种破坏力量后保存下来,这样我们就能够利用它们来扰动和批判现在。对本雅明来说,这意味着他收集的引文,不是为了重新建立与过去的联系,而是为了把握现在的洪流并引入某些新的东西。阿伦特把这个观念用到了教育领域,认为教育者需要帮助学生成为"采珠人",有能力潜入过去的深渊,找到那些结晶体。这就是说,教育者需要让学生接触那些尽管已经改变但仍以不同形式保存了下来的思想和价值,它们可以用来扰动、批判和改造现在。

主流保守派想用这些观念和价值来弥合过去和现在之间的裂痕,阿伦特则想要利用它们来创造新的起点。主流保守派坚持认为,对于过去的高度熟悉,意味着在其原初的背景和复杂性上来研究传统作品。效仿本雅明和海德格尔,阿伦特则认为这毋宁是一种能力,来发现"活生生的眼睛和活生生的骨头,怎么通过巨大的改变

---

① Arendt, H. (1968). Walter Benjamin, 1892-1940. In H. Arendt (1968). *Men in dark times*. New York: Harvest, p. 206.

转换成珍珠和珊瑚。在用新思想的'致命影响'来解读它们时才可拯救和提升它们,让它们活在现在"。① 主流保守派认为,过去的财富可以为我们的生活提供连续性、统一性和意义。与之相比,阿伦特把这些财富当成手段,可以让我们批评现在的问题,帮助我们形成新的起点。

实际应用

阿伦特认为,现代教育者面临的最迫切的问题是:一方面,他们不能放弃权威或者传统;另一方面,他们必须生活在一个既不受权威束缚,又不靠传统凝聚在一起的世界当中。对阿伦特来说,这意味着不仅仅是教育者和教师,实际上所有成人都应该用一种根本不同于面对彼此时的态度来面对儿童。阿伦特认为,我们应该把教育领域和别的所有领域(尤其是政治领域)隔离开,以便"仅仅在教育领域应用权威概念以及一种指向过去的态度。这种概念和态度,对于教育领域来说是适当的,但是不具有普遍效力,因此也一定不能要求在成人世界普遍有效"。② 在这样说的时候,阿伦特并没有暗示我们不应该尊重儿童,或者儿童应该被我们的意愿随意操纵。阿伦特的想法是,在教育中成人不应该把儿童视为平等的伙伴,因为只有成人才对儿童和这个世界真正负有责任。

把教育与其他领域隔离开,以维系一种传统的权威概念,这在实际中有许多应用。第一,阿伦特认为我们应该承认,学校的职责是教孩子们认识这个世界,而不是教他们如何生活。这是因为,在

---

① Arendt, H. (1968). Walter Benjamin, 1892-1940. In H. Arendt (1968). *Men in dark times*. New York: Harvest, p. 201.

② Arendt, H. (1977). The crisis in education. In H. Arendt. *Between past and future*. New York: Penguin Books, p. 195.

对这个世界承担责任的意义上,权威意味着一个人已经熟悉了这个世界,并且可以向别人传授他的了解。不论他们多么需要适应不断变化的现实,因为这个世界总要比孩子们更加年长,所以学习不可避免地总会指向过去。因此,权威和传统总是在教育中扮演了关键性的角色,即使这两者在生活的其他方面失去了影响。正如娜塔莎·莱文森在前一章所说的那样,这种教学方法的优点是,"它给每一个新人提供了解自己如何被创造成现在这样的机会,并激励他们根据这段历史来重塑自己"。

第二,利用权威在儿童和成人之间画的这条分界线,意味着我们不能把儿童当成已经长大的人或受过教育的成人。然而,阿伦特迅速补充说,这条线不应该变成一堵墙,以至于隔绝了儿童和成人共同体的相互接触。阿伦特说,我们应该以不同于彼此接触时的那种方式与儿童相处。这意味着,我们既不应该赋予儿童成人享有的权利和自由,也不应该以同样的方式让儿童承担责任。然而,阿伦特并不要求这两个人群之间保持绝对隔离,并不要求人们去设置一个由年轻人自己的法则支配的自主的世界。

但是,阿伦特又说人们不能教育成人,这是什么意思呢?为了理解这句话,我想重要的是谨记她对于教育和学习的区分。阿伦特相信,成人当然可以借助于教,来学这个世界的特定方面。尽管教育有更加具体的功能,目的是要把年轻人介绍给这个作为一个整体的世界。但是,教育也要负责为儿童做好准备,让他们在一个共有的世界当中生活,同时去更新这个共有的世界。阿伦特坚持认为,教育既对这个世界负有责任,也对我们的儿童负有责任,以便在保护这个世界免受伤害的同时,又保护更新的可能性。共有的世界需要得到保护,以免受到人的行动的危害;儿童需要一个安全的环境,以促进自己的发展。这种保守的态度,既针对这个世界,又针对儿童自身,有助于弥合教育中的"旧"和"新"之间的鸿沟。既然儿童和世界都需要得到保护,他们就不应该被认为是对立的了。

  从这个角度来看,教育包括一种独特的三元关系,涉及教师、世界以及儿童。调和后两者的关系,正是教育者的责任。根据阿伦特的观点,这种关系在其他领域既难以维系,也不会是人们想要的,因为这种关系是基于权威,根本上就不平等。但是,在教育当中,正是权威关系及其相应的保守态度,让更新和创新成为可能。而更新和创新都取决于年轻人对这个世界的认识。因为成人已经熟悉了这个世界,所以只有成人可以教孩子们认识这个世界。阿伦特认为,当保守和革命齐头并进时,教育就是有价值的。当我们为了"新"而保护过去时:"正是为着每个儿童身上新的和革命性的方面,教育才必须是保守的;教育必须保护这种新意,并且把这种新意当作新事物引入旧世界。但是在下一代人看来,不论旧世界的行动多么具有革命性,它也总是过时的,即将灭亡。"①

  最后一点应该着重强调。阿伦特认为,我们之所以要在教育中坚持保守,正是为了"新"的缘故。在这一点上,我相信阿伦特在现代思想家当中是独树一帜的[安东尼奥·葛兰西(Antonio Gramsci)是另一个值得指出的例外]。阿伦特与主流保守派不同,她并不认为对那些过去的伟大作品的教学,是因为这些作品当中包含了教育洞察以及与我们的生活息息相关。阿伦特认为过去以及权威关系

---

① Arendt, H. (1977). The crisis in education. In H. Arendt, *Between past and future*. New York: Penguin Books, pp. 192-193.

是必要的,可以帮助儿童实现创造某些新事物的可能性。如果没有学过传统的经典作品,儿童就可能不具备改变和更新这个世界所需的基本知识。同时,如果成人不对这个共有的世界承担责任,不对其中的年轻人提供指导,那么儿童就不会获得足够的保障,以便在这个高速变动的世界中发挥作用。在阿伦特看来,教育最重要的目标是帮助儿童熟悉这个世界,在这个世界当中感到安全,这样他们才有机会创造和尝试新的东西。

然而,阿伦特的教育权威概念的独特之处,并不仅仅在于为了"新"的缘故而保护过去。同样重要的是,阿伦特强调人类行动以及新生性的奥义——正是基于新生性,行动才获得了本体论基础。对阿伦特来说,每个儿童都有可能在这个世界上尝试一些新的事物,这基于这样的事实:"由于每一次出生,都有些独特的新事物来到这个世界。"①出生不断带来新人,他们不仅仅是创造者,而且是这个世界的独特成员。这个事实,意味着我们总是可以期待他们带来意想不到的惊喜。这意味着年轻人可以干预事情的一般进程,并引发社会的根本变革。因为阿伦特坚信人的行动能力,所以她可能会拒绝诸如布卢姆和威恩这类保守人士的观念,并不认为一种有价值的教育主要是把过去的伟大观念和价值传递给年轻人。与其不同,阿伦特认为教育应该帮助年轻人准备好过一种行动生活,一种卷入这个世界、改造这个世界的生活:

---

① Arendt, H. (1958). *The human condition*. Chicago: University of Chicago Press, p. 178. 像尼采这样的思想家,尽管也和阿伦特一样认为要为了创新和更新的缘故来保存过去,但是也不把行动视为人之为人的一种一般可能性。对尼采来说,拯救我们的文明免于厄运的,不是在公共领域集合并行动的普通人带来的改变,而是少数拥有自由心灵的伟人们的创造性工作。

教育是关键。借助教育,我们可以判断自己是不是足够热爱这个世界,愿意为这个世界承担责任;同样,正是通过教育,可以挽救这个世界,让它不至于走向毁灭。因为,如果没有更新、没有新人和年轻成员的加入,世界的毁灭就难以避免。同样,我们还可以在教育当中判断自己是不是足够爱孩子,不把他们排挤出我们的世界、让他们孤苦无依;我们不是去剥夺孩子们尝试新的、我们前所未见的东西的机会,而是提前为他们做好准备,去完成更新一个共有的世界的任务。①

因此,在阿伦特看来,教育旨在帮助年轻人做好准备,去为这个世界承担责任。然而这种对于这个世界的责任,并不意味着要像许多保守派那样,紧紧抓住传统道德不放或者回归"辉煌的过去"。相反地,正如我已经指出的那样,这意味着帮助学生们准备好采取行动,去干预这个世界并创造一个更加人道的世界。基于这个背景,去比较布卢姆和阿伦特对于大学生抗议运动的解释是很有趣的。布卢姆认为,在民权运动以及1950—1970年间在美国发生的重大历史变革当中,学生只发挥了边缘作用,许多学生受到所谓"做作的道德"的困扰。② 阿伦特则认为,学生在促成这些变革中发挥了决定性作用;学生运动"不仅仅是简单进行宣传,而是去行动,并且几乎完全是出于某些道德动机的行动"。③

---

① Arendt, H. (1977). The crisis in education. In H. Arendt. *Between past and future*. New York: Penguin Books, p. 196.
② Bloom, A. (1987). *The closing of the American mind*. New York: Simon & Schuster, p. 380.
③ Arendt, H. (1972). Thoughts on politics and revolution. In H. Arendt. *Crises of the republic*. New York: Harvest, p. 203.

这里涉及的,不仅仅是对于历史事件的两种不同解读,更重要的是关于教育和行动关系的不同概念。对于布卢姆来说,在学生抗议运动中表现出来的那种行动,主要是逃避在课堂上发生的真正学习的一种方式,逃避作为自由心灵和真理爱好者的教育责任。相反,阿伦特相信通过提供行动所需的知识和技巧(例如道德推理),教育就是一个可以帮助学生对这个世界承担责任的场所。简言之,布卢姆认为行动是教育中无用的消遣,阿伦特则认为行动是教育的充分实现。

阿伦特和民主教育

我已经讨论过,阿伦特的保守教育方法,是对于主流保守观点的一种真正的替代方案。这个方案不仅更有说服力,而且更能鼓舞人心。主流保守派无视年轻人进行创造的可能性,而阿伦特则高度欢迎这种可能性,坚持认为教育者应该培养这种创造性。在本章最后一部分,我将会讨论阿伦特的观点与民主教育的相关讨论之间的关系。在我看来,她这些关于权威的洞察,对于实现民主教育目的的方式的相关讨论,做出了重要贡献。她的这个观念是鼓舞人心的,因为正如亨利・吉鲁(Henry Giroux)、彼得・麦克拉伦(Peter McLaren)展示的那样,新的保守话语通过强调类似于标准化、素养、技能以及狭隘的、非批判性的文化观,剥夺了公共教育的民主德性。

构成新保守方案的意识形态兴趣,是基于某种道德或政治的观念,也就是诉诸习俗、国家统一、传统等来获得合法性。在这个话语当中,民主失去其动态的特点,缩小为一系列继承下来的原则和制度性的安排。这种民主教给学生的是如何适应，而不是去质疑社会的基本观念。新的改革方案剩下的是一种关于权威的观点，围绕着服从和实施预定的规则来进行建构，传播一种未经质疑的文化传统，把工业式的训练加以神圣化。①

吉鲁和麦克拉伦针对的是诸如艾伦·布卢姆这样的保守派。布卢姆对于美国大学生中的相对主义和反智主义感到苦恼，认为解决问题的唯一办法是回归某种特定类型的博雅教育。这种教育将赋予西方文化的经典作品以特殊地位。布卢姆的博雅教育概念包括，"阅读某些公认的经典文本，只是阅读它们，让这些作品来决定问题是什么以及回答问题的方法是什么；不把这些作品强行纳入我们划分的范畴当中去，不把这些作品当做某种历史遗迹，而是试着用作者希望的方式去阅读"。②

布卢姆的博雅教育之所以令人困扰，不仅在于他的那种非常狭隘的对于西方经典概念的偏好，更在于布卢姆钟爱一种高度依赖传播和灌输的教学方法。对布卢姆来说，显然只有一种合法的方式来阅读经典文本，并且从这种阅读当中能够收获的东西也是确定的、永恒的。这样来看，"批判性阅读被简化为所谓的合法文化资本的获取、文本解读或者聆听'大师'的声音"。③

另一种保守的教学方法来自埃里克·赫希（E. D. Hirsch），他

---

① Giroux, H. A., & McLaren, P. (1986). Teacher education and the politics of engagement: The case for democratic schooling. *Harvard Educational Review*, 56(3), 213-238.
② Bloom, A. (1987). *The closing of the American mind*. New York: Simon & Schuster, pp. 333-334.
③ Giroux, H. A. (1990). Curriculum theory, textual authority, and the role of teachers as public intellectuals. *Journal of Curriculum and Supervision*, 5(4), 370-371.

也分享了布卢姆关于教和学的一些基本假设。在他的《文化素养》(*Cultural Literacy*)一书当中,赫希强调了美国学生中的无知和缺少文化的问题,这主要表现为标准化测验成绩的下降。赫希把文化素养定义为:

> ……所有合格读者都具备的一种信息网络。这是一种背景性信息,存储在他们的头脑之中,能够让他们拿起报纸,用一种适当的理解水平来阅读报纸,能够把握住要点、掌握意涵,将他们读到的东西与那些未曾言明的背景联系起来,这将能够赋予他们读到的东西以意义。……在这种高度通用的素养上的成就,是美国教育其他所有重大改进的基础。①

简言之,对赫希来说,文化素养是一组信息或事实,让人可以理解文本、与他人进行有效沟通、进行有效竞争。这种素养概念,假设了保罗·弗莱雷(Paulo Freire)所谓"储蓄式教育",也就是在学生的头脑中储存信息,而这些信息往往对学生毫无意义。② 弗莱雷表明,这种教育方法培养了一批消极的、守纪律的、安于现状的学生,而不是提出质疑、保持怀疑、独立思考的学生。在赫希那里,我们得到的是一种获得素养的办法,其核心是获取通用文化资本的需求;至于如何发展学生在评估和批判这种资本时所需要的那些技巧和能力,赫希则没有涉及。

与布卢姆和赫希都不同的是,阿伦特独特的保守教育方法可以

---

① Hirsh, E. D. (1987). *Cultural literacy: What every American needs to know*. Boston: Houghton Mifflin, p. 2.
② 对于这一点的详细讨论,参见该书第 2 章;Freire, P. (1970). *Pedagogy of the oppressed*. New York: Continuum Publishing.

建设更加民主的课堂,以培养批判和主动的学生。为了进一步完善我的论证,我想重点讨论如下问题:阿伦特的教学权威概念与实现民主教育所需的条件有关,那么,我们可以从教学权威这个概念中学到什么?我相信,在对这个世界承担责任的基础上建立起来的权威,要求民主教育者在重新定义教学实践的努力当中考虑两个基本条件:第一个条件是,除非教师能够帮助年轻人了解过去的文化传统,否则就不能实现增强学生创造力和首创精神这样的民主目的。这一判断的原因是,如果不先熟悉这个世界,那么对这个世界的批判、改变和更新就毫无意义。阿伦特正确强调了这一事实,认为一种有价值的、有效的批判,总是基于对过去的深刻认知。也就是说,只有与先于他们出现的这个世界有关,创造力和创造才是真正重要的。"只有在与这个世界的关系中,学生才会理解什么需要挑战、什么需要重置。"①

因此,阿伦特的重要性,就在于她的这一主张:她认为一种让学生对过去的文化传统负责的教育,非但不会阻碍创造性、批判性思维,反而实际上可以促成这些目标。根据这样的观点,对于过去、传统中的伟大作品的学习,不应该像主流保守派声称的那样,是为了颂扬或者仅仅是为了模仿它们。相反,对这些作品的教学,应该鼓励学生对这些案例作出回应、创造新事物。在这里,学生的创造性和主动性,不会因为了解传统和过去的某个具体方面而受到束缚。事实上,这种创造性和主动性是一种对于传统的回应。这一点之所以重要,不仅仅因为阿伦特超越了主流保守派教育者的观点(这些保守派教育者认为,之所以要教传统的伟大作品,是因为这些作品

---

① 这段引文来自本书第一章。

包含了关于生活的有价值的见解)。与一些进步主义教育者相比，阿伦特也提出了更为有力的观点。这些进步主义教育者强调，过去和传统只有基于一些实用的理由才值得吸收。例如，杜威就认为，除非民主教育从现存的社会和实务出发，否则它的目标就将是乌托邦的、不务实的。① 简言之，与已有的那些观点相比，在为什么要把传统、过去的伟大作品纳入课程中来的问题上，阿伦特为民主教育者提供了一种更有说服力的理论。

更进一步，每一代人都需要了解先已到来的这个世界，同时又需要更新这个世界。那么，阿伦特式的教学如何弥补这之间的鸿沟？阿伦特式的对于"经典"的处理，看起来是什么样的？在我看来，对于这些问题的回答，要回到阿伦特强调的教育者的双重责任上来：既要保护人类文化的整体性（这个世界），又要保护年轻人更新和创造的可能性。阿伦特方法的优点在于，她坚持这两个责任是相互依存而不是相互对立的。一方面，正如上文讨论的那样，除非教育者先已介绍儿童进入传统、进入过去的思想，否则他们就不会是革命的和创新的。另一方面，对于伟大艺术作品的持续创造，要视年轻人的能力而定，看他们是不是不仅能重复过去，而且还要改变和更新过去。

遵循阿伦特的看法，我认为情况并不像女性主义文学批评家[例如朱迪思·费特利(Judith Fetterly)]试图让我们相信的那样："要去阅读那些当前被认为是经典的美国文学作品，就必定要自认为是男性。"② 通过论证女性是被迫以某种方式对这些文本作出回应

---

① Dewey, J. (1966). *Democracy and education*. New York: Free Press, p. 83.
② Fetterly, J. (1978). *The resisting reader: A feminist approach to American fiction*. Bloomington: Indiana University Press, p. xii.

的,费特利事实上默认了一种和主流保守派教育者同样传统的阅读观念。根据这个观念,作者已经确定了文本意义,读者的任务只不过是去发现这些隐含的、独立于读者背景之上的意义。然而,今天人们公认的是,文本意义不能脱离读者的社会和政治背景。而且,由于读者带着不同视角去阅读文本,所以文本的意义就将来源于多样性以及对于差异性的认可。[①] 阿伦特会说,主张文学作品要求读者采纳确定的意义,这忽略了人的那种挑战和创造新事物的能力。

像费特利那样,认为文本会引出某种"身份认同"的反应,这也不正确。更准确地说,事情类似马丁·布伯(Martin Buber)说的那样,许多事物在我们的性格当中打下了烙印,一些"通过获得认同、模仿、欲望、努力来产生影响,另一些通过唤起问题、质疑、厌恶、抵制来发挥作用。正是所有这些多种多样的、相互冲突的影响因素的互相渗透,让我们的性格得到了塑造"。[②] 我自己与数百名女性和少数族裔大学生共同阅读和讨论古典文本的经验表明,身份认同只是针对这些文本的许多可能反应中的一种。事实上,抵制和厌恶也同样有可能发生。

因此,对于课程理论和教学来说,关键的问题是教师怎样鼓励学生成为批判性、创新性的读者和学习者?与阿伦特类似,我试图表明教育的必要元素不是课程包含的内容,而恰恰是这些文本的阅

---

① 这个观点在吉鲁(Henry Giroux)的文章中有过讨论:Giroux, H. A. (1990). Curriculum theory, textual authority, and the role of teachers as public intellectuals. *Journal of Curriculum and Supervision*, 5(4), 370-371; Bennet, T. (1987). Texts in history: The determinations of readings and their texts. In D. Attridge, G. Bennington, & R. Young (Eds.), *Post-structuralism and the question of history*. New York: Cambridge University Press.

② Buber, M. (1964). *The education of character. Between man and man*. London: Fontana Library.

读和讨论方式,无论这些文本是传统的还是现代的,是女性主义的还是少数族裔的。① 因此,许多批判性教育者的断言是错误的,他们认为欧洲中心主义课程要对学生的消极和不思进取负责②。无论课程如何扭曲事实,这种课程本身都不能对学生产生这样的影响,除非得到了那些认同传统教学方法的教师的支持。事实上,即使文本是由一位描述了奴隶社会或精英社会价值观的作者来书写的,这部作品也仍然有可能产生解放的效果。这种效果是有可能的,例如可以这样来解读柏拉图:"他不是一个文化符号,似乎他的抽象概念只会在考试当中得到复制;他是一种活生生的力量,我们可以和他进行讨论,可以同意他也可以反对他、可以接受他也可以拒绝他。"③或者,人们也可能会设想出一种情境,用一种专断的、非批判的方式来阅读和讨论女性主义文本。根据阿伦特的观点,我认为在给学生赋权的问题上,教育者的责任比任何别的因素都要大,以便让学生成为批判的、主动的读者和学习者。

对阿伦特来说,民主教育者必须满足的第二个条件,涉及对这个世界承担责任这一观念,并以此满足重新界定教育实践的需要。对这个世界承担责任,不仅仅意味着保护过去的伟大作品,而且还

---

① 与此同时,我相信阿伦特会同情女性主义者和激进教师的诉求,认为我们应该在"经典"当中容纳女性和少数族裔的声音,他们历来总是被排除在外的。
② 除了上述朱迪思·费特利(Judith Fetterley)的书以外,这个观点也在詹姆斯·班克斯(James Banks)的论文中得到了呈现。[Fetterly, J. (1978). *The resisting reader: A feminist approach to American fiction*. Bloomington: Indiana University Press; Banks, J. (1991). A curriculum for empowerment, action, and change. In C. E. Sleeter (Ed.), *Empowerment through multicultural education*. Albany: State University of New York Press, p.130.]
③ Lauter, P. (1991). *Whose culture? Whose literacy? in Canons and contexts*. New York: Oxford University Press, pp. 268-269.

包括保护年轻人那种更新的可能性,以及保护和更新我们共有的栖息地,让它能够为我们的后代提供一个安全的家园。"因为世界是由必有一死的凡人建造的,因此它会磨损;又因为世界的居住者在不断改变,因此这个世界也面临风险,像它的居民那样带上了有死性(mortal)。要保护世界以抵抗它的创造者和居民的这种有死性,世界就必须不断得到重塑。"① 这种"重塑"告诉我们,阿伦特相信在面对那种威胁着要毁灭我们共有世界的问题时,教育者应该直面而不是回避问题。

对于共有世界的责任,在今天看来比过去更加重要。现今,数百万人因为饥饿而死亡,环境在资本主义和自由市场的名义下被破坏,暴力猖獗。这些全球性以及地方性的灾难,往往是人的行为引起的,这说明对于许多人来说世界不再能提供一个安全的天堂。阿伦特认为,教育者要让人们意识到,他们的行动不可避免地会影响他人的生活。这里的"他人"既包括现在与我们分享这个世界的人,也包括那些明天将要出现在这里的人。阿伦特与许多进步主义教育者一样,也认为民主教育旨在发展一种共同体意识、团结感以及对他人的责任感。

但是,在实现这些教育目的的方式上,阿伦特与自由派和激进派全都不同。许多自由派和激进派教育者认为,这些目的主要通过鼓励学生的批判性思考来实现。这种思考的对象,是他们生活的社会中的那些反对压迫制度、反对不公平的斗争。这些教育者主张的是一种基于对话、平等的教学,认同教师和学生应该分担学习过程

---

① Arendt, H. (1977). The crisis in education. In H. Arendt. *Between past and future*. New York: Penguin Books, p. 192.

的责任。例如,吉鲁倡导一种激进的教学,要整合和分析学生当前的经验和文化。此外,这样的激进教学还需要:

> 批判性地掌握学生直接生活经验以外的知识形式,来扩充他们的理解和可能性。这意味着学生需要及时学习和获取其他类型的经验和话语来扩展他们的视野,不断推动他们去检验抵制压迫意味着什么、集体工作意味着什么,同时从持续发展的知识、技能、承诺的立场出发来行使权威。①

与这些思想家不同,阿伦特坚持认为学习过程的责任不能和学生共享,而应该由教育者来承担。对她来说,家长和教师是唯一应当负责的人,他们帮助学生发展一种共同体意识以及对这个世界的关注,确保这个世界对儿童来说仍然是个安全的地方。正如伊丽莎白·扬-布吕尔注意到的那样,阿伦特坚信,成人一定不能"放弃自己对儿童的责任,一定不能拒绝为儿童提供一个成熟前的庇护期,让他们在这个世界的家园当中生存。"因此,阿伦特会批评诸如吉鲁和麦克拉伦这样的进步主义教育者,认为他们混淆了儿童和成人之间的显著区别。同时,阿伦特也会指责他们希望儿童承担社会问题的责任,诸如种族压迫、社会不平等以及让儿童卷入到政治斗争当中去。

阿伦特对于进步主义教育者的批判,与对当前美国教育难题的判断尤其相关。而美国教育的难题就是,当前美国社会并没有为青少年提供的安全、有益的空间。大卫·埃尔金德(David Elkind)在

---

① Giroux, H. A. (1986). Authority, intellectuals, and the politics of practical learning. *Teachers College Record*,88(1),22-40.

20 世纪 80 年代中期很好地描述了这个问题:

> 在今日美国,已经没有提供给青少年的空间了。家里没有,学校里没有,社会公共领域也没有。但是,情况并非从来都是如此。仅仅约 10 年前,青少年在社会结构当中还有明确的定位。他们是"下一代",是美国的"未来领导者"。他们的智力发展、社会和道德发展,都被认为是重要的,因此受到了保护和培养。……青少年因此有充分的时间来完成身体、意识和情感上的巨大转变。社会认识到,这种从童年期到成年期的转换是困难的,年轻人的这种努力过程需要时间、支持以及指导。①

埃尔金德指出的问题就是,今天的许多家长和教师不能或者不愿意给青少年提供必要的指导和方向,而这些是他们要成长为一个健康的成人所必需的。许多家长和教师假设青少年是某种成人,因此期望他(或她)"在面对生活以及生活的挑战时,能有过去人们只期待中年人才有的那种成熟,这些青少年没有任何准备时间。"②

埃尔金德说,给青少年强加这种成人身份有两个恶果。第一,缺少一个从童年期到成年期的清晰过渡期,削弱了青少年形成稳定个人身份的能力。第二,早熟的成年,导致青少年承受过度的压力,让他们中的许多人几乎不可能适应急剧变化的社会。

埃尔金德和其他人认为,对于青年来说,青少年期作为一个清晰定义的阶段已经消失,对于更年幼的孩子们来说情况同样如此。

---

① Elkind, D. (1984). *All grown up and no place to go*. Reading, MA: Addision Wesley Publishing, p. 3.
② Ibid.

在《童年的消失》(The Disappearance of Childhood)一书中，尼尔·波兹曼(Neil Postman)认为童年作为一个天真的阶段已经几乎消失，今天的儿童接触到的各种信息，曾经是成人的特权。[①] 例如，电视甚至会让幼儿也有可能接触到暴力和性信息，因此在他们成熟之前就过早被剥夺了天真。结果，像青少年那样，幼儿也要承受过度的压力，这种压力对他们中的许多人来说都太大了。

在我看来，作为一个清晰定义阶段的童年期以及青少年期的消失，与更一般的教育权威问题有关。更具体地说，我认为今天许多青少年和幼儿经历的危机在很大程度上是教育中权威败坏的结果。阿伦特是对的，她认为教育中的权威的消失，让成年人越来越不愿意"对这个将要带领孩子们进入的世界负责任"[②]。换句话说，当教育者拒绝为儿童和这个世界承担责任时，教学权威就处于危机之中了。

拒绝承担这种责任，可以在一些事实中看得到。许多家长希望自己的孩子在不需要成人指导和帮助的情况下，就能够应对困难的问题、能够为自己作出重大决定。那些期望学生为社会改变和正义进行斗争的激进教育者，可能有意无意地加剧了童年消失的问题。最后，这些教育者尤其需要明白，不同年纪的儿童应该承担何种责任。对于那些相信学生能够为学习过程分担责任的教育者来说，关键是要确定学生们已经准备好并且愿意承担这种责任。

如果我们与进步主义教育者达成共识，认为民主教育应该塑造

---

① Postman, N. (1982). *The disappearance of childhood*. New York: Delacorte; Scherer, M. (1996). On our changing family values: A conversation with David Elkind. *Educational Leadership*, 53(7), 4-9.

② Arendt, H. (1977). The crisis in education. In H. Arendt. *Between past and future*. New York: Penguin Books, p. 190.

学生，使他们能够对压迫性的社会结构进行批判性的思考，那么我们就必须采用一种以教育者为中心的教学权威观念。在许多激进的教师那里，民主教育观念中缺失的是将批判和改革建立在对过去和传统的高度熟悉之上。同样被遗忘的是，关于我们共有世界的一些特定责任，就连那些最聪明的孩子们也不应当分担。如果这些激进教育者认真对待阿伦特的主张，认同教育中的权威乃是基于教育者愿意为了儿童和这个世界的福祉去承担责任，那么这些疏忽就可以得到纠正了。

阿伦特方法的重要性，不仅在于她强调教育者的双重责任，同时也在于她有能力帮助我们理解这种双重责任是如何联系起来的：儿童不会是革命性的和创造性的，除非教育者首先向他们介绍过去的价值和观念。承认这两种责任的相互依存是重要的，因为这可以让我们打破在主流保守派（强调保护传统）和进步主义者（关注批判性公民身份以及社会正义）之间的僵局。

判断教育:一种阿伦特式的矛盾用法?

斯特西·史密斯

汉娜·阿伦特晚年的哲学工作,聚焦于三种心理官能:思考、意愿和判断。她最后一部书面作品《精神生活》(*The Life of the Mind*),被她的传记作家伊丽莎白·扬-布吕尔称为"论心智的有效管理"①,该书逐一对这三种官能做了专门介绍。阿伦特完成了《思考》(*Thinking*)和《意愿》(*Willing*),但是最后一部分《判断》(*Judging*)只在打字机上留下了一张铭文式的页面,这是她在过世前那一晚写下的。②

尽管阿伦特没有完成对判断的探索,但在她努力去调和现代世界的政治和哲学的工作当中,这种心理官能却扮演了重要的角色。尽管我们缺少《精神生活》第三部分可能提供的那种清晰解释,但通

---

① Young-Bruehl, E. (1982). *Hannah Arendt: For love of the world*. New Haven: Yale University Press, p.458.
② 玛丽·麦卡锡(Mary McCarthy)在《精神生活》一书的编者后记中、罗纳德·拜纳(Ronald Beiner)在《汉娜·阿伦特论判断》一文中都重述了这些信息。[Arendt, H. (1978). *The life of the mind: Thinking*. New York: Harcourt Brace Jovanovich, p.218. Beiner, R. (1982). Hannah Arendt on judging. In H. Arendt. *Lectures on Kant's political philosophy* (pp.89-156). Chicago: Chicago University Press, p.89.]

过她的其他作品以及大量二手文献,我们仍可以提炼出阿伦特关于判断的观点。毫无疑问,这些观点是未确定的,甚至包含矛盾。但是,阿伦特处理判断的一种重要观点,是把判断列为一种重要的政治能力。在她的这种思考中,判断描述了政治行动者采用"换位思考"(enlarged mentality)或"达观的心智"(representative thinking)的能力,这让他们可以形成观点并对未来的行动做出决策。①

从表面上看,既然判断在阿伦特的民主政治愿景中扮演了重要角色,那么它也将会成为一项教育任务。民主社会的正规教育过程,若旨在培养未来公民参与政治生活的能力,那么从这个意义上来说,培养判断力就成了一项适当的教育任务。但是,这个初步的结论很快就会变得复杂,因为阿伦特提出判断是某种无法教授、只能实践的东西,同时她对于教育和政治领域做了严格区分。基于这些主张,人们可能会得出结论,阿伦特不认为培养判断力是教育者的适当任务。

根据阿伦特赋予政治平等的重要性,她有关判断和教育的观点

---

① 阿伦特思想的其中一条线索是把作为一种政治能力的判断置于行动生活(*vita activia*)或者行动的领域。她思想的另一条线索是把判断放到沉思生活(*vita contemplativa*)或沉思的领域中去,强调的不再是行动者,而是观察者。这两种理解判断的方法是否相互冲突,关于这一点在研究阿伦特思想的学者之间存在争议。为了进一步讨论阿伦特关于判断的思想发展以及其中的矛盾和张力,参见: Beiner, R. (1982). Hannah Arendt on judging. In H. Arendt. *Lectures on Kant's political philosophy* (pp. 89-156). Chicago: Chicago University Press; Benhabib, S. (1992). *Situating the self*. New York: Routledge, chap. 4; Bernstein, R. (1986). Judging: The actor and the spectator. In R. Bernstein. *Philosophical profile* (pp. 221-237). Philadelphia: University of Pennsylvania Press; d'Entreves, M. P. (1994). *The political philosophy of Hannah Arendt*. London: Routledge; Wellmer, A. (1997). Hannah Arendt on judgment: The unwritten doctrine of reason. In L. May & J. Kohn (Eds.), *Hannah Arendt twenty years later*. Cambridge, MA.: MIT Press.

就会让人感到不安,即认为"判断教育"既不可能也不适当。如果判断是"一种特殊的政治能力"[①],一些人善于运用,另一些人不擅长,那么政治中的平等个体在这种基本政治行动能力方面的悬殊,显然就是不尽如人意的。此外,由于行动是最充分展现人性的手段,而判断的官能又可以指导和评价行动,那么缺少机会去发展自己的判断官能,就将成为一个人发展为审美、政治和道德之人的最大限制。[②] 既然判断让我们可以和他人一道生活、分享一个共有的世界,因此培养这种官能的机会看起来就是重要的,用阿伦特的概念来说,即是"成为"完整的人。

在本章当中,我认为判断力的培养是一项适当且必要的教育任务,尤其是根据阿伦特的参与式民主政治概念来看。良好的判断力对于各种公民参与是重要的,对于阿伦特认为是民主公共生活必要组成部分的政治审议也是重要的。我的论证反驳了一种对于阿伦特"判断"思想的解读。这种解读认为,"判断"官能的培养超出了教育的能力范围。第一,我发展了"作为准备的实践"的概念,来挑战阿伦特认为判断无法教、只能用的观点。这涉及正规教育的具体职能。第二,我扩展了作为准备的实践的概念,以此来使阿伦特关于政治和教育领域的严格区分进一步复杂化。在我看来,"判断教育"是阿伦特教育计划的必要内容,可以帮助年轻人作好准备"去完成

[①] Arendt, H. (1977). The crisis in culture. In H. Arendt, *Between past and future*. New York: Penguine Books.

[②] 阿伦特关于判断是不是一种道德官能的立场,表达了她的作品中的另一种张力。一种解读认为,阿伦特认为判断既是政治官能也是道德官能。参见:Benhabib, S. (1992). *Situating the self*. New York: Routledge, chap. 4.

更新一个共有的世界的任务"①。

阿伦特思想中的判断

在这一部分,我将概述阿伦特在两份材料中呈现的关于判断的观点:1961 年在美国首次发表的文章《文化危机》(The Crisis in Culture),以及 1970 年秋季在新学院大学发表的《康德政治哲学演讲》(Lectures on Kant's Political Philosophy)②。在这两处,阿伦特使用了康德在《判断力批判》(*Critique of Judgment*)中提出的"审美判断"或"反思判断"模型。阿伦特认为,从中可以得到康德尚未完成的政治哲学。根据罗纳德·拜纳(Ronald Beiner)的介绍,阿伦特在 1961 年的论文《自由与政治》(Freedom and Politics)中首次提及该观点。在这篇文章当中,阿伦特认为康德在《实践理性批判》(*Critique of Practical Reason*)和《判断力批判》中阐述了两种截然不同的政治哲学。阿伦特对于判断在后一种哲学中的角色尤其感兴趣,在其中"自由被描述为想象的谓词,而非意愿的谓词。进而,想象与更宽泛意义上的思考,尤其是政治思考,密切联系在一起。

---

① Arendt, H. (1977). The crisis in education. In H. Arendt. *Between past and future*. New York: Penguin Books, p. 196.

② Arendt, H. (1977). The crisis in education. In H. Arendt. *Between past and future*. New York: Penguin Books; Beiner. Hannah Arendt on judging. Benhabib, S. (1992). *Situating the self*. New York: Routledge; Benhabib, S. (1992). *Situating the self*. New York: Routledge, chap. 4;其他有关她的判断观点的一手资料包括:Arendt, H. (1977). Truth and politics. In H. Arendt. *Between past and future*. New York: Penguin Books; Arendt, H. (1971). Thinking and moral considerations. *Social Research*, 38 (3), 9-13; Arendt, H. (1978). *The life of the mind*. New York: Harcourt Brace Jovanovich.

因为,思考可以让我们'置身于别人的心灵之中'。①"这种对于"更通达的思考"或者让我们自己"置身于别人的心灵之中"的强调,是阿伦特政治判断概念的核心。

根据阿伦特对于康德的解读,判断是"明辨是非、美丑"的一种能力。② 在人的独特性和多样性中,一个人与他人分享了自己对于一个共有世界的视角,这时判断就实现了。最终,共享的视角可以让人有更充分的理解,这比任何一个单独个体所能达到的都要更充分;这种更充分的理解,是通过一种一般立场得到揭露的,允许从不同角度来评估一个对象或问题。因此,判断是基于特定的个体视角与共有这个世界的他人立场之间的联络与调和。

判断在联络个体和他们的共有世界方面扮演的角色,触及到阿伦特思想中政治生活的关键之处。在一篇讨论阿伦特康德演讲的解释性文章当中,拜纳断言对阿伦特来说"判断的官能是服务于人的可理解性……而赋予可理解性是政治的意义所在"③。判断在推动"达观的心智"的同时,也立足于"达观的心智",这样个人就扩大了自己对于这个世界的独特视角,获得了新的洞见。这种心智能力让我们能够理解这个世界,并且可以和他人分享这种理解。因此,阿伦特强调,"判断可能是人作为一个政治性存在的一种基本能力,因为

---

① Beiner, R. (1992). Hannah Arendt on judging. In S. Benhabib, (Ed.), *Situating the self*. New York: Routledge.
② Arendt, H. (1971). Thinking and moral considerations. *Social Research*, 38 (3), 9-13.
③ Bernstein, R. (1986). Judging: The actor and the spectator. In R. Bernstein. *Philosophical profile* (pp. 221-237). Philadelphia: University of Pennsylvania Press.

判断让人可以在公共领域当中、在这个共有的世界当中获得方向"[1]。

judging、政治领域和公共领域、人的多样性、共有的世界,所有这些概念在阿伦特的思想中都是独特而且复杂的,因此需要进行进一步解读。阿伦特对于多样性这种人之为人的条件的强调,根植于希腊的"流行意见"(*doxa*)这一古老观念。据阿伦特所说,"*doxa*"这个词指的是每个人"自己向世界敞开的入口"[2]。阿伦特解释道:

> 背后的假设是,这个世界根据各个人在其中的不同位置,以不同的方式向每个人敞开;并且,这个世界的"相同性",它的平淡性……或者客观性……就在于这样的事实,同一个世界面向每个人敞开,尽管各人及其在世界中的位置有各种差异,结果形成了他们"*doxai*"(意见)的不同,但"你和我都是人类"。"*doxa*"这个词的意思不仅是"意见",而且表示了显赫与名声。就其本身来说,"*doxa*"与政治领域联系在一起,而政治领域是一个公共领域,在这里每个人都可以出场和展示自己是谁;坚持己见,包括能够展示自己,能够被他人看到和听到。[3]

对于政治和表现之间的这种联系,阿伦特溯源到了古希腊。这一联系有助于解释,为什么阿伦特会坚持认为康德的"审美"判断同时也提供了一种"政治"判断的模式。

在她的《文化危机》这篇文章当中,阿伦特从文化概念入手,在艺术和政治之间建立了联系。她认为,尽管文化和艺术"绝不可能

---

[1] Arendt, H. (1977). The crisis in culture. In H. Arendt. *Between past and future*. New York: Penguin Books, p. 221.
[2] Arendt, H. (1990). Philosophy and politics. *Social Research*, 57(1), 73-103.
[3] Ibid., p. 80.

是同一回事……任何关于文化的讨论,或多或少都要把艺术现象作为讨论的起点"①。她假设了这样的前提,即"唯有艺术品是仅仅为了表现的目的而被制作出来的","判断这些表现的恰当标准就是美"②。最后,她在艺术和政治之间建立了联系,认为政治活动也有赖于表现。她说:"真正的政治活动……行动和言说,如果没有他人在场、没有公众、没有由许多人构成的空间,就不可能实现。"③因此,阿伦特的结论是,反思判断在审美判断和政治判断当中都有应用,因为这两类活动都处于公共表现领域之中。

正如理查德·伯恩斯坦(Richard Bernstein)解释的那样,阿伦特关于判断的观念"尽管是精神生活的一种心智活动,但是从未离开表现的世界"④。这是因为阿伦特把对艺术成果(例如小说和绘画)的判断过程,与对政治成果(例如德性和行动,尤其是言说的行动)的判断过程联系了起来。效仿康德的观点,阿伦特认为"判断"是来自"一种纯粹的、沉思的愉悦或者是消极的喜乐……称为趣味"⑤。进而,阿伦特扩展了趣味在审美领域的作用,把康德的反思判断概念扩展到另一个有关表现的公共领域——政治舞台。根据阿伦特的解释:"趣味判断……与政治意见一样都是说服性的;正如康德已经完美表达的那样,判断者只能带着最终可以达成一致的希

---

① Arendt, H. (1977). The crisis in culture. In H. Arendt. *Between past and future*. New York: Penguin Books, pp. 210-211.
② Ibid., p. 210.
③ Ibid., p. 217.
④ Bernstein, R. (1986). Judging: The actor and the spectator. In R. Bernstein. *Philosophical profile* (pp. 221-237). Philadelphia: University of Pennsylvania Press.
⑤ Beiner. Hannah Arendt on judging. Benhabib, S. (1992). *Situating the self*. New York: Routledge; Benhabib, S. (1992). *Situating the self*. New York: Routledge, p. 15.

望,'征求每个人同意'。这种'征求'或者说服,严格对应于……令人信服、说服性的言说,(希腊人)认为是人与人谈话时的典型政治形式。"①

阿伦特把判断作为一种明辨是非、美丑的能力,将文化领域和政治领域结合起来。因为,这两个领域都关注公共空间,个人在其中形成和交换意见,因此也表达或揭示他们自己。阿伦特解释说:"文化和政治密不可分,因为涉及的不是知识或真理,而是判断和决策,即明智交换有关公共生活领域以及这个共有世界的意见,决定在其中采取什么方式行动、今后如何看待它以及何种事物会在其中出现。"②正如趣味在审美领域的功能一样,判断作为一种政治能力,必须设法把个人特质和自利兴趣转变"为一种广泛分享的公共利益或者共同利益"。③ 这要求以一个共有的世界作为背景,因为这个世界提供了稳定和客观的参照点,可以为自己指明方向;同时,这个世界也提供了一种扩展的视角,来接纳他人那些可能的观念和判断。正如塞拉·本哈比解释的那样:"判断成为一种'达观的心智'(向自己展示这个世界的视角性的一种能力)的活动,以及获得对诸多观点的认知的活动。正是基于这些多样的观点,一件事物被人们发现

---

① Arendt, H. (1977). The crisis in culture. In H. Arendt. *Between past and future*. New York: Penguin Books, p. 222.

② Ibid., p. 223. 对于这种迁移,民主理论家们尤其感兴趣,因为它为政治成果的合法性提供了基础。例如,审议民主论者塞拉·本哈比(Seyla Benhabib)认为,"阿伦特通过康德关于反省判断的概念,发现了一种能够确定公共领域中主体间有效性的程序。在阿伦特看来,康德把反省判断限定于美学领域,这是一个错误"。[Benhabib, S. (1992). *Situating the self*. New York: Routledge, p. 132.]阿伦特从康德的"达观的心智"概念出发来发展这种有效性,包括能够"设身处地站在别人的立场上"(Ibid., p. 220)。

③ Benhabib, S. (1996). *The reluctant modernism of Hannah Arendt*. Thousand Oaks, CA.: Sage Publications, p. 42.

和评判。"①这种"达观的心智"对于民主政治来说是必要的,因为它允许个别公民从一种普遍或不偏私的立场出发去作出决策,以揭示公众的集体利益、共同利益。②

达观的心智对于政治判断来说是必需的,它只有通过批判性思考的过程才可以得到。在这个过程当中,一个观点可以用一种公开的方式展现给别人,这样一来,个人意见在与他人意见的互动过程中就得到了扩展和检验。一个人的意见(一个人的"$daxai$"或者面向这个世界的入口)通过与有实质差别的不同视角的互动得以形成。这种多样性或视角性处于政治生活的核心。正如伯恩斯坦解释的:

> 不同的意见……正是政治的内容。个体不仅仅"拥有"意见,他们还"形成"意见……只有在遇到不同意见时,意见才能够得到检验和扩展。除了更好的公开讨论之外,没有别的检验意见充分性的方法,也没有什么权威适合进行这样的判断。因此,意见的形成,要求一个由平等个体组成的政治共同体,要求一种代表他人视角的想象力,要求有将意见公之于众并接受检验的勇气。③

---

① Benhabib, S. (1996). *The reluctant modernism of Hannah Arendt*. Thousand Oaks, CA.: Sage Publications, p. 191.
② 根据我的阅读,不偏私在阿伦特那里是一种规范性的理想。换言之,因为每一个个体都从他或她的视角出发来看待这个世界,完全的不偏私是与人类相悖的。但是,不偏私的立场是一种要追求的东西,因为它代表了理解的完整性,而不是一种狭隘的、独特的看法。
③ Bernstein, R. (1986). Judging: The actor and the spectator. In R. Bernstein. *Philosophical profile* (pp. 221-237). Philadelphia: University of Pennsylvania Press, pp. 227-228.

阿伦特在个人意见和获得一种达观的心智之间建立联系,以便"征求每个人同意",这牢牢地扎根于她关于政治和人类多样性的概念基础之上。意见形成与个人身份的形成是并行的,二者都要求分享公共空间。在意见形成的过程中,个体彼此表现并以行动的方式来参与。这里的行动主要是基于有说服力的言说的那种讨论,这定义了民主的政治生活。

阿伦特在《事实和政治》(Truth and Politics)一文中做了清晰的说明,认为"讨论构成了政治生活的要素"。伯恩斯坦提醒我们,在阿伦特的作品当中:(1)"讨论本身就是一种行动";(2)"行动"这个名词指的是独特和最高级的人类活动形式;(3)"行动是揭示人类独特性的途径"。[①] 因此,政治判断不仅仅是一种官能,借此我们也传达自己对于外部对象的判断。政治判断同时也是一个过程,借此我们"塑造"和"揭露"了作为独特的人的自己。用阿伦特的话来说:"无论何时何地,当人们判断共有世界中的事物时,在他们的判断当中有比这些事情本身更多的内容。通过他们的判断方式,人们同时向外部世界揭示了自己是什么样的人;这种揭示是在不自觉当中完成的,它的力量在于在某种程度上解放了自己,使其不仅仅是某种个体特异性。"[②]

通过判断过程实现的这种揭露是有效的,与他们在从局部视角到整体(或无偏私)视角的连续体上的位置有直接关系。一个人的视角如果仅仅是"特异性"的,或者深受某种特定传统偏见的影响,那就不会考虑到同伴经历的与这个世界有关的其他立场。因此,判

[①] Arendt, H. (1977). Truth and politics. In H. Arendt. *Between past and future*. New York: Penguin Books, p.241.

[②] Ibid., p.223.

断是一种能力,以此我们可以使自己以一种更完备的视角和世界相连,从而尽可能贴近这个世界的"客观性"。因为最好的意见形成就是"换位思考",我们唯有通过与他人的交往才可以获得这种完备性。

阿伦特利用这种外部导向的换位思考,认为判断具有"可沟通性"(communicability)或者"公共性的因素"(factor of publicity)①。这是阿伦特用来确认一个人的思考是否公正,判断是否正确的标准。尽管判断是基于个人的批判性思考的"可沟通性"或者"公共性",但是在与他人的实际交往过程中,并不总要应用这种官能。阿伦特解释说:

> 判断取决于与他人的潜在共识、取决于在判断某事的过程中活跃的思考过程。这类似于纯粹理性的思考过程,不是我和自己的某种对话,而是发现自己始终并且主要处在一种与他人沟通的期待当中,并且知道自己最终会与他们达成共识。虽然我是相当独立地形成了自己的精神,但是从这种潜在的共识出发,判断就获得了特定的效力。②

因此,尽管从本质上说这是一种"公共"活动,但是判断仍可以单独进行,在与他人沟通的"期待"中进行。努力作出自己的判断努力,在本质上基本上仍然是政治的。因为,判断让我们私人的、主观的视角,"与这个公共的、与他人分享的'客观'世界保持一致"。以

---

① Arendt, H. (1982). *Lectures on Kant's political philosophy*. Chicago: Chicago University Press, pp. 40-41.
② Arendt, H. (1977). The crisis in culture. In H. Arendt. *Between past and future*. New York: Penguin Books, p. 220.

这种方式,"判断是一种重要的活动(如果不是最重要的活动的话),借此我们与他人分享世界的愿景得以实现"。①

因此,在阿伦特的思想当中,判断扮演了一个关键的角色,被作为某种形式的行动看待。判断在个体身份的形成(通过在公共空间中的表现)以及意见形成(个人观点在公共审议空间中得以形成并接受检验)方面起到关键作用。这种官能对于个体的发展、对于生动活泼的政治生活、对于教育都提出了重要的挑战:如何在年轻人身上培养这种能力?现在,阿伦特关于判断的观点已经确立,为了将她的教育思想与这两个概念联系起来,有必要为她对教育的思考提供一个背景。

阿伦特思想中的教育

阿伦特提出了两组区别,对直接的"判断教育"提出了质疑。第一,她遵循康德的观念,阿伦特对能教授的东西和能实践的东西进行了区分,并且把判断归为后一个范畴。第二,阿伦特严格区分了教育领域和政治领域。如果我们从"字面上"来阅读阿伦特,并且从表面上来看待她的这些区分,那就没有继续探索判断力教育的必要了。这个任务似乎是不可能的,因为判断不能教;同时,这个任务也似乎是不适当的,因为判断是隶属于政治领域的一种能力。但是,

---

① Arendt, H. (1977). The crisis in culture. In H. Arendt. *Between past and future*. New York: Penguin Books, p. 221.

如果我们接受本哈比的指导,"用阿伦特来反对阿伦特"①,那么我们就可以用一种更加复杂的方式来解释她的这些相互联系的主张,从而在教育和判断力之间获得更具建设性的联系。在这一部分,我认为阿伦特对于这些区分的理解过于狭隘。我提出"准备即实践"的概念,来模糊二者之间的界限。

首先,阿伦特效仿康德,区分了能教授的和能实践的事物。在《精神生活·思考》卷的《后记》中,阿伦特介绍了自己对于康德的判断概念的回归,她在这本书的最后一部分阐述了这个概念。她写道:"在康德那里,判断力'是一种特定天赋,只可以实践,不可以教授。'"②根据这个区分,我们想了解的是:阿伦特理解的"教学和学习"与"实践和学习"之间是什么关系?这两组关系在教育领域如何交互作用?如果实践与教学、学习不同,那么判断力的培养就可能超出了正规教育的范围。换言之,阿伦特不认为教育者或学校在培养年轻人的判断官能方面,能够起到什么作用。对此,我提出一种"判断实践"的方法,它很难与正规的、学校式的教与学的过程剥离开来。

把判断实践作为政治准备

康德关于判断力可以实践但不能教授的观念,为"判断教育"提出了一些有趣的问题。有一种理解认为,"实践"指的是做某些事情时的那些活动,例如法律实践。但是,还有另外一种理解,即"实践"

---

① Benhabib, S. (1992). *Situating the self*. New York: Routledge, p. 123; Benhabib, S. (1996). *The reluctant modernism of Hannah Arendt*. Newbury Park, CA: Sage Publications, p. 198.

② Arendt, H. (1978). Postscriptum. In H. Arendt. *The life of the mind: Thinking*. New York: Harcourt Brace Jovanovich, p. 215.

指的是为做某些事情所做的准备,比如音阶练习或高尔夫挥杆练习。如果人们了解这两种对于实践的理解,那么康德对于能够实践的和能够教授的事物之间的严格区分,就不那么站得住脚了。

在下面这段话当中,阿伦特发展了康德关于实践的观念,以区分教学和学习:"对康德来说,在理论和实践之间建立联系、实现转换的'中间词汇'是判断力;他理解的实践者,例如医师或者律师,**首先学习理论,然后再行医或者执业做律师,他们的实践主要就是把自己学到的规则应用到具体案例当中去。**"[1](粗体为作者所加。)阿伦特对于康德判断力观念的说明,认为"理论"和"规则"是可以学习的,因此隶属于教育领域的范围,而判断是在学习之后发生的实践,发生在一个人的正规教育结束以后。但是,这里的例子把医生和律师假设为先学习后实践,这忽略了学习和实践当中的一些重要元素。

以医生的教育为例,在两到三年的时间里,未来的医生们坐在教室里,"学习"各种医学理论和规则,他们随后会在实践当中用到这些。但是,医学教育的另外一个重要组成部分,是作为实习医生和住院实习医生的经历。这些未来的医生们被安排到医院参与查房,这样他们就能把自己从医学书籍和课堂教学中学到的规则,应用到具体病例当中去了。未来教师的教育过程也是如此。教师教育课程的学生要完成一定小时数的课堂学习,有时也会辅以直接的实践。随后,人们就会期待他们像一个"实习教师"那样去行动。然而,他们既不是完全意义上的学生,也不是完全意义上的教师。这

---

[1] Arendt, H. (1982). *Lectures on Kant's political philosophy*. Chicago: Chicago University Press, p. 36.

是一个中间阶段,他们的行为既是学习者的,也是实践者的。

这个"居间"(in-between)阶段在课堂学习和自主实践之间建立了联系。这个阶段以某种实践为特征,在这种"实践"当中,"准备"成了一种独特的行动方式。在这个意义上的"实践",是一种对行动的准备。这个过程并不孤立。相反,作为准备的实践的居间阶段,是在更有知识、经验更丰富的实践者的监督下进行的。在这个模型当中,作为准备的实践是教育过程的一个部分或者其中的一个模块。作为准备的实践是学习如何实践的一部分,这里的实践指的是一个人正式成为医师、律师或者教师以后做的那些事。

为自主行为作准备的实践的观念,不仅挑战了康德的"判断力可以实践,但不能教授"的观念,同时也挑战了阿伦特的观念,她认为教育领域和政治领域能够并且应该断然隔离开。既然教育是为年轻人从事政治做准备,那么从这个角度来说教育就是政治的,因为准备是一种独特的行动方式。我要通过挑战和重新解读阿伦特对于这两个领域的严格区分,来阐明这一观点。

阿伦特作品中的第二个区分,即她对于教育和政治的划分,对于判断教育或许是最致命的。考虑到这个世界以及基于成人的"暂时的优越性"带给教育者的权威,在《教育危机》一文当中,阿伦特主张教育应该采取一种保守的态度。对于教育领域来说,权威和保守是适当的,因为教育过程必须同时完成两种不同的目标:保护这个世界的现状,保护每个儿童在新意和革命性上的潜能以及新生性,这些儿童将会进入这个世界并带来改变。[1]

---

[1] Arendt, H. (1977). The crisis in education. In H. Arendt. *Between past and future*. New York: Penguin Books, pp. 191-193.

因为阿伦特认为权威和一种保守的态度是教育领域的典范,所以她也将其视为区分教育与政治领域的要素,因为在政治领域,平等和新意占据了上风。阿伦特认为:"我们必须把教育领域和其他领域断然隔离开,尤其是公共领域和政治生活。有了这种区分,我们就可以仅仅在教育领域应用权威概念以及一种指向过去的态度。这种概念和态度,对于教育领域来说是适当的,但是不具有普遍效力,因此也不能要求在成人世界普遍有效。"[①]因此,教育是一种针对儿童的独特过程,结果是他们进入这个成人的世界。在政治领域,成人与他人的交往是基于平等、自由的关系,而非基于权威。同样,也只是在政治领域中,行动才是可能的,通过行动来揭露个体身份、给生活赋予意义。

尽管阿伦特声称政治开始之处教育即宣告结束,但她在这两个领域之间的分界,在许多方面仍然是有问题的。尤其是在民主背景下,这种界限并不如此清晰;教育和政治都是动态、连续的过程,而非静态、有限的过程[②]。但除了大量针对她关于这两个领域的区分的一般性讨论之外,她所谓"判断是一种特殊的政治能力"的观念尤其令人担忧[③]。既然判断是政治的,教育和政治又判然两立,那么阿伦特的意思是不是要把对于判断的培养(例如,寻求"达观的心智",

---

① Ibid., p.195.
② 尽管民主社会的教育制度与政治过程和决策是紧密联系的,但是阿伦特仍认为教育领域和政治领域可以断然隔离。我不同意这一点。政治在教育治理中扮演角色,同时也存在于必须集体完成的决策之中,例如我们的儿童应该学习什么、应该如何教授。但是,基于本章的目的和篇幅,我不会讨论治理的问题。相反,我的讨论仅限于挑战阿伦特对于这两个领域的截然划分。我将表明,通过明确一些重要的方式,教育为年轻人进入政治领域作好了准备。这种方式的教育,是一种较弱意义上的政治教育。
③ Arendt, H. (1977). The crisis in culture. In H. Arendt. *Between past and future*. New York: Penguin Books, p.221.

用他人的意见来检验自己的意见)也限制在政治领域内呢？考虑到阿伦特作品在判断、政治行动和教育等问题上包含的张力,关于如何在未来公民身上培养判断力这一政治能力的问题仍然悬而未决。

不过,我们可以将注意力从阿伦特对于教育和政治的明确区分(这要求学校不应该培养诸如判断这样特定的政治能力)上转移,关注她教育议题的积极方面,即认为教育有可能成为调和这些张力的通道。一开始,让我们回到这个问题上来:对阿伦特来说,教育的根本目的是什么？正如我此前解释过的那样,阿伦特认为教育的目的同时包含保护这个世界以及保持年轻人的新生性,这些年轻人已经准备好了要进入这个世界。在《教育危机》一文的结论部分,阿伦特有力地提出了这种愿景：

> 教育是关键。借助教育,我们可以确定自己是不是足够热爱这个世界,愿意为这个世界承担责任；同样,正是通过教育可以挽救这个世界,让它不至于走向毁灭。因为,如果没有更新、没有新人和年轻人的加入,世界的毁灭就难以避免。同样的,我们还可以在教育当中判断自己是不是足够热爱孩子,不把他们排挤出我们的世界、让他们孤苦无依；我们不是去剥夺孩子们从事新的、我们前所未见的东西的机会,**而是提前为他们作好准备,去完成更新一个共有的世界的任务**。[①]（粗体为作者所加）

[①] Arendt, H. (1977). The crisis in education. In H. Arendt. *Between past and future*. New York: Penguin Books, p.196.

正如阿伦特在这段话中断言的那样,教育的任务是帮助儿童作好准备去更新一个共有的世界,因此它就不是一个去政治的过程。即使与正式的政治领域有所不同,教育也仍是政治的,因为教育包含了创造、维持一个共有世界的公共过程。如果年轻人最终要通过参与政治行动(包括公开的判断、言说和行动)来分享和更新一个共有的世界,教育就必须为他们参与这些工作作好准备。教育必须培养判断所需的能力,从而以一种接近完整而不是偏颇的视角进行公开的言说和行动。

因此,阿伦特所谓"教育并不参与政治"[①]的观点,在为儿童做好准备去更新一个共有的世界的意义上,并不意味着为政治做准备不可以成为教育的一部分。换言之,她坚持认为权威领域和平等领域是分离的,这并不妨碍在把年轻人培养成为政治平等者的工作上应用教育权威。事实上,这样的工作是阿伦特认可的负责任的公民参与和政治参与的一部分。

既然阿伦特的教育方案要求帮助儿童做好准备去更新一个共有的世界,从判断能力对人类共享的这个共有世界的重要性来看,我们应该认为教育的一个主要任务就是培养年轻人的判断官能。在下一个部分,我要探讨为了给未来公民作准备,在培养类似于政治领域当中的那种判断官能时所需要的教育条件。

判断教育

为了调和阿伦特作品中的这些悬而未决的问题和张力,使之成

---

① Arendt, H. (1977). The crisis in education. In H. Arendt. *Between past and future*. New York: Penguin Books, p.177.

为清晰的"判断教育",我援引了自己对于"判断实践"的解释,将其视为一种双重的活动形式。这种教育实践包含两个同时发生的行动方式:既在做,也在准备。这反映了阿伦特的观念,认为年轻人是处于"成为"完整的人的过程当中。阿伦特把儿童描述为"在成长过程中,但是仍未完成的人"[1]。在成长但仍不是成人或者政治平等主体的阶段,儿童以一种独特的方式来进行判断实践:他们应用康德意义上的判断实践,针对对象作出决定;在这样做的时候,他们就为"成为完整的人"时的那种真正的判断实践作好了准备。在本节,我认为,正是应用判断官能所必需的那些能力,使得"作为准备的实践"不仅仅是一个学习过程,而且适合于正规教育领域。

年轻人在应用判断官能时,需要具备何种能力呢?什么样的教育过程,能够帮助年轻人准备好成为人?而成为人就意味着与他人合作,做出公开的表现和行动;这些表现和行动一方面塑造了他们的身份,另一方面也更新了一个共有的世界。阿伦特的反省判断概念,提出了双重的教育任务来回应这些问题。第一,教育要提供各种条件,基于这些条件年轻人可以学习换位思考或实现"达观的心智"。第二,教育必须给年轻人提供机会来进行判断实践。换位思考允许个人基于不偏私的理想来评估问题。在通过"做"来指导"准备"的教育意义上,实践可以让学生锻炼各项技能,这在换位思考以及在特定行动背景下去判断好坏时都是必须的。

换位思考的条件

回顾一下,判断是明辨是非、区分美丑的一种能力。基于康德

---

[1] Arendt, H. (1977). The crisis in education. In H. Arendt. *Between past and future*. New York: Penguin Books, p.187.

的"换位思考"这个审美观念(在其中,判断者希望"征求每个人同意"),阿伦特把这种能力作为意见形成过程的基础。正如我早先解释的那样,可沟通性或公共性的元素,是使判断成为可能的批判性思考的关键特征。为了批判性地思考,就要设想为了赢得他人的认同,需要哪些不同的视角,以便作出良好的判断。年轻人要明确、有意识地接触不同的视角,这样他们才可以学会如何进行换位思考。

在有关康德的讲座当中,阿伦特断言在判断中包含两种心智操作,分别是想象和反省。她解释说,想象的作用是"为'反省'作准备",这样"第二种活动……就是判断某事的实际行动"①。想象是通过把对象带进更充分的视角,来为反省准备好对象。想象让人从大量不同的视角出发看待事物,而不仅仅是出于个人特定立场的、狭隘的有利位置。因此,反省包括判断一个人看到了什么、支持什么或者不支持什么的行动。一个人是基于可沟通性和公共性的标准来进行这一判断的。换言之,一个人能够把自己的意见作为一个可以被他人分享的立场来与他人进行沟通的程度,决定了这个判断的效力。

为了更充分地理解这个过程,同时理解教育在发挥其重要性方面扮演的角色,有必要引用一大段阿伦特关于意见形成的观点。换位思考在意见形成上的角色,鼓励从部分走向对世界的更加充分、更有信息基础的立场。阿伦特写道:

> 政治思考是设身处地的。我通过考虑不同的视角,通过让我的心智能意识到那些缺失的立场,对于给定的问题形成了一

---

① Arendt, H. (1982). *Lectures on Kant's political philosophy*. Chicago: Chicago University Press, p. 68.

个意见。也就是说,我代表了他们。这个代表的过程,并不是盲目采用不同立场上的实际观点,而是从不同视角出发来看待这个世界;这既不是一个有关同情心的问题(尽管我试图成为他人或者像他人那样感同身受),也不是清点人数并且加入大多数,而是用我自己实际上尚未获得的那种身份来生存和思考。在思考一个给定的问题时,我在心目中代表的立场越多,我就越是能想象如果处在他们的位置会如何感受、如何思考,我换位思考的能力就会越强大,我的最终结论和意见就会越有效。……意见形成的过程本身,取决于这些被代表的他人。人们站在他们的立场上思考、使用他们自己的头脑。应用这种想象的唯一条件就是无私,从一个人私人利益的角度解放出来。因此,在形成意见时,即使我远离了所有的伙伴或者完全孤立,也并不仅仅是在一种孤独的哲学思考中与我自己在一起;我仍然处在这个普遍的相互依赖的世界当中,在这里我可以让自己变成每个人的代表。当然,我也可以拒绝这么做,只考虑自己的利益来形成意见;事实上,没有什么是比盲目的固执更为常见的了,甚至是极其圆融达观的人也同样如此。这种固执表现为缺乏想象和无法进行判断。但是,一个意见的品质如何,正如一个判断的品质一样,有赖于它不偏私的程度。①

这段话表明了"判断教育"的重要性。阿伦特说,即使是极其圆融达观的人往往也做不到不偏私,这个观点强调了为年轻人做好准备、进行换位思考的教育过程的必要性。如果没有想象和反省的能

---

① Arendt, H. (1977). Truth and politics. In H. Arendt. *Between past and future*. New York: Penguin Books, pp.241-242.

力,年轻人就可能成长为不能代表这个世界上其他人视角的成年人,因此也就不能作出好的判断。即使他们是彼此孤立的,作为公民的成年人也必须能思考,就好像有大量不同视角的他人在场一样。

这就是想象发挥作用的地方。阿伦特认为,即使在独处时也允许代表和比较的这种能力,"被称为想象"①。她解释道:

> 只有当所有其他人的立场都允许检验时,批判性思考才是可能的。因此,尽管批判性思考仍然是一种孤独的事,但并不把自己从"所有其他人"中间抽离出来。当然,批判性思考仍然是在孤独状态下进行的。但通过想象的力量,可以让他人出场,从而把批判性思考转移到一个可能公开的、面向所有方面开放的空间。换言之,这采用了康德的世界公民的立场。**用一种达观的心智来思考,意味着一个人可以训练自己的想象去造访。**②(粗体为笔者所加)

这段文字中描述的这种训练,准确地说就是"判断教育"的任务。在他们的独特传统中,年轻人可能不会有任何素材来激发自己的想象。判断教育的一个首要功能,就是培养年轻人的想象能力、反省能力,这样他们就能够基于一种不偏私的理想去进行判断了。在磨砺想象力的运作方面,正规教育在以下两个方面是独特的:训练心智"造访"以及让个人接触来自不同传统的真实他人。

第一,正规教育借助在文学、历史、人类学等领域的学科性研

---

① Arendt, H. (1982). *Lectures on Kant's political philosophy*. Chicago: Chicago University Press, p. 43.
② Ibid.

究,来鼓励心智造访。判断教育必须给年轻人提供结构化的过程和教学支持,训练他们的想象力以"换位思考"(这对于康德的反省判断概念来说相对重要)的方式去参与。正如阿伦特断言的那样:

> 在意见的问题上……我们的思考实际上是发散的、流动的,可以说是从这里到那里、从世界的这个部分到那个部分,通过各种冲突的观点,直到最终从这些特殊性上升到某些不偏私的普遍性。(在)这个过程中……一个特定的议题被强行公开化,从各个方面、通过每一种可能的视角来展示自己,直到它完全被人类理解所浸没,变得完全透明。①

例如,当学生阅读其他文化背景的小说、研究不同民族的历史时,他们就需要参与一种学术性研究,让自己的心智可以从这里进入那里、鼓励发散地思考。在学科内传播的以及通过跨学科研究获得的经验和观点的多样性必须加以应用,以便让对象变得透明并且推动不偏私的理解。

第二,通过与那些采用不同立场看待世界的人的交往,正规教育把年轻人暴露在不同的视角之下。判断教育必须妥善利用学校环境中存在的多种视角来培养想象力。不同视角之间的交锋,将给年轻人提供机会,根据公共的标准来形成和检验自己的意见。

根据阿伦特对于康德的解读,"思考官能本身有赖于公开应用;离开'自由、开放的检验',就没有什么思考、没有什么意见的塑造是

---

① Arendt, H. (1977). Truth and politics. In H. Arendt. *Between past and future*. New York: Penguin Books, p. 242.

可能的。理性并不是要'孤立自身,而是要进入由他人构成的共同体'"①。然而,这种可沟通性或者公共性因素,并不一定意味着要通过实际的对话来获得对他人视角的理解。相反,康德关于批判性思考的理想模型,是依靠想象来把孤独的思考转变成公共的思考。尽管康德和阿伦特都坚持认为,即使与他人没有什么实际的接触,这种想象的"与他人的共同体"也是可能的。但是,我认为学习如何去检验自己意见的最佳办法,就是与他人结成实际的共同体。如果对他人怎么看待这个世界没有多少了解,那么人们(尤其是那些没有很多机会接触不同观点的年轻人)如何比较自己的判断与那些可能的他人的判断呢？如果他们从未接触不同的看待世界的方式,那么年轻人要如何想象或代表与自己不同的视角呢？比较自己与他人的观点,这受到了经验、时间、空间的限制。从这个意义上来说,在个人身上培养那种代表不在场他人的判断的能力,是教育的重要任务。

这就是正规教育扮演关键角色之处。正规教育的环境能够使个人接触观点和意见与自己截然不同的人。阿伦特和康德都把对我们自己的"独特"视角的挑战,视为批判性思考的本质,并且因此也被视为"判断"的本质。我们自己个人的、主观的意见或者面向世界的入口,在争取"达观的心智"的过程中受到了挑战,最终得到了看待这个世界乃至判断这个世界的某种"一般立场"。

为了得到这种一般立场,来反省和判断由人类事务构成的这个世界,个人必须对自己的视角采用"批判的标准"。阿伦特解释说:

---

① Arendt, H. (1982). *Lectures on Kant's political philosophy*. Chicago: Chicago University Press, p. 40.

"批判性思考,不仅适用于一个人从他人那里得来的教条和概念,也适用于一个人继承的各种偏见和传统;同时,只有当一个人对自己的思考应用批判的标准时,才可以说这个人**学会了批判性思考的艺术**。人不可能脱离公共性、脱离接触他人思想所提供的检验来学会这种应用。"①(粗体为笔者所加。)这种检验通过康德"达观的心智"的观念得以发生。在其中,我们"通过把自己放到任何他人的立场,来把我们的判断与他人的可能判断(而不是他人的实际判断)(做比较)"②。

在这里,康德同样指的是对于他人的"可能的"判断和"实际的"判断之间的比较。但是,康德从不认为这种思考要求孤独的隐居,也从不认为这种思考的结论是确定的。如果没有与他人的实际交往,批判性思考就不可能发生。阿伦特解释说:"思考是一件'孤独的事'……然而,无论你在孤独状态下发现了什么,除非你能以某种口头或书面的方式去进行沟通并接受他人的检验,否则这种在孤独状态下展现的官能就会消失。"③教育领域构成一种实际的公共空间,把带着偏见的年轻人集合起来;判断教育强调这些不同视角的接触和互动,以便释放想象和批判性反思。

因此,在培养判断力所需的换位思考方面,教育领域尤其适于扮演一定的角色。通过接触那些对这个世界有不同看法的人,判断教育鼓励换位思考所需的达观的心智。接触各种主观立场,让学生们从更"一般的立场"出发,来反省和判断这个世界当中的对象。判

---

① Arendt, H. (1982). *Lectures on Kant's political philosophy*. Chicago: Chicago University Press, p. 42.
② Ibid., p. 43.
③ Ibid., p. 40.

断教育同时发展了想象能力。这种想象能力是考虑他人视角的必要条件之一,即使这些他人并不在场、无法代表自己的观点。最后,判断教育不仅帮助年轻人准备好用口头和书面的方式去沟通自己的结论,同时还提供一系列手段来公开检验这些观点的效力。通过这些方式,判断教育为满足换位思考所需的公共性标准提供了条件,反过来,对于良好判断的应用也是必要的。

实践的机会

想象之后就是进行反省,也就是实际进行判断某事的活动。因此,一种阿伦特式的判断教育,也必须给年轻人提供机会练习判断。基于阿伦特关于教育背景下成人权威的观念,这样的实践是什么样的呢?正如我早先概括的那样,阿伦特强调教育中的权威角色以及保守态度,因为她认为儿童与成人是"不平等"的,认为教育的要素是保护这个如其所是的世界。此外,基于权威和保守的教育,保护"每个儿童身上新的和革命性的方面",这样就可以将新事物引入旧世界当中来了。[①] 这种对于权威和保守的双重强调,对于儿童教育的早期阶段来说可能是适当的。但是,如果在儿童教育的整个过程当中,教师权威都在侵犯儿童的判断实践,那么阿伦特对于成为完整的人的额外关注以及对于判断的额外关注,就得不到处理了。如果在整个学校教育当中,教师权威始终凌驾于判断实践之上,那么学生怎么从基于成人和儿童的不平等关系,转换到基于政治平等的公平关系呢?

在平等的成人之间,判断官能的实践构成了在一个共有世界当

[①] Arendt, H. (1977). The crisis in education. In H. Arendt. *Between past and future*. New York: Penguin Books, pp. 192-193.

中的生活，因此也可能构成一个人的人性。考虑到这种官能的重要性，在朝向正规教育终点的那些阶段，必须强调在这些即将长大的人身上培养判断这种官能。正规教育过程终会结束，当这个"解放"的时刻来临之际，就会像阿伦特断言的那样，判断官能的增长就会变得愈加重要。

强调让年长的学生（例如中学生）进行判断实践，并不意味着教育者要放弃自己的权威。学校是独特的公共空间。这是教育性的空间，其中成人与儿童之间的不平等关系是基于合法的权威。但是，尽管阿伦特坚持教育与政治的区分，学校也总是表现和行动的公共空间。正如杜威描述的，学校是"小社会"，反映了更广泛的民主社会的必要元素。或者用阿伦特自己的话来说，"学校在某种意义上代表这个世界，尽管它还不是真正的世界"①。这样，学校就成了政治协商的公共世界的一部分。同时，与其他公共空间相比，学校又是十分独特的，学校的首要目的不是政治的，而是教育的。

在这些并非世界本身的公共空间当中，学生们必须练习作判断，尽管他们还不是与成人平等的政治存在。学生们要在政治所需的各类公民参与和集体决策中进行实践。这种练习包括判断历史行动的适宜性、对于未来行动方案的正确性作出判断、讨论和说服他人去形成和传递这样的意见。在学生们的这些参与过程当中，他们不仅是为民主背景下的公共生活做了准备，同时也是在揭示（因此也是创造）自己作为一个独特的人的身份。

我提倡的这种实践，不是在全班同学面前演讲以便得到语言水平上的评分，也不是对课堂练习中的某个案例进行道德判断。作为

---

① Arendt, H. (1977). The crisis in education. In H. Arendt. *Between past and future*. New York: Penguin Books, p.189.

一个小社会的学校（"还不是真正的世界"），在更深层次的意义上，提供了一系列背景来进行判断实践。例如，学生政府（student government）给学生们提供了机会，参与对共同关心的问题的民主决策，并承担实际后果。尽管学生政府的许多代议制形式只包括学校里的一小部分学生，而且这部分学生最熟悉学校文化的规范，另外一些治理模式则鼓励更多学生的参与。市民大会或全校大会是后一类模型的例子，其中相关的问题可以得到及时的讨论和执行，是增加学生参与及包容度的模式。这些模型鼓励校内全体学生参与辩论，以公开方式形成和检验自己的观点，并体验在这样的论坛上形成决策的结果。这些形式的实践给学生们提供了一些有意义的背景和经验，去评估判断是好是坏。此外，在这些校内论坛当中，学生们参与了各种类型的行动，阿伦特将其称为最高级的人类活动。正是此类具体经验，会帮助学生们在正规学校教育结束后，准备好分担对这个共有的世界的责任。

除了学生参与学校治理以外，社区服务和更广泛的政治论坛，也给学生们提供了进行判断实践的机会。社区服务对于学生视野的拓展方式、与培养对于他人视角的想象能力的方式是一致的，同时提出在更宽泛的社会结构中个人立场的道德问题、在具体服务背景下适当的行动方案问题。学生参与诸如选票登记、投票、抗议或游行、给媒体或当选官员写信的运动，来影响政治过程。尽管学生还不是公民，但是他们在这些场合的行动，有能力影响公共意见和政治结果。

总之，为公民身份作准备的判断实践，同时构成了未成年人的政治行动，是（作为平等主体的成人的）"真正的"公民政治行动的萌芽和先声。当学生在学生自治机构等校内角色中进行判断实践时，他们即是在学校背景下参与某种形式的政治行动,尽管他们与教师并不平等。同时,这也为将来在更广大的地区、州和全国范围内,作为一个完整公民去进行判断的实践作好准备。当学生参与社区服务或进行其他形式的公民参与时,作为准备的实践的这种两面性同样在发挥作用。

这种阿伦特式的判断教育,对于民主的公共生活有利,同时给学校提供了一个有意义的、统一的课程架构,因为它们受到那些重要的道德问题或政治问题的驱动。而不仅仅是像记住第二次世界大战的日期那样,学生可能会被问到普通犹太人和德国人在大屠杀期间扮演的角色,并且拿这些历史行为当中的判断与东欧种族清洗的例子进行比较。或者学生可能会被要求去根据希特勒在战争期间的优生计划,对人类克隆的适宜性形成自己的意见。这样的问题不仅要求判断实践,同时也提供了有意义的教学背景,学生可以在其中学习相关的事实、建立具体的技巧、磨砺批判性思考的能力。

结　　论

在阿伦特的思想中,"判断是一种重要的活动(如果不是最重要的话),在其中……实现与他人分享这个世界"[①]。情况之所以如此,是因为判断是一种公共官能,其对象存在于现象世界中,它的标准来源于扩展视角之于偏私视角的优越性。阿伦特对于康德反思判断模型的应用,把美学和政治领域联系到一起,不仅为政治行动提供了合法性基础,而且也影响了教育领域。正如阿伦特本人坚持的

---

① Arendt, H. (1977). The crisis in culture. In H. Arendt. *Between past and future*. New York: Penguin Books, p. 221.

那样:"艺术和政治的共同点在于,它们都是公共世界中的现象。能够对艺术家和行动者之间的冲突加以调和的是'*cultura animi*',这是一种接受过特定训练和培养的心灵,人们信任他们能够去管理一个以美为标准的现象世界。"①

评价世界的心智官能就是判断,教育的目的就是"为他们(我们的孩子)做好准备去完成更新一个共有的世界的任务"②,对判断力的训练和培养不仅是一个适当且关键的教育任务。这个任务可以通过为换位思考提供条件,即那些能够促进想象和反省的心智操作的条件。在这样的背景下,年轻人将会进行判断的实践,以同时形成和揭示自己的政治意见以及自己作为人的身份。

---

① Arendt, H. (1977). The crisis in culture. In H. Arendt. *Between past and future*. New York: Penguin Books, pp. 218-219.
② Ibid., p. 196.

反对乌托邦主义:阿伦特与民主教育的张力

阿龙·舒茨

在整个 20 世纪,大量教育学者都在致力于对抗他们认为的不民主的学校,以及有名无实的民主社会。这类学者基于一种非主流的立场,常常会反对机械的学习方式。这种学习方式在 19 世纪以及 20 世纪早期占据主导地位,让贫困学生和少数族裔学生注定沦为劳动力市场中的较低阶层。这类项目的核心,多是要努力创造更加民主的学校,从而培养能够改造社会、使之向好的被赋权的公民。① 与过去相比,民主问题在今天的主流教育话语中已经边缘化了,人们关心的议题是全球竞争力、学业成就下降、个人品德等。但是,关于扩展和提升更民主的学校教育的各种学术努力并未减退,近期还出版了大量相关的书籍和文章。随着美国城市当中种族隔离的再现,以及通过高风险的、狭隘的、基于标准的评估来"标准化"学生的各种努力的的增加,可以说为了更加民主的学校教育而进行

---

① 例如:Kliebard, H. M. (1995). *The struggle for the American curriculum* (2nd ed.). New York: Routledge.

斗争仍然至关重要。① 我在本章讨论汉娜·阿伦特有关"公共空间"的独特模型,探索这个模型对于我们理解民主和教育之间关系的潜能,这是对于此类更加广泛的努力的一种贡献。② 可能最重要的是,她的工作提供了一种潜在对策,可以用来对抗我认为成问题的、在许多当今教育学者当中存在的"乌托邦冲动"。

那么,民主教育到底是什么?事实上,有许多不同的共同体在不同时期被认为是"民主的",不同学者对这个术语的理解也有很大差异。③ 一系列不同的政策努力,从教育券到在家上学、从公民课到标准开发项目,都在不同时期被称为是"民主的"。正如迈克尔·阿普尔(Michael Apple)和詹姆斯·比恩(James Beane)指出的那样,尽管在美国"民主的观念大概总是可以在判断事件和理念的过程中起到关键作用",但是这些观念当中的"核心原理和伦理要点……容易转化为装腔作势的口号和政治标签,目的就是为了获得大众对于各色理念的支持"。因此,"我们可以听到,民主每天都在无数次地被用来为人们想要做的任何事情辩护"。④

---

① 例如:Eisner, E. (1995). Standards for American school. *Phi Delta Kappa*, 76(10), 758-764; Orfield, G., Eaton, S. E., & Harvard Project on School Desegregation (1996). *Dismantling desegregation*. New York: New Press.

② 研究阿伦特的学者会注意到,我掩盖了这样的事实,即阿伦特自己拒绝在学校使用公共空间(the public)这个概念。我会在别处讨论这个话题,这项工作目前仍在进行中。简要来说,出于类似的原因,阿伦特一定会认为,在公共空间的实践不是一种"习得性的"实践。然而,这是一个很有问题的观念,会给她的一系列作品带来矛盾。最终,我认为这是一个站不住脚的立场。出于聚焦和篇幅的关系,这里我只是简单假设,公共空间也是一种实践,需要像别种实践一样来习得。[Arendt, H. (1977). The crisis in education. In H. Arendt. *Between past and future*. New York: Penguin Books, pp.173-196.]

③ Held, D. (1987). *Models of democracy*. Stanford: Stanford University Press.

④ Apple, M., & Beane, J. (1995). The case for democratic schools. In J. Beans, & M. Apple (Eds.), *Democratic schools*. Alexandria, VA.: ASCD, p.5.

尽管存在这种多样性，但是教育学术界主要还是倾向于采用一种基本的关于民主理解，这来自教育民主最杰出的作者杜威。[①] 带着满腔热忱，杜威在 20 世纪初针对当时占据主导地位的学校教育形式，以及个体在反抗扩张的工业主义方面日渐乏力的社会进行了大量写作以予以回应。杜威认为，民主共同体就是一群个体共同参与一项共同任务，在其中"每个人的行动都必须参照别人，通过考虑他人的行动来为自己的行动提供指导"。[②] 正如杜威理解的那样，在民主共同体当中，人们会一起合作来解决共同面对的问题。此外，杜威还认为每个人都是独特的，拥有自己的独特潜力。[③] 然而，无论过去还是现在，在学校（和社会）中，这种潜能很难得到充分展现。他相信，唯有在民主共同体的背景下、在每个人都学会对共同努力做出创造性的贡献时，个人的独特性才能得到蓬勃发展。除此之外，当今学者往往还会强调"群体"多样性的重要性。最后，杜威模型的核心思想是，通过批判地、"科学地"、合作地参与这个世界，我们至少有可能发展更加民主和平等的社会，消除当前的压迫和不平

[①] 略举几例：Fraser, J. W. (1997). *Reading, writing, and justice: School reform as if domocracy matters*. Albany: State University of New York Press; Parker, W. C. (1996). Curriculum for democracy. In R. Soder (Ed.), *Democracy, education, and the schools*. San Francisco: Jossey-Bass; Simpson, D. , &. Jackson, M. J. B. (1997). *Educational reform: A Deweyan perspective*. New York: Garland Publishing.

[②] Dewey, J. (1916). *Democracy and education*. New York: Free Press, p. 87.

[③] 尤其参见：Dewey, J. (1982). Human nature and conduct. In J. A. Boydston (Ed.), *John Dewey: The middle works* (vol. 14). Carbondale: Southern Illinois University Press; Cunningham, C. (1994). Unique potential: Ametaphor for John Dewey's later conception of the self. *Educational Theory*, 44(2), 211-224. 整体来说，我并没有像坎宁安(Craig Cunningham)那样强调杜威在这个问题上的思想转变。

等,打破不同群体和阶级之间的壁垒。① 杜威相信,通过我们与环境的交流来学习,我们就可以逐步发展出对于我们的世界和我们自身各方面逐渐增强的控制力。

杜威知道,在发展一个更民主社会的进程当中,存在巨大障碍。他相当清楚,在任何具体环境下,那些可能构成"民主"的一系列具体社会实践,永远也不可能抽象地预定好。他不认为关于民主参与的持续争论能够被化解掉,也不认为应当如此。同时,尽管那些追随或借鉴杜威的人们一般认为民主是一个"过程",而不是一个清晰界定的目标,因而完美的民主是不可能的,但是杜威式民主的"标准"却往往表现为一种毋庸置疑的善,与所有人都有普遍联系。此外,杜威坚定地相信,对于人类来说一切皆有可能,所有障碍都至少有可能通过严谨、"科学的"探究被克服。② 因此,在杜威的民主模型以及那些受他影响的人当中,存在某种我认为是巧妙的"乌托邦"的一面。这是一种抽象的愿景、是位居山顶的光芒之城,如果你愿意,这也是一种永远无法实现,却一直都在被追求的东西。③

---

① 我对于杜威民主模型的更详细的分析,参见:Schutz, A. (2001). John Dewey's conundrum: Can democratic school empower? *Teachers College Record*, 103(2), 267-302.

② 例如:Dewey, J. (1927). *The public and its problems*. Athens, GA.: Swallow Press, p.185.

③ 至少从理论上来说,杜威可以接受这样的可能性,认为即使是他最珍视的价值,也需要做改变以回应基于这个世界的事件和行动而习得的东西。与此同时,在这种实用主义和他对于一种特殊的民主的核心信念之间存在着一种基本的张力。尽管他拒绝抽象的民主愿景,但是仍可以从他的作品中看出来一种民主模型的轮廓。正是这种愿景,得到了无数种解读,其影响一直延续至今。在下面这篇文章当中,我详细考察了杜威的乌托邦式冲动的某个方面:Schutz, A. (1999). *John Dewey and the 'paradox of size': Some limitations of teaching for local democracy*. Paper presented at a conference of the AERA, Montreal.

当前引用杜威这一愿景的文献相当多样,学者们有自己的独特解释,并且往往借鉴了别的思想资源。尽管如此,我勾勒的这种关于民主基本标准的理解,仍占重要地位。阿普尔和比恩提供了一个很好的范例。尽管他们并未聚焦于杜威的作品,但他们承认,"对于民主学校教育的大多数冲动是基于……(杜威的)丰硕成果"。阿普尔和比恩所描述的模型,在很大程度上与我刚刚讨论过的一致。①与杜威一样,阿普尔和比恩承认,"民主的应用包含了张力和矛盾",这"指出了民主的实现总是一种斗争这一事实"。然而,他们最终也认为,"超越它们(例如,这些张力和矛盾)的可能性,就在于专业的教育者和公民共同努力来创造一个更加民主的学校,为整个共同体中共同的善服务"②。对于阿普尔和比恩来说,对于许多受杜威民主教育愿景影响的倡导者来说,问题不是所谓"一系列'理想化'的平等民主价值",这些价值是"我们必须(坚守的)并且要用来指导我们作为一个人的生活"③。他们认为,真正的问题在于这些理想难以完全实现。因此,他们实际上也承认,"具备杜威和其他人所谓'民主的信念',也就是认为民主有重大意义的基本信念,这的确能够发挥作用。如果我们要在社会事务中维系自由以及人类的尊严,那么这样的信念就是必要的"④。

我的用意并不是要拒绝民主,也不是要去诋毁在民主教育方面已经完成的一些重要工作。然而,我担心的是,正如科内尔·韦斯

---

① Beans, J. & Apple, M. (1995). *Democratic schools*. Alexandria, VA.: ASCD, p. 21.
② Ibid., p. 8.
③ Ibid., p. 7.
④ Ibid., p. 6.

特(Cornel West)担忧的那样,杜威以及类似他那样的人有时不能理解(或者至少不够重视)"所有的人类斗争,……包括已经取得成功的那些,在对抗具体的恶之后,又会产生新的恶,尽管这种新的恶可能要小一些"。① 我将要论证的是,阿伦特有关公共空间(the public)的愿景之所以对教育有意义,部分是因为这一愿景接受了这些限制的必然性并且加以严肃的对待。正如阿伦特在一次访谈中说的那样,"我深知自由必须付出代价",尽管"这代价非我所愿"。②

与杜威类似,阿伦特发展了自己的公共空间模型,以回应她在这个世界遭遇的压迫,具体来说,就是她在纳粹德国的经历以及后期进行的相关研究。然而,与杜威不同的是,阿伦特从纳粹那里知道了相信"一切皆有可能"③(everything is possible)的危险。阿伦特认为,正因为纳粹相信这一点,他们才认为对于他们的欲望来说,"现存的一切……[都只是]一种暂时的障碍"④。对于那些不道德的实验主义者来说,对于那些扭曲的实用主义者来说,现实中的不便之处,尤其是现实中存在的不可预测性和复杂性,变成了对于他们野心的无法容忍的限制。与杜威类似,他们创建了实验室,但并非基于民主的精神;相反,他们是要寻求对于集中营的绝对"科学"控制,他们对自己的公民实施了"基于事实或者毋宁是反事实的实

---

① West, C. (1989). *The American evasion of philosophy*. Madison: University of Wisconsin Press, p. 229.
② Arendt, H. (1994). 'What remains? The language remains.': A conversation with Gunter Gaus. In J. Kohn (Ed.), *Essays in understanding*. New York: Harcourt Brace & Co, p. 20.
③ 例如:Arendt, H. (1967). *The origins of totalitarianism*. New York: Harcourt Brace Jovanovich, pp. 382, 387, 427, 441, 471.
④ Ibid., p. 387.

验",实施了"针对可能之事的无耻的实验研究"①。不是在共同体中培养个人实现自我价值,纳粹要做的是消除个体能动性的任何一点痕迹,创造一个真正的活死人王国,他们就像是巴甫洛夫的狗一样,"即使在面对死亡时,也能作出完美的、可靠的反应。"②纳粹试图创造一种完全可塑的虚构世界。作为一种集体有机体,极权主义运动及其领导者在其中实现了全面统治。

杜威相信,通过完全民主的方法,可以实现越来越完美的民主(尽管它一直在变化)。事实上,杜威认为民主只有通过民主的方式才可能实现。纳粹却让阿伦特明白,朝向乌托邦目标的实践、一切皆有可能的信念、对于人类限度的拒绝,这些都可能成为走向极权主义的第一步。③ 如果说杜威和他的许多效仿者的愿景倾向于"超越性",那么阿伦特的愿景则是"人性"和"悲剧性"④,植根于各种脆弱的妥协和失败的必然性的基础之上。⑤

我以对阿伦特"公共空间"模型的概述作为开始,随后讨论她认为自己的模型包含的那些妥协及其与学校的潜在相关性。随后,我

---

① Arendt, H. (1967). *The origins of totalitarianism*. New York: Harcourt Brace Jovanovich, pp. 392, 436.
② Ibid., p. 455.
③ 事实上,正如我下文要指出的那样,阿伦特有时会拒绝所有目的—手段式的思考,她担心我们会不可避免地相信目的能证明手段的合理性。
④ 格林(Maxine Greene)在下面这篇文章中提出,杜威从未真正理解过悲剧: Greene, M. (1997). Exclusions and awakenings. In A. Neumann, & P. L. Peterson (Eds.), *Learning from our lives*. New York: Teachers College Press, p. 22.
⑤ 实际上,阿伦特认为自己推动的东西要比民主或多数统治更加平等,如她所说也就是希腊人对于民主这个词的定义。相反,公共空间是一种她所谓的"人人平等"的形式,或者她在《论革命》中认为的那样是"没有规则"的,"正如古人已经提出的那样,这种治理形式的突出特点就是,所谓的统治的观念……是完全不存在的。"[Arendt, H. (1963/1990). *On revolution*. London: Penguin Books, p. 30.]但是,出于简便和熟悉的原因,我在此处仍使用"民主"这个概念。

将探讨一个相对具体的例子,涉及"公共空间"如何在教育环境中实现。尽管我讨论了阿伦特和杜威之间的一些重要的相似性和不同点,但是并没有足够的空间来对他们的丰富愿景进行充分比较,这也不是我的目标。最后,我并不是要用阿伦特的模型来替代杜威的模型,也不是要把二者整合到一起。毋宁说,我希望阿伦特的公共空间模型可以成为一种有益的修正,来应对在当前有关民主和教育的文献当中存在的那种我认为成问题的"乌托邦"式倾向。尽管阿伦特讨论的特定的人类限度,包含在她对于民主行动的特殊概念化之中,她的工作实际上也为民主教育提供了一种反乌托邦式的思路。我认为,这一点具有更广泛的相关性。与此同时,我将试图更深入地阐释,她的理论视角或许可以独特方式揭示教育背景下的民主行动的可能性,这或许能与其他的愿景(譬如杜威的愿景)相结合。

公共空间:一种粗略的近似

阿伦特相信,从根本上来说所有人都是独特的,至少"就这个具体的某人(亦即每个人)来说,确实可以说在他存在之前的确没有这个人"。她认为,这种独特性在很大程度上来源于每个人无法重复的生活经历。在阿伦特看来,正因为每个人的独特性,"我们才可以在他身上期待一种不可预见性……(这样)他可以进行一些几乎完全不可能的事"。[①] 正是因为这样的理由,所有人都可以进

---

① Arendt, H. (1958). *The human condition*. Chicago: University of Chicago Press, p. 178.

行她所谓的"行动",即开创一些完全不能用此前发生的事进行预测的全新过程的能力。

然而,阿伦特认为如果没有言说的伴随,真正的人类行动就仍然不可能,正是言说揭露了行动者的行动。尽管一个人的"行动,可以通过它粗粝的外部表现来理解、无须口头表达的陪伴",但是"唯有通过说出来的话,行动才会变得(与他本人)相关。在言说当中,他认识到自己是一个行动者、宣称自己在做什么、已经做了什么以及想要做什么"①。如果没有言说来揭示行动背后的行动者,一个"行动"就仅仅是一桩意外,一个与主体欲望没有任何清晰联系的粗粝事实。阿伦特的民主愿景,在很大程度上是对话式的。

尽管所有的言说或多或少都能揭示一个人的独特性,但阿伦特对于极权主义的研究告诉她,事实上存在某些环境,其中个人的独特性几乎可以被完全彻底地压制住,人可以降格到机器人的水平上。此外,阿伦特也担心,在现代世界,她所谓的"社会"或者"社会的"越来越盛行,要求"它的每个成员表现特定的行为(behavior)、灌输无数的规则,这些都让它的成员'标准化',影响他们的行为,排除自发的行动(action)"。事实上,阿伦特在自己周围看到了一个社会,其中言说越发失去在个人独特性上揭示一个人是"谁"的能力。在这个社会中,不可预测的个体能动性以一种让人联想起纳粹时代的方式,逐渐变成一种对平稳的、可预测的"社会的"集体有机体过程的威胁。作为回应,阿伦特回顾了西方历史的记载,寻找那种允许个人以集体方式来回应压迫而又不被吸收进一个群体的社会实

---

① Arendt, H. (1958). *The human condition*. Chicago: University of Chicago Press, p. 178.

践的证据。基于丰富的案例,从古代希腊到法国大革命、美国革命,一直到她本人在民事陪审团期间的经历,阿伦特整合出了自己的"公共空间"模型。

对她来说,当个体以特定方式、围绕一个大家共同关切的议题或目标(这最好被理解为某种"共同任务")而聚集到一起时,公共空间就被创造出来了。这样的任务起到了她所谓的"居间"(in-between)作用,或者是拉丁文中"既相关又分离"的"*inter-est*",每一个参与者都贡献了自己对于它的独特解释①。由于这些多样化的解释,空间本身成了一块空地,因为每个成员都可以在共同关切的议题上,在独特的"位置"上"出场"。在其他背景下,尽管一个个体有可能通过言说来透露某些有关自己的事,但只在公共空间当中,个人可以通过把自己的观念与在公共空间中他人的表达联系起来,去实现某种一贯的"立场"。在这样一个居间的空间当中,个体行为不是独立的单元,而是(用阿伦特的话来说)"协同合作",每个个体都在为集体努力做出独特的贡献。同时,因为每一个参与者既不是自主的,也不仅是集体机器中的一个齿轮,因此产生了巨大的创造性"权力"(power),可以实现不可预测的改变。② 阿伦特把这种"权力"与那种来自个体集合的"力量"(strength)进行了对比。在这种个体的集合当中,个体是一个单元,类似于乌合之众或狂热信徒。阿伦

---

① Arendt, H. (1958). *The human condition*. Chicago: University of Chicago Press, pp. 182,54.

② Ibid., p. 201.

特认为,"力量"总可以借助"权力"代表的潜能来克服。① 事实上,阿伦特指出,通过公共行动"反对物质上强大的统治者的民众暴动……即使在面对极其强大的力量(force)时放弃了使用暴力(violence),也可能会产生一种几乎难以抗拒的权力"②。

然而,公共空间不仅让我们与他人共同行动,同时也提供了唯一的背景,从中我们能够充分体验到自己是一个一致的主体。矛盾的是,在阿伦特的模型当中,唯有在与他人合作时,我们才可以作为一个独特的行动者出现。正如邦尼·霍尼格(Boonie Honig)注意到的那样,在阿伦特的作品当中,如果"先于行动或离开行动",如果没有在公共空间中的表现,"自我就是没有身份的;这种自我是破碎的、不连续的、难以辨认的……阿伦特的行动者不会基于自己已经是什么而去行动,他们的行动并不表现为一种先验的、稳定的身份。行动者假设了一种不稳定的、多样的自我,他们最多只能在行动和身份当中获得偶尔的自我实现,这是行动给予的奖赏"。③ 唯有在公共空间当中,个体才可能经历这样的自我发现的震撼。当某一个公共空间中的话语停止以后,当个体不再以尊重彼此的方式出现时,公共空间就坍塌了,参与者们就回到了逐渐凋敝的领域,这是他们在进入公共空间之前的栖居之地。事实上,阿伦特的作品暗示我

---

① 在这里,我对阿伦特在《人之为人的条件》中定义的"力量"(strength)概念作了一些外推的工作。她在那里仅仅讨论了个体,但是个体在其中仅仅扮演被指定的角色的群体,显然会以集体的方式以力量(strength)而不是权力(power)来行动。这与阿伦特对于"暴力"(violence)的讨论是交织在一起的,我在此处并未涉及这个话题。

② Arendt, H. (1958). *The human condition*. Chicago: University of Chicago Press, pp. 200-201.

③ Honig, B. (1995). Toward an agonistic feminism: Hannah Arendt and the politics of identity. In B. Honig (Ed.), *Feminst interpretations of Hannah Arendt*. University Park: Pennylvania University Press, pp. 140-141.

们,个体往往会在公共和非公共的存在方式之间来回切换。因此,公共自我对阿伦特来说是相当脆弱的。

从我的介绍中可以清楚地看到,这种对于公共空间的看法与杜威的民主理想有许多相似之处。然而,有必要指出的是,尽管杜威也强调参与民主任务对培养一个人独特潜能的重要性,但是杜威所描述的一个人的自我,几乎未体现出阿伦特作品中占有重要地位的这种"破灭"。此外,正如我在下文要详细介绍的那样,阿伦特模型的重点在于,当全然独特的个体试图合作行动而又不愿意放弃自身独特性时产生的那种张力。对于这个问题,杜威从未真正尝试处理过。事实上,正如克雷格·坎宁安(Craig Cunningham)指出的那样,杜威在晚年承认:"个人主动性和选择对于确保民主的重要性,要远远超过自己此前的看法。"①这是对阿伦特关注的那种极权主义的回应。因此,在某种意义上,阿伦特的作品探讨了平等主义民主的某种影响,而这个问题是杜威作品一直关切的,尽管阿伦特的方式与杜威有可能采用的方式大相径庭。

最近的一篇文章讨论了一个小学五年级班级,他们共同努力并成功改变了所在州的儿童安全带立法。这提供了一个有益的案例,可以用来说明阿伦特的模型在实际课堂实践中的一些应用。② 由于作者没有详细说明学生们具体做了什么,这就给人们提供了空间来设想不同的可能性。人们已经可以设想出这个项目与阿伦特的公

---

① Cunningham, C. (1994). Unique potential: A metaphor for John Dewey's later conception of the self. *Educational Theory*, 44(2), 211-224.

② Seigel, S. & Rockwood, V. (1993). Democratic education, student empowerment, and community service: Theory and practice. *Equity and Excellence in Education*, 26(2), 65-70.

共模型不相容的地方。例如，人们可以想象一个由教师主导的过程，或者依靠一些能说会道、实力强大的学生。在这样的过程当中，并不是所有人的观点都会被听到，每个人的贡献也并不会得到平等的对待。另一些成问题的方法则会在活动前预先设定好每个人的角色和责任。如果这个班级要从事阿伦特定义的"公共"行动，不仅所有人的视角都要得到考量，而且学生们还要感到足够的安全，从而能在自己的贡献当中尽量保持诚实。

公共空间的张力

尽管公共空间有巨大的创造力，但是阿伦特认为这些是极不稳定的成就。正如我在本节中提到的那样，这些成就要靠一种复杂的参与做支撑，参与者试图在相互冲突的各种存在方式、各种行动方式之间寻找一种微妙的平衡。我认为，公共空间的参与者至少要面对三种根本不同的张力。第一，为了避免自身空间的分裂，或者避免自身空间坍塌为大众社会，行动者必须愿意承担风险去暴露自己的独特视角，同时又避免表现出那种全然的独特性。第二，尽管参与者必须不断作出判断，勇敢接受那些有时存在争议的立场，他们也必须避免通过无可争议的事实或者确定性的断言以及逻辑论证来强迫他人。最后，如果他们要保持自由行动的可能性，公共空间的参与者必须在他们分享的空间当中建立稳定性和可预测性，同时又必须拒绝控制和支配未来的努力。基本上，对于脆弱的妥协来说，任何过度都是有害的。正是这种脆弱的妥协，让一个公共空间得以维持，允许一群集合起来的个体保持其独特性，同时又能够作为一个集体共同发挥作用。事实上,对于这种妥协的需求是如此之强烈,以至于尽管阿伦特曾试图寻找能够建立更持久的公共领域的方式,但是在她早期关于这一主题的作品当中,仍旧担心公共行动"过于无政府主义,从而无法适应任何稳定的政治结构"。[①]

在独特性与平淡性之间

尽管阿伦特认为每个人类个体都是独特的,尽管她设想的公共空间是个体独特性可以在其中得到"表现"的空间,但是她也确信公共空间的结构本身严重限制了可以在其中表现的独特性的水平。如上所述,如果没有共同关心的目标,使其成员在尊重其他参与者的基础上来定位自己,那么公共空间就不可能存在。因此,只有当这些目标、这些共同任务可以"在不改变各自身份的前提下,得以从各种角度来观看"时,一个公共空间才能够保存下来。换言之,当参与者不再能理解他人的行动和评论是如何针对自己关注的同一个问题的时候,这个公共空间就瓦解了。[②]

因此,在公共空间中,只有那些被其他参与者认为是"相关的"贡献才得到允许。完全独特的"心灵思考,感官快乐",必须加以"转换、剥夺、去个体化,使其转换为适合公开表现的外观"[③]。一个拒绝参与这种转换的人,会发现自己被无情地从公共空间中驱逐出来了。因为,就他们共享的任务来说,其他参与者越来越不能将其解释视为有关连的贡献。如果一个公共空间中有大量参与者都处在

[①] Canovan, M. (1992). *Hannah Arendt: A reinterpretation of her political thought*. Cambridge: Cambridge University Press, p. 137.

[②] Arendt, H. (1958). *The human condition*. Chicago: University of Chicago Press, pp. 57-58.

[③] Ibid., p. 50.

这种过度解释当中,那么整个公共空间就会分崩离析,因为参与者会陷入自身经验孤立的奇异性中,因为他们努力的共有本质完全丧失了。当然,这也带来了一些难题,譬如哪些努力会被"算作"是相关的?在这样一个显然是平等主义的空间当中,所能接受的多样性的潜在限度是什么?同时,这也意味着,公共空间常常会在同一个问题上呈现多样性和多重构想(尽管阿伦特并未论及这一点)。

类似地,参与者基于自身的完全独特性来看待他人的努力、把公共关系转换成阿伦特所谓"亲密"关系的努力,也同样会威胁到公共空间的存在。例如,爱是完全接纳另一个人,"以一种完全不务实的态度,不关心自己所爱的人是什么、不关心他的品质和缺陷,更不要说他的成就、失败、越轨⋯⋯(爱)破坏了⋯⋯让我们既相互联系又相互区隔的居间部分"[①]。因此,阿伦特认为爱消除了我们在一种共同关心的基础上,将他人置于相对一致的位置的能力,同时也消除了我们以政治行动者的身份来回应他人的能力。(作为政治行动者,我们会基于他们的行为,而不是把他们作为自己的爱人,来判断他们是谁。)阿伦特的观点,不是说我们不能与所爱的人创造公共空间。[②]事实上,和他人之间的亲密关系,可以帮助我们更好地理解他人在公共空间的言说背后的那些经验。但是,要进入公共空间,我们就必须暂时改变与我们所爱的人的交往方式。两位参议员可能是夫妻,但是在参议院他们就必须视对方为参议员。为了参与公共

---

① Arendt, H. (1958). *The human condition*. Chicago: University of Chicago Press, p. 242.
② Skoller, E. H. (1993). *The in-between of writing: Experience and experiment in Drabble, Duras, and Arendt*. Ann Arbor: University of Michigan Press.

空间,爱必须至少被暂时地搁置、远离公共空间,取而代之的是关注、尊重他人的政治立场。阿伦特写道,公共对话"不是亲密的个人行为,而是提出政治要求、保持与世界的联系"。[①]

不仅极端的独特性会危及公共空间,平淡、浅薄以及试图将自己淹没到人群中的行为,也都是有害的。正如上文提到的,阿伦特一直在担心,随着个人越来越多地参与那些个人特有潜能在很大程度上变得无关紧要的活动,公共空间正在从现代世界迅速消失。如果这样的存在态度和方式侵入了一个公共空间,如果参与者不愿在他人面前冒险暴露自己的独特视角和理解,那么公共空间的多样性就会消失,公共空间就会塌陷、归于平淡。

回到上文所提小学课堂的例子,阿伦特的模型表明,学生们在学习与他人一道参与公共空间时,必须学会区分自己的个人友谊和他们的"公共"关系,尽管这两种关系的对象往往是同一批孩子。从这个意义上说,推动学生们进入公共实践,就要求他们能够区分在参与公共行动前后自己以及他人的身份。与此同时,他们还需要仔细聆听自己的同学们在说什么,因为一些看似无关紧要的贡献,实际上可能表达了潜在的创新想法,要求其他参与者改变自己对于共同任务属性的认识,以便理解这些贡献的相关性。最后,他们还需要学会不断进行调整,一方面鼓励衷心参与,另一方面也要留意在过度多样化的压力之下他们自身的空间可能出现的分崩离析的危险,从而在独特性和平淡性之间保持微妙的平衡。

[①] Arendt, H. (1968). *Men in dark time*. New York: Harcourt Brace Jovanovich, p. 25.

教师需要巧妙地指导这样的活动，因为这些想法的复杂性，意味着没有什么预定的规则能够总是应对得当。例如，"相关性"这个概念本身，就需要在他们的集体参与过程中不断付出努力。有趣的是，根据这个模型，活动就相当于头脑风暴，没有什么明确的共同任务可以用来指导对话，也没有什么相关联的压力会构成一种必要的前政治实践。事实上，这可能是真的，我们与他人进行的前政治参与，在他们的全部文化和个性的基础上来认识他们，这对于公共空间的发展来说是一项基本要求，其中除了最同质性的人群以外，所有人都可以联合起来。①

在真理和相对主义之间

掌握真理的人进入公共空间，没有必要过多关注他人的意见。对她来说，进行沟通的唯一目的，就是通过自己的逻辑或者语言技巧让他人接纳她的观点。但是，如果她成功了，如果在公共空间内部达成了关于真理的一致意见，如果参与者的多重视角被缩减为一个单一的共有视角，那么基于分歧存在的公共空间就立即崩塌了。因此，阿伦特认为"公共讨论只能处理这样的事情……我们无法确定的事情"②。然而，因为在这个视角下，所有个体事实上都是完全不同的。因此，要求任何两个人完全同意，或者要求他们的理解完全一致，都是不可能的，除非其中一个人或者这两个人都能克制自身视角的某个方面。例如，尽管一项特定的科学发现可能无法被参

---

① 类似诺丁斯的那些作品，当然会暗示这一点。例如：Noddings, N. (1984). *Caring*. Berkeley: University of California Press.
② Arendt, H. (1979). On Hannah Arendt. In M. A. Hill (Ed.), *Hannah Arendt: The recovery of the public world* (pp. 301-339). New York: St. Martin's Press, p. 317.

与者们有效反驳,但是这项发现对于这个世界来说到底有什么意义,仍然是一个十分开放的问题。①

关于公共行动者如何应对自己在公共领域遇到的问题,阿伦特思考的最佳案例可见于她关于18世纪作家戈特霍尔德·莱辛(Gotthold Lessing)的论文。阿伦特指出,莱辛拒绝在自己时代的问题上,寻求某种超然的、普适的客观性,而是试图去保存某种自由,这种自由"正在受到那些'证据确凿,不得不信'的人的威胁"②。"他不仅希望人们不要强迫他,他也不想要强迫任何人,无论是靠力量,还是靠证据。"③他努力创造一个以创造性、投入的思考为关键的世界。他甚至愿意牺牲"无矛盾性的公理、自我一致性的声明,这些都被认为是我们在写作和言说时的当然要求"④。在莱辛那里,自相矛盾对这个世界来说是一种美德。"当人们讨论这个世界中的事务时,莱辛会因为无数的意见而感到高兴。"他担忧的是,如果终极真理真被找到了,这可能也就意味着"话语的终结,乃至友谊的终结、人性的终结"⑤。

然而,在拒绝真理的同时,莱辛并没有走向相反的极端,以至于去赞美那种无思的相对性,以及在更加简化的"后现代主义"中常见的自由,这些观念充斥着近来的文化理论。相反,莱辛的意见是,总要对他人的贡献作出回应,总要对他所理解的正在书写的这个世界

---

① Arendt, H. (1968). *Men in dark time*. New York: Harcourt Brace Jovanovich, p. 7. 实际上,阿伦特的作品在许多地方是自相矛盾的,譬如她是否认为科学"真理"是与日常意见根本不同的东西?
② Arendt, H. (1968). *Men in dark time*. New York: Harcourt Brace Jovanovich, p. 7.
③ Ibid., p. 8.
④ Ibid., p. 7.
⑤ Ibid., p. 26.

的需求保持敏感。① 随即,在阿伦特看来,一个人在公共空间中表达的意见,不能仅来自他的内心深处,而必须来自对他人观点以及对特定议题的具体考虑。因此,尽管莱辛生活的年代缺乏公共空间,阿伦特还是把他视为一位典型的先驱式公共行动者。这种行动者推崇的意见,"与(孤立的)主观性无关,因为它们从来不是根据自我,而是根据人与世界的关系,根据他们的立场和意见"②。阿伦特认为,这是"因为莱辛是一个完全的政治人,他坚持认为真理只能借助话语的人性化而存在;只有当每个人所说的不再是恰好发生在他身上的事,而是他'信以为真'的事物时,真理才可能存在"③。在阿伦特的公共空间中,行动者试图说服他人,但是他们的说服必须对来自他人的行动和陈述的改变保持开放。公共意见既不反映确定性,也不反映主观性,而从来都只是一种经过认真思考的、情境性的判断。

这种张力或许与杜威的实用主义愿景最为匹配。虽然杜威的基本信念是我们可以通过科学参与来逐步增加对自身环境的控制,但是杜威同样反对任何对于这个世界的"确定性的寻求",强调持续的改变和人类永远要面对的不确定性。尽管如此,杜威并没有像阿

---

① Arendt, H. (1968). *Men in dark time*. New York: Harcourt Brace Jovanovich, p. 7. 阿伦特的一些评论者[例如罗纳德·拜纳(Ronald Beiner)]认为,阿伦特关于"判断"的理解发生过变化:从认为"判断"是行动者在公共行动中从事的东西,转变为从一定距离、冷静地看到争论的所有方面。这种变化在某种程度上是真的,但是这并不意味着判断可以从阿伦特的公共空间(the public)愿景中排除出去。这是对于公共空间本质的一个根本误解。在热烈的参与中,行动者可能没有时间去反思,同时也没有旁观者的那种视野上的宽度和弹性。尽管如此,她在行动中仍会进行临时性的判断,考虑周边的不同意见以及她所处历史时刻的偶然性。
② Ibid., p. 29.
③ Ibid., p. 30.

伦特那样，关注我知道的"真理"对于民主的存亡可能产生的威胁。①

为了回应真理和相对主义之间的这种张力，我们的学生必须学会在参与这个世界的过程中遵循莱辛的示范，保持一种复杂的平衡。对孩子们来说，真正的公共行动，将意味着不断变换参与世界的方式、不断变换与他人视角互动的方式，每个人独特的视角成为他们共同努力的资源。例如，从严格意义上的阿伦特视角来看，在许多当前的学校教育实践当中常见的那种要找到正确答案的欲望，可能被视为一种阻止对话、破坏"协同行动"可能性的手段。当然，这明显与最近一些有关建构主义教学的作品是一致的。此外，莱辛的例子强调了公共空间中的行动，在多大程度上必须以阿伦特所谓"关心这个世界"来作为焦点，而不是任何单个儿童的特殊兴趣。从这个意义上说，个人意见不再是一个人希望这个世界如何，而是在特定时刻一个人对于这个世界需要什么的了解。

介于控制与混乱之间

公共空间最困难的张力源于这样一个事实，在公共空间当中产生创造力的条件，同时也是产生不稳定性和不可预测性的条件，结果不可避免地会影响到这个世界，带来公共空间的撕裂乃至危及这个世界本身。毕竟，从定义上说，一个人永远无法控制自己在公共空间中行动的结果，也永远无法控制别人怎么解读他的言论。

阿伦特指出："在行动领域内，只有在不需要他人加入的自己的

---

① 杜威曾关注过类似但截然不同的问题，也就是"思考"与"行动"的分离，以及又以怎样的方式带来了他所谓的"思考"的人与"劳动"的人的阶级划分，其中，后一类人根据前一类人的命令来行事。参见：Dewey, J.（1966）. *Democracy and education*. New York: Free Press, p. 255.

事情上、凭借自己的动机和目的,才能实现独立的掌控。"①事实上,"由于行动作用于有能力行动的人身上"(至少在公共空间是如此),因此阿伦特认为"除了是一种回应之外,各种反应同时也是一种自发的、能够影响他人的新行动"。公共行动是没有边界的行动,其潜在影响可能永远存在。并且,"在最特殊环境下的最微小行动,也蕴含着同样的无边界性,因为有时候一个举动或者一句话,就足以改变整体格局。"②因此,从根本上说行动是悲剧性的,因为"行动者永远不能充分了解自己在做什么,……他总是会为那些从未料想的后果、无法预见的后果而感到'内疚'"③。因此,在这个模型中的行动者,"与其说是其所作所为的作者或者行为人,不如说更像是牺牲品和受害者"④。

阿伦特认为,行动的这种不可预测性,导致过去许多人寻求稳定的方法来试图控制这样的过程,以避免伴随着公共行动和集体权力的悲剧。但是,公共空间的结构决定了,控制一个人行动的结果,就等于摧毁公共空间本身,消弭他人行动者创造性以及因此产生的不可预测的主动性。即使是为了保障自己未来的行动,也会破坏这个人的能动性,消除这个人未来的自我对于未知明天的各种意外作出反应的自由。

然而,和对未来的完全控制一样,混乱也让人难以接受。在混乱当中,没有什么有凝聚力的公共空间能够存在。公共空间会因其

---

① Arendt, H. (1958). *The human condition*. Chicago: University of Chicago Press, p. 222.
② Ibid., p. 190.
③ Ibid., p. 233.
④ Ibid., p. 234.

自身的生产能力而被撕裂,产生不可阻挡的过程,以破坏性的改变来摧毁这个世界。完全的不可预测性,甚至会破坏我们统合的自我身份。因为,如果我们完全不能确定我们明天会是谁,"我们就根本无法维系自己的身份;我们就注定会在自己孤独的内心深处,没有希望、没有方向地游荡,陷于矛盾和单一之中"①。我们必须对共处于公共空间的他人以及我们自己的行动怀有某种确信,对所有人采取创造性行动的能力施加某种限制。

在阿伦特看来,控制和混乱这对相伴生的困难的唯一解决方案,是在这两极之间寻找一种不稳定的、始终不确定的平衡,给公共空间和这个世界提供某种稳定性,同时又不消除那种让公共空间得以存在下去的自由。对阿伦特来说,这种妥协包含两个不同的方面:作出承诺的能力和宽恕他人的能力。承诺允许公众的集合"对许多束缚在一起的人们拥有权力,这不是靠着完全相同的意愿……而是靠着一个一致同意的目标,唯其如此承诺才是有效力的、有约束力的";这个有限的确定领域具有"无可争议的优越性,优于那些完全自由、不受任何承诺约束、没有任何目标的人"②。正是由于"履行承诺"而被束缚,我们才可以"保持我们的身份",让我们对此前说过的话负责、为将来要做的事提供保障。③ 借助这样的承诺,公共空间的自由参与者"摆脱了人类事务的不可预测性以及人的不可靠性,只把这两种属性当成中介,来放弃那确定性的孤岛"。但是"在一个充满了不确定性的海洋中,在承诺失去了它作为确定性孤岛的

---

① Arendt, H. (1958). *The human condition*. Chicago: University of Chicago Press, p. 237.
② Ibid., p. 245.
③ Ibid., p. 237.

特点之时,也就是说,当这种能力被误用、被用来覆盖未来的全部基础、为各个方向规划一条道路时,承诺就失去了它的约束力,整个过程也就成了自掘坟墓"①。

然而,仅仅是承诺本身并不足以为公共空间提供稳定性,这既是因为行动和反应的链条带来的巨大且富有成效的回响,也是因为参与者们总是处在无法履行与他人订立契约的位置。阿伦特担心的是,"如果没有得到宽恕、没有从我们所作所为的后果中解脱出来,我们的行动能力似乎就可能被局限为某种单一的行为,从中我们永远无法得到恢复;我们将永远成为自己所作所为之后果的受害者"②。阿伦特指出,"唯有借助于对行动的不断地相互谅解,人才能保持自由;唯有持续地、有意识地改变自己的心智、重新开始,他们才有资格被赋予如此巨大的、开启某些新事物的权力"。③

但是,这种微妙的解决方案,在很大程度上只适用于行动在公共空间内部的回响,并不能超越这个范围。当一个人在这个世界行动以后,他就开始了一个超出任何人的预测和控制能力的过程。例如,阿伦特担心,由于在自然界中采取行动,科学家们正在"释放……潜在的不可逆转的、无法弥补的'不可逆过程'……该过程在人类世界和自然界中产生的后果,仍然是不确定的、不可预测的"④。基于此以及别的理由,阿伦特强烈反对用"制作"的隐喻来

---

① Arendt, H. (1958). *The human condition*. Chicago: University of Chicago Press, p. 244.
② Ibid., p. 237.
③ Ibid., p. 240.
④ Ibid., pp. 231-232; Pitkin, H. (1998). *The attack of the blob: Hannah Arendt's conception of the social*. Chicago: University of Chicago Press. 该书针对的问题是阿伦特是否真的信赖人以外的社会力量。

理解公共"行动"的努力。在这个"制作"隐喻当中,人们似乎可以通过某种对未来的有计划的构造来控制行动后果。

这就是阿伦特与杜威愿景的最大分歧所在。正如我已经指出的那样,杜威把民主行动视为一种日益控制自身环境的过程。在杜威的实用主义愿景当中,所有的行动都指向这个世界当中具体而又总是暂时性的目的,这些目的随即又成为进一步行动的手段。在杜威的世界中,人们总是为在这个世界获得结果而采取行动,并且总是根据行动结果来判断行动产出。① 与之相比,(部分是因为我上文提到的那些危险)阿伦特认为行动者不应该把自己对于公共事务的参与,作为一种实现特定目的的尝试。② 相反,行动者和旁观者都应该基于"原则"来行动和判断。阿伦特所谓的"原则"是相当模糊的,它告诉我们,"为了实现自由的行动,一方面要摆脱动机的束缚,另一方面也要摆脱把意图的目标作为预期效果的束缚"。③ 因此,阿伦特写道,"言行举止的最深刻的含义……必须免受任何最终产物的影响,也不必受更好或更坏的后果的影响"④。

与我所作的比较相比,尽管阿伦特的主张当中有一些更微妙的内

---

① 杜威的作品多次提及这一点,例如《民主与教育》。我的简单概括掩盖了杜威对这个问题的相关讨论的复杂性。
② Arendt, H. (1958). *The human condition*. Chicago: University of Chicago Press, p. 229.
③ Arendt, H. (1977). What is freedom? In H. Arendt. *Between past and future*. New York: Penguin Books, p. 151. 在此,我并未涉及阿伦特在这个问题上的充分的复杂性。
④ Arendt, H. (1958). *The human condition*. Chicago: University of Chicago Press, p. 205.

容,但她的立场似乎仍是对她提出的问题的一种相对极端的回应。①例如,尽管我们永远不可能完全了解行动的结果,但是我们当然可以开始注意行动结果的模式,因此开始在我们的环境中实现一定程度的控制,尽管这种控制永远不完美。在这一点上,杜威的看法当然是正确的。然而,阿伦特的确向我们指出了一个杜威忽略的领域,我相信这也是当今许多学者忽略的。因为,杜威事实上的确承认过在追踪一个人的行动对于未来的影响时固有的局限性。例如,

---

① 关于阿伦特对"制作"(making)和政治、对"手段—目的"思考中存在的问题的讨论的复杂性,这里没有足够的篇幅来进行更充分的分析。但是,我会给感兴趣的读者提供一些额外的要点:阿伦特从古希腊人那里找到了一种柏拉图式的关于"工作"和"制作"的概念。其中,一个人通过在头脑中保持一种理想的或者不变的模型,来创造一种耐久的物品。因此,照阿伦特的说法,"那些指导制造工作(the work of fabrication)的东西,是外在于制造者的",是一个模型,"先于实际的工作进程"。[Arendt, H. (1958). *The human condition*. Chicago: University of Chicago Press, pp. 140-141.]在很大程度上,正是因为这种对于"工作"的理解,让阿伦特相信"目的一旦被达成,就不再是一种目的,就丧失了指导和辩护手段选择的能力,失去了组织和形成手段的能力"[Arendt, H. (1958). *The human condition*. Chicago: University of Chicago Press, pp. 141-142]。因此,这是她的"行动"理论为什么要避免实现具体目的的原因之一。

杜威用类似的观念来处理自己所处时代的难题。杜威认为,一个人在工作当中,不仅仅指向静态的理想。相反,一个人会通过与环境的交互,不断重组自己的目的和手段。进而,杜威仍旧不关心政治上的成就,指出活动所展开的"顶峰",只是让一个人看到这个人此前未曾看到过的目的。因此,杜威可能会拒绝阿伦特的"工作"标签带来的几乎所有内容。(人们可以怀疑,阿伦特是否真的亲自建造过什么东西。)例如:Dewey, J. (1966). *Democracy and education*. New York: Free Press, chap. 8.

阿伦特同时认为,人们不应该在政治行动当中使用"手段—目的"的逻辑,因为"一旦我们在政治领域当中处理手段和目的,我们就无法阻止人们不择手段地追求被认可的目的"。[Arendt, H. (1958). *The human condition*. Chicago: University of Chicago Press, p. 229.]杜威可能会把事实和价值视为一种极其有害的划分,他令人信服地指出,这并不是并且也不可能是"手段—目的"的思考所需要的。例如:Dewey, J. (1939/1988). Theory of valuation. In J. A. Boydston (Ed.), *John Dewey: The later works: 1925-1953* (vol. 13, pp. 189-252). Carbondale: Southern Illinois University Press.

杜威指出"没有人可以考虑到他的行动的全部后果。"①然而,不是杜威而是阿伦特呈现了这种局限性的潜在影响,这表明了行动固有的悲剧性。

事实上,我相信阿伦特的愿景,对于进入 21 世纪的我们来说显得尤其相关。例如,乌尔里希·贝克(Ulrich Beck)最近认为,我们已经用我们的技术和科学,创造了一个"风险社会"。在"风险社会"当中,其环境等因素带来的在尺度和复杂性上如此巨大的危险,导致"可控性、稳定性和安全性这些概念本身……崩溃了"②。贝克的评论与杜威希望通过"科学"研究来持续增进对于环境的控制,形成了鲜明对比③。如果在教学或者有关民主和民主教育的著作中不解决这样的问题,至少对我来说是很成问题,也可能是很危险的。

尽管存在这样的危险,阿伦特仍未试图反对公共行动。实际上,阿伦特赞美公共行动,反对狂妄自大。如果有人试图调和阿伦特关于公共行动和这个世界中特定目标或目的之间关系的陈述,他可能会得到一个与科内尔·韦斯特(Cornel West)非常匹配的看法:

> 其预言式的实用主义,否定了西西弗斯式的悲观主义(以及)乌托邦式的悲观主义。毋宁说,这种实用主义倡导人类进步的可能性,同时也承认人类永远无法企及天堂般的完美之

---

① Dewey, J. (1922/1982). Theory of valuation. In J. A. Boydston (Ed.), *John Dewey: The middle works: 1899-1924* (vol. 14). Carbondale: Southern Illinois University Press, p. 181; Dewey, J. (1939/1988). Freedom and culture. In J. A. Boydston (Ed.), *John Dewey: The later works: 1925-1953* (vol. 13, pp. 63-188). Carbondale: Southern Illinois University Press, p. 105.
② Beck, U. (1999). *World risk society*. Cambridge: Polity Press, p. 2.
③ 尽管贝克实际上把更加地方性的民主看成了解决方案的一部分。

境。这种进步源于有原则、持久的普罗米修斯式的努力,然而即使是这样的努力也无法保证成功。……它需要乌托邦式的能量和悲剧性的行动,这些能量和行动可以带来长期持续的革命性、反叛性、改良主义的策略,来对抗今日的现状。①

韦斯特认为:"这些策略永远不可能变成目的本身,而是始终被作为手段,在面对人类社会和人类生活中盛行的各种邪恶时,传递道德愤怒和人的绝望。"韦斯特认为,正是基于这种方式,"悲剧"这一无法逃避的事实,"可以成为反抗行动的一种推动力,而不是一种阻碍。"②

因此,要回应课堂中的第三种也是最后一种张力,教师首先就要帮助学生学会接受甚至评估他人的错误。此外,尽管他们需要制定一个集体行动方案,这个方案仍需对他人的创造性行动保持开放,避免用具体条款来描述未来。他们需要在毫无意义的赞同和无论世界如何变化都保持一成不变的条约之间找到某种平衡。最后,对于他们小小的公共空间以外的世界,要想帮助儿童理解公共空间中的这种特殊张力,似乎需要儿童参与某项活动,以此来让他们走出教室,譬如试图改变某个州的儿童安全带立法。因为,在学校内很难模拟在更广大社会当中的这种复杂且往往是不正当的运作。

当然,学生们也可以介入过去的斗争故事,例如讨论美国消除种族隔离教育的努力所产生的矛盾后果(或者的确实现了平等的教

---

① West, C. (1989). *The American evasion of philosophy*. Madison: University of Wisconsin Press, p. 228.
② Ibid., pp. 229-230. 韦斯特的观点,很大部分来自他的宗教承诺。然而,我并不确信这对于他的观点是否必要。

育机会)。在不诋毁已有成就的前提下,学生们可以了解这种"成功"如何让数千名非裔美国教师被解雇、如何在白人为主的学校中让数以千计的有色人种学生被编入低水平班级,以及如何让数以百计的本地非裔美国学校被撤销。① 然而,最终只有通过超出学校范围的、在这个世界上的实际的集体努力,只有离开相对可控的环境提供的保障,学生们才有希望完整体验在这个世界中行动时可能出现的无数无法控制的因素。也唯有通过这样丰富的体验,他们才可能真正认识到伴随公共参与的各种两难。因此,在阿伦特的模型当中,学会接受失败以及行动的那种往往不可预料的结果,与学会"成功"同样重要。为了掩盖这种复杂性,让学生乐观估计自己的任务,这将对他们未来在公共空间采取共同行动的能力造成巨大伤害。

融会贯通:以"公共成就"项目为例

现在,我会考察一项推动青年参与充满活力的公民政治实践的综合性努力,这与阿伦特的大部分愿景相呼应。我会以"公共成就"项目中那些能够投射到阿伦特公共空间模型中的方面作为开始,同时也会提及阿伦特可能会在哪些领域进一步助推项目设计者。尽管"公共成就"的很多方面与阿伦特关于公共行动的理解相吻合,尽管该项目的一些设计者明显受到阿伦特思想的影响,但是正如我在本节末尾讨论的那样,这个项目仍在很多重要方面偏离了阿伦特的

---

① 例如:Foster, M. (1997). *Black teachers on teaching*. New York: New Press.

愿景。①

"公共成就"是源于明尼苏达州圣保罗市市长和明尼苏达大学"公共生活计划"(现为"民主与公民中心")的联合项目,是"一项服务于年轻人的公民教育实验"②。该项目借鉴了"公共生活计划"的联席主任哈里·博伊特(Harry C. Boyte)及其同事构想的一种民主愿景,在其中"严肃的民主政治是一种合作与让步、是一种杂乱无章的日常活动,公民以此来解决公共问题,即我们共同生存中的问题"。项目设计者认为,参与这样的"公民政治,需要学习政治理念和技能,同时也需要一种可以在其中学习和应用政治艺术的环境"③。

作为这个项目的一部分,"一些由 6 到 12 名年轻人组成的小组和他们的教练一道,在学校或其他组织内开展工作,以解决他们认为重要的公共问题"。这些小组设立于"公立的、私立的、教区的小学和初中,同时也包含一些社会组织和高中"。教练多为"大学生、青年组织中的成年领导,有时候也可以是社区领袖"。教练负责指导学生们努力设计自己的计划和问题,帮助学生从经验中学习并且反思。④

有关这种努力的指导手册,由该项目的许多参与者共同编制和改写,手册描述了学生们在行动时可以采取的一系列步骤。[在此,

---

① 例如,参考下书对于阿伦特的征引:Boyte, H. C., & Kari, N. N. (1996). *Buidling America: The democratic promise of public work*. Philadelphia: Temple University Press; Boyte, H. C. (1989). *Commonwealth: A return to citizen politics*. New York: Free Press.

② Bass, M. (1995). *Toward a new theory and practice of civic education: An evaluation of Public Achievement*. Master Thesis, University of Minnesota, p. 1. 来自:http://www.cpn.org/sections/topics/youth.

③ Ibid., p. 3.

④ Ibid., p. 4.

我参考了该手册的两个不同版本,手册的标题为《制定规则》(Making the Rules),其中包含了大量的练习。]首先,鼓励学生讲述自己的"故事",接触他们与众不同的个人经验史。手册告诉学生,这些故事可以帮助他人理解每个人的视角,让他人了解"我是谁"。同时,手册指出这些故事"也可以帮助你理解自己"。因此,该手册认为"通过说出你的独特故事来了解你是谁,这是在公共场合开展工作的第一步"。因此,该项目初期工作的重点,就在于鼓励学生们去梳理自己的独特视角。[1]

手册的作者们同样认为,作为这个过程的一部分,学生们也应该更好地认识自己的"个人利益"。尽管这最初看起来与阿伦特关于关心这个世界的告诫大相径庭,但这份手册实际上对"自私"和"个人利益"作了区分。"自私"指一个人的私人欲求,"个人利益"则把个人利益与更为广大的公共空间中的他人利益联系了起来。通过个人利益,一个人在服务世界的同时也在相关问题上服务自己。他们指出,"利益这个词来自拉丁语中的'成为其中之一'"。因此,他们认为"个人利益总是与你在一群人中间所做的事有关"[2]。因此,尽管这些设计者们没有引用阿伦特,但是他们显然使用了阿伦特对于"利益"的独特定义。

手册提供了多种多样的活动,来帮助学生们接触他们的独特生命历程;同时,该手册也提醒学生们,在朋友和家人构成的私人空间中,个人所能建立的关系和自我定位,与身处其他政治行动者所在的公共空间中的关系及自我,存在重要差别。并非个人故事的所有

---

[1] Bass, M. (1995). *Toward a new theory and practice of civic education: An evaluation of Public Achievement.* Master Thesis, University of Minnesota, p. 4.

[2] Ibid., p. 10.

方面,都可以带到公共空间当中去。与阿伦特很类似,这个项目的设计者们也认为,私人生活"是你试图在其中寻找亲密关系……(并且)在其中仅仅因为你是你自己而获得接纳,而不是因为你的贡献"。在私人空间,你可以展现你的全部。相反,公共空间是"你能意识到与他人分享的期望和关切,并为之采取行动的地方。这是你学会聆听不同视角的价值的地方。这是你被问责和因你的贡献而得到认可的地方。……公共空间是你行动、承诺的地方,决定了人们会如何看待你"①。此外,与阿伦特类似,项目设计者认为,正是在公共空间中,一个人实现了"自我发现的意识"②。尽管存在这些相似性,但是该手册并不强调阿伦特在该问题上的一个重要观点,即每个个体的过度独特性对于公共空间的存在构成一种威胁,尽管该手册的确讨论过群体多样性带来的更广泛的挑战。

该手册以头脑风暴环节作为开始,引导学生们经历一个精心设计的过程,旨在帮助他们发现一个与各自多样化的自身利益相关的共同问题。在他们定义了共同问题之后,学生们要设计一个任务陈述,类似于:"我们是某初中公共成就小组,我们不再像我们的学校那样袖手旁观,忽略我们对于自己社区和世界造成的污染。首要的目标是减少我们对于环境的负面影响,为此我们将与学校管理者、教职员工、广大同学一道,在我们学校设计一个回收项目"③。这样的陈述清楚体现了阿伦特对于一个公共项目的两个原则性要求。第一,尽管这代表了对于未来行动的一致意见,但是仍然为具体行

---

① Bass, M. (1995). *Toward a new theory and practice of civic education: An evaluation of Public Achievement*. Master Thesis, University of Minnesota, p. 20.
② Ibid., p. 21.
③ Ibid., p. 14.

动保留了大量弹性空间。第二,部分基于这种弹性,任务陈述显得足够模糊,很容易从多个角度出发进行不同的解读。因此,一致意见并没有破坏公共空间的多样性,或者说没有破坏有可能实现的那种无法预料的创造性贡献。

事实上,"公共成就"甚至试图在学生当中培养一种理解,来解释不同个体在解读语言时的不同方式。"公共成就"中有一项活动,要求学生们选择一种特定的政治语言,然后从每个人独特的个人视角出发来定义它。这种练习反对词典策略(词典策略试图"给每个词语赋予人人都会接受的意义,从而排除任何个人化解释"),认为"与政治类似,语言也隶属于使用者,而不仅仅是'专家们的'"[1]。因此,通过大量不同的方式,学生们获得了鼓励,去发现在他们共享的努力中的独特视角。

尽管该手册没有直接提及"真理",但是它仍然提供了一种必要的关系性愿景,来理解在这个世界上与他人的合作或对抗。学生们应根据环境变化不断调整技巧和策略。这个项目特别关注访问和积极聆听的技巧,以便让参与者可以在小组内外持续收集在议题上的不同视角、观念和感受方面的数据。

然而,在公共成就模型中缺失的,是阿伦特看到的或许最重要的一种张力,即混乱与控制之间的张力。阿伦特在这个问题上的看法相当悲观,而公共成就的远景则要乐观得多。该项目的设计者们试图鼓励学生们相信,他们可以掌控局面、可以"制定规则",甚至暗示他们可以决定这些规则会带来什么结果。事实上,该手册的一

---

[1] Bass, M. (1995). *Toward a new theory and practice of civic education: An evaluation of Public Achievement*. Master Thesis, University of Minnesota, p.16.

个最新版本明确引用了博伊特关于民主作为"工作"参与的作品，标题为《建造世界，改变生活，创造历史》(Building Worlds, Transforming Lives, Making History)。该版本明确指出，在公共成就教育中的儿童会得到这样的教育，相信"他们可以在今天就着手创造自己的历史"，并且"在一种非常切实的意义上，公共成就团队每年都在创造历史"。① 尽管设计者们也意识到学生可以从失败中学到很多，但是该手册并未讨论那些往往能带来不可预料并且是反直觉结果的重要斗争。同样，该手册也没有讨论韦斯特指出的那种由于胜利而产生新"罪恶"的方式。从阿伦特的立场来看，这有误导学生的危险，不能为他们做充分的准备，去在一个复杂、冲突的世界中行动。

尽管在有些方式上，公共成就与阿伦特的愿景在很大程度上看起来是匹配的，但实际上这个项目在一些很重要的方面与阿伦特的理想模型存在重大分歧。作为一个政治理论家，阿伦特致力于从西方历史经验的广大图谱当中，发展一种理想的、相对抽象的集体行动的愿景。而公共成就的设计者们则主要借鉴公民组织的更实际的传统，关注的是美国的经验，尤其是20世纪的经验，并受到类似索尔·阿林斯基(Saul Alinsky)这样的实用派"草根"组织者的影响。

另外，阿伦特之所以要建构公共空间模型，不仅仅是为了给人赋权，而且也是为了回应她在纳粹德国以及现代"社会"的平淡性中以不同方式经历的个性淹没。对阿伦特来说，在政治行动当中保持一定的多样性至关重要。对于阿伦特的公共空间愿景来说，"真理"之所以如此危险，恰恰是因为"真理"倾向于摧毁这种多样性，使之

---

① Hildreth, R., et al. (1998). Building worlds, transforming lives, making history. Minneapolis: Center for Democracy and Citizenship, p.18. 粗体为笔者所加。

变成一种透明的一致性。事实上,对于阿伦特来说,在公共空间产生的集体"权力",正来源于这样的多样性。公共空间的权力只能来自一个个独特行动者"协同"产生的无法预测的创造力,而不是阿伦特贬低的那种基于团结的"力量"。因为阿伦特希望在集体行动的限制之下,能够尽可能培养每个人的独特性,因此她认为公共领域的行动者是自由浮动的、与特定的共同体或背景没有密切联系。事实上,阿伦特把公共空间当成这样一个空间,从中人们可以摆脱各种伴随着规范化共同体的限制和角色。

"公共成就"同样认识到发展每个参与者独特性的重要性。然而,设计者们批判性地描述了类似阿伦特的"手提箱"模型,在其中,一个人的经验和影响力被认为是他随身携带的财富。相反,他们建议用"树"来作为身份的隐喻,因为树是"深深扎根在大地之上的"。该手册告诉学生们,"你的身份植根于你的过去,植根于你的家庭、社区和文化。所有这些基础,这些个人化的故事,为你提供了力量以及继续成长的养分"①。然后,在"公共成就"当中,"个人"利益至少也部分带有额外的集体利益的味道。在某种程度上,在"公共成就"中道出自己的独特故事,用意不仅在于梳理出学生的独特视角,也在于强调他们融入特定群体的程度,以及对于共同体负责任的程度。博伊特和他的同事们的更大愿景是给各种各样的共同体赋权,而不仅仅是为个体赋权。②

---

① Bass, M., et al. (1994). *Making the rules: A Public Achievement guidebook*. St. Paul, MN: Project Public Life, pp. 10-11. 在线手册于 1998 年 12 月 12 日取自:http://www.cpn.org/sections/topics/youth/stories-studies/makingrules.1html.

② Lichterman, P. (1996). *The search for political community: American activists reinventing commitment*. Cambridge: Cambridge University Press.

尽管设计者们重视个人的独特贡献,但与阿伦特的模型相比,"公共成就"不太关注维系一个时刻保持完全平等的多样化空间的问题。例如,该手册并不包含明确的警告,来反对把人群的策略性聚集,转变成相对团结的状态。在这种团结状态下,个体将会在很大程度上像一个独立单元那样行动。对于"公共成就"来说,这种"团结"只是另一种有用的政治手段。在他们看来,当个体相对自由地参与那些并非由他们自己发起的活动时,我们没有理由认为这根本是不民主的,是否民主有赖于具体的背景。

另一个与阿伦特的关键区别,在于"公共成就"对于一个人怎样从私人空间"出现"在公共空间的看法。阿伦特设想的公共空间是一个完全平等的空间,其中每个行动者都尽可能诚实地表达自己,尽管由于个人独特性对于公共空间的持续存在的威胁,个人实际上无法彻底表现自己。相反,"公共成就"则将公共空间(比阿伦特的理解更加宽泛)视为一个始终无法清晰界定的"策略性"行动,一个人在其中总是不能充分信任自己的工作伙伴。对于"公共成就"来说,公共空间是一个人对于自己说什么、做什么保持"戒备"的地方。① 公共空间是一个权力不平等的空间,其他人往往要利用你的缺点和关于你的信息来对付你。②

当然,"公共成就"模型不是唯一一种我们能设想的在教育背

---

① Hildreth, R., et al. (1998). *Building worlds, transforming lives, making history*. Minneapolis: Center for Democracy and Citizenship, p.102.
② 这暗示在不同的公共空间当中存在某种多样性,每一个公共空间有着不同水平的安全性和信任。事实上,这对于公共空间和私人空间的简单二分法提出了质疑。Fraser, N. (1992). Rethinking the public sphere: A contribution to the critique of actually existing democracy. In C. Calhoun (Ed.), *Habermas and the public sphere*. Cambridge, MA.: MIT Press.

景下发展公共空间的方式。然而,正如我之前提到的儿童安全带的例子,它的确代表了一种路径,借此阿伦特相对抽象的理论标准,可以被应用于真实的教育实践中去。并且,尽管关于学生在这个过程中到底学到了什么我们知之甚少,但评估表明至少其中的一些小组是相对成功的。正如博伊特和南希·卡丽(Nancy N. Kari)所说的那样,"公共成就"小组"为未婚妈妈组织了高中日托中心"。他们在邻里怀疑的目光当中、在成人最初放弃的环境当中,创建了社区公园。他们已经针对诸如种族偏见、性骚扰等问题,创设了课程和处理策略。[1] 尽管"公共成就"明显被认为是一般课堂教学的附加部分,但是至少在一所学校当中,"几乎所有四到八年级的学生……已经参与进来了",一些教师"在课堂上强化了公共成就的教益"[2]。

结　　论

考虑到所有这些成见和困惑,本书并未提供唯一的答案。这些答案每天都在出现,它们是需要众人同意的实践政治课题;这些答案从来都不存于理论思考之中,也从来都不是某个人的意见,好像我们在这里要处理的问题只有唯一一种方案

---

[1] Boyte, H. C., & Kari, N. N. (1996). *Buidling America: The democratic promise of public work*. Philadelphia: Temple University Press, p. 176.

[2] Bass, M. (1995). *Toward a new theory and practice of civic education: An evaluation of Public Achievement*. Master Thesis, University of Minnesota, p. 10. 来自:http://www.cpn.org/sections/topics/youth.

似的。①

矛盾的是，正是与阿伦特的抽象模型之间的差异，使得"公共成就"成了阿伦特愿景实体化的一个好例子。因为阿伦特知道，人们无法从理论家的抽象视角出发，来确定真实世界的答案。然而，"公共成就"的存在本身（由博伊特等人撰写并逐渐促成"公共成就"的大量书籍可以表明），就需要诸多理论视角的广泛介入。这些理论视角涉及民主的集体行动的本质，阿伦特只是诸多理论视角中的一个。"公共成就"表明了这些理论在具体情境下的应用程度，这要求对这些理论加以调适与改造，这些理论只要求一个人要努力，而不指导这个人如何努力。

"公共成就"的设计者们谨慎地承认自己并没有全部答案，认为其他公民行动方案也并非"错误"，"一个机构通常会在实践当中结合两种或者更多种方法"。事实上，他们在手册的开头部分即写道，这个手册提供了"一个工具包来帮助……（这样的）努力，并不是手把手教授公共生活的菜谱。世界上根本就没有这样的菜谱，作为创造性的公民，你也不会期待这样一本菜谱。公共成就是在更大的公民实验室当中的一项实验"。② 尽管如此，它仍旧只是一本手册。尽管有这种谨慎的态度，它还是给人留下了这样的印象，似乎存在某条"正确"的路径，应该沿着这一路径来帮助学生成为积极的公民。这种充满张力的倾向表明，一个人会对许多可能性持开放态

---

① Arendt, H. (1958). *The human condition*. Chicago: University of Chicago Press, p. 5.
② Hildreth, R., et al. (1998). *Building worlds, transforming lives, making history*. Minneapolis: Center for Democracy and Citizenship, p. 2.

度。与此同时,它也给我们这样的印象,在众多民主理论家当中,事实上存在某种正确的、基本上通行的答案。在阿伦特的例子当中,尽管她在上述引文中有关于理论限度的表述,但是她也经常把自己的公共空间模型当成"政治行动的基本语法"[①]。并且,我已经提到过,杜威有意无意地倾向于把民主标准当成普遍的,尽管他有着实用主义的信条。

通过阿伦特的理论视角来考察"公共成就",揭示了这个项目可能存在的缺陷,比如该项目如何避免了混乱与控制的张力。同时,"公共成就"的例子也解释了阿伦特的抽象理论在服务于具体目标时的可能限度。我相信,在理论与实践之间或者理论与理论之间(类似阿伦特的理论与杜威的理论)的此种对话式互动是富有成效的。最后我要提出的是,试图把三种愿景整合为某种单一的民主教学方法是不可能的,在任何情况下都只会事与愿违。恰恰相反,重要的是在对平等主义集体行动的认识上,保存多重视角的那种多样性。确保我们这个时代的各种事件和片段,可以得到多重视角的说明,并且这些视角本身也在这个过程中得到了说明。

这不仅仅是一个理论问题。例如,在对美国行动主义的考察当中,查尔斯·奥伊希纳(Charles C. Euchner)认为不存在某种单一的政治实践,可以优于所有行动者的努力。事实上,奥伊希纳认为,在应对多种多样的问题和背景时,在多个水平上取得成功的各种努

[①] Arendt, H. (1963). *On revolution*. New York: Penguin Books, p.173. 我已经在下文当中对这个问题以及阿伦特作品中的其他内部矛盾进行了更详细的讨论:Schutz, A. (2001). Theory as performative pedagogy: Three masks of Hannah Arendt. *Educational Theory*, 51(2), 127-150. 请注意,即使是这段引文,也暗示公共行动是实践问题的解决之道。

力和组织,包含了不同策略相互交叠的结构。① 正是本着这种多元和对话的精神,我介绍了阿伦特的公共空间模型:它不仅仅是教育领域内存在的乌托邦思想的反对者,而且也是学者们应对更广泛教育民主困境的一面镜子。

---

① Euchner, C. C. (1996). *Extraordinary politics: How protest and dissent are changing American democracy*. Boulder: Westview Press; Schutz, A. (1999). Creating local 'public space' in schools: Insights from Hannah Arendt and Maxine Greene. *Curriculum Inquiry*, 29(1), 77-98; Schutz, A. (2001). John Dewey's conundrum: Can democratic school empower? *Teachers College Record*, 103(2), 267-302. 我讨论了阿伦特和杜威关于民主的观念,认为它们事实上是服务于中上层阶级的专业人员,完全不是文化中立的。

多元文化教育和阿伦特的保守主义：
论记忆、历史性伤害和我们的共同感

金伯利·柯蒂斯

> 美国历史比所有人们曾经谈论过的东西，都要更加悠久、更加广大、更加多样、更加美丽，也更加令人感到恐惧。
>
> ——詹姆斯·鲍德温（James Baldwin），
> 《和教师的谈话》（A Talk to Teachers）

历史，真实的历史，总会超乎我们的想象。大多数时候，它总是比我们所能承受的更加美丽，也更令人感到恐惧。因此，我们将其粉饰并整理成易于管理的形式。我们以为这种更稳定、更可靠、更完整的形式，会使其更容易理解、更容易向年轻一代传播。或者，我们仅仅因为在它的残忍、美丽以及平淡中感受到了困惑和迷乱，就干脆放弃了向孩子们传递历史的任务。

第一种策略是一种意识形态式的反应，针对的是我们历史中的那些不可控的因素，通过让历史变得更加整洁和合乎逻辑，从而规避了历史当中的种种混乱和偶然。在整个政治领域，选择这样做的大有人在。第二种策略是更为消极的反应，结果自然而然成了空想

多元文化教育和阿伦特的保守主义:论记忆、历史性伤害和我们的共同感

家们的选择。这两种策略都标志着汉娜·阿伦特所谓的"厌世"(world alienation),她相信这是现代社会的一种确定条件。在厌世的条件下,无论是相对稳固的事情,还是人类的思想和实践,都不足以构成这个世界的居间部分。这个世界的居间部分,一方面把我们联系在一起、给我们提供一种归属感,另一方面又分隔我们、让我们可以保持自己的独特性。

在阿伦特看来,"世界"诞生于积极共享生活的人们之间。靠着"从他人的角度来观看同一个世界、用不同甚至常常是相反的角度来观看同样的东西"的能力,让作为先决条件的人类多样性得到了培养和维系。① 只有通过这种积极意义上的对于世界的分享,才让富有意义的理解成为可能。但由于厌世,我们不再能应用这种能力,并且也就失去了带来这种能力的世界的居间部分。我们的世界要么变成一个大众社会,要么就会变成一个隔绝孤寂之地。无论是哪种情况,我们都不再有能力作出良好的判断,我们感到自己无能为力,我们觉得自己被各种力量以及既不由我们发起也无力改变的进程压倒了。②

这种真实的、让人难以容忍的厌世状态,对教育而言就是阿伦特所谓的危机。③ 父母和教育者一样,也觉得自己无法承担对于这

---

① Arendt, H. (1954). *Between past and future*. Middlesex, England: Penguin Books, p.51.
② 阿伦特对于厌世的更充分的讨论,参见:Arendt, H. (1958). *The human condition*. Chicago: University of Chicago Press. 阿伦特描述的现象,与她所谓"社会的兴起"相一致,连带着的是在一个日益指令性的世界中的科层化和理性化过程。她的分析与马克斯·韦伯(Max Weber)、米歇尔·福柯(Michel Foucault)、于尔根·哈贝马斯(Jürgen Habermas)等人的工作有交集。
③ Arendt, H. (1954). The crisis in education. In H. Arendt, *Between past and future*. Middlesex, England: Penguin Books, pp.173-196.

个世界的责任,于是他们就放弃了这种责任,把责任推卸给空想家,也推卸给儿童、技术专家以及狭隘的学习方法。(这种学习方法重视"做自己",而不认为更宽泛的沟通的想象才是关于这个世界的知识基础。)简言之,伴随着父母和教育者的厌世,出现了权威的丧失。阿伦特设想了这样的父母和他们的孩子之间的沟通,以此来把握在厌世条件下一般父母的感受:"在这个世界当中,即使是我们自身也并不感到惬意。如何进入这个世界、可以知道些什么、要掌握哪些技能,对我们来说也是未知的。你必须尽自己所能地去探索。在任何情况下,你都不要指望我们。我们是无辜的,我们在你的事情上不再负有责任。"①

阿伦特在1954年面对这场危机时,提出了一种在今天看来显得可笑的方案:教育领域必须与公共领域(政治生活)"断然隔离"②。她认为,今天的教育原理必须回应我们这种厌世的现状。教育者必须是保守的,他们必须应用某种完全不适用于政治领域的权威以及指向过去的态度,来保护"这个如其所是的世界"③。此外,阿伦特还声称教育与政治的隔离是必要的,年轻人因此在完成教育以后就有能力进入政治领域(在其中行动、判断和改变这个世界,构成了存在的理由④)。当代激进教育者们认为,为了行动我们需要一种政治化的教学;而阿伦特则认为,为了自由和行动的缘故,政治和教育必须

---

① Arendt, H. (1954). The crisis in education. In Arendt, H. *Between past and future*. Middlesex, England: Penguin Books, p. 191.
② Ibid., p. 195.
③ Ibid., p. 192.
④ 读者应谨记,阿伦特认为教育与学习不同,教育要在高中毕业以后就终止。

多元文化教育和阿伦特的保守主义：论记忆、历史性伤害和我们的共同感

断然隔离。①

乍一看，阿伦特的想法肯定行不通，例如下面这些事实中的政治和教育的关系（这只是我能列举的众多实例中的一部分）。在高度城市化的地区，56％的拉丁裔女性在毕业前就离开了高中。总体而言，女性比男性更容易感受到情绪压力。在女性中，拉丁裔的焦虑感最高。② 非白人高中学生，比白人学生在数学学习方面表现略差。在英语学科上，白人和非白人学生的差距持续增大。这两组学生的差异，在历史学科最为突出。女性群体对历史的喜爱程度普遍低于男性。③ 为了理解这些事实，我们怎么能不借助政治视角呢？此外，除非我们的教学不与政治隔离，而是深入植根于敏锐的、不知疲倦的政治分析，否则作为教育者的我们怎么能应对这些问题呢？事实上，如果是那样的话，我们该怎么教他们？（这样的政治分析说明，上述例子当中包含性别身份和权力、贫困和权力、种族主义和权力之间在过去和现在的关系。）理解社会权力、理解赋权的目标，不应该成为民主教育的核心吗？

面对这些问题，那些我所谓的"政治多元文化主义"的倡导者们，一直给出的是十分肯定的回答。④ 为了给那些因为历史原因而

---

① 例如：Aronowitz, S., & Giroux, H. A. (1993). *Education still under seige* (2nd. Ed.). Westport, CT: Bergin & Garvey, p. 210.
② Orenstein, P. (1994). *Schoolgirls: Young women, self esteem, and the confidence gap*. New York: Doubleday, p. 310. 注意，拉美裔整体的贫困率超过40％，而2/3的拉美裔人口是墨西哥裔美国人。这个事实与本章随后的内容有关。
③ Loewen, J. W. (1995). *Lies my teachers told me*. New York: New Press, p. 1.
④ 我把政治多元文化主义与斯坦利·菲什(Stanley Fish)所谓"精致的多元文化主义"做了区分。精致的多元文化主义者欢迎文化多样性，同时对于文化多样性所由产生的统治条件和不平等视而不见。菲什的讨论，参见 Fish, S. (1998). Boutique multiculturalism. In A. M. Melzer, J. Weinberger, & M. R. Zinman (Eds.), *Multiculturalism and American democracy*. Lawrence: University of Kansas Press, pp. 69-88.

被剥夺公民权利的人们增加权力和能动性,他们自觉把政治和教育联系了起来。因此,他们对美国历史投入了高度的关注和丰富的参与。他们说,我们的故事必须重新书写、必须得到纠正。胜利者造成的伤害、被征服者承受的苦难,都必须得到揭露。不仅如此,在巨大的压力之下,被压迫者为了保护自己的心灵和文化进行的斗争,也要得到展现。这些故事可以赋权给当前那些失语者,同时也给这个国家提供一种更复杂的、更少意识形态的自我理解。

对于多元文化教育的无论是自由还是保守的批评,都谴责了这种自觉的"政治化"。他们认为,政治多元文化主义的倡导者们质疑"历史赋予我们的(西方文明的)伟大遗产",结果导致"国家共同体的碎片化,成为飞地、贫民窟和部落的零碎组合"。① 此外,多元文化主义者也低估了西方文明的道德财富,带来了虚无主义和相对主义。简言之,就是令人无法容忍的混乱,容易被流行的政治风气所操纵。②

在这两种极端化的争论当中,双方都认同是多元文化教育把政治和教育做了联姻,双方的分歧在于如何评价这桩姻缘。③ 阿伦特

---

① Schlessinger, A. Jr. (1991). *The disuniting of America : The disuniting of a multicultural society*. New York: Whittle Communications, pp. 137-138; Woodward, C. V. (1998). Meaning for multiculturalism. In A. M. Melzer, J. Weinberger, & M. R. Zinman (Eds.), *Multiculturalism and American democracy*. Lawrence: University of Kansas Press.

② 这些讨论可以在许多地方找到。最著名的两个是:Bloom, A. (1987). *The closing of the American mind*. New York: Simon & Schuster; D'Souza, D. (1991). *Illiberal education : The politics of race and sex on campus*. New York: Free Press。

③ 政治多元文化主义的支持者,很快会指出反对教育政治化的人的独特之处,这些人同时远离自己对过去的理解、远离在任何争论中的知识遗产。讽刺的是,他们的反对自然成了一种典型的"政治性"运动。此外,我还要补充的是,欧文·克里斯托(Irving Kristol)和诺曼·波德霍雷茨(Norman Podhoretz)在右翼当中更为突出,因为他们诚实地承认政治和教育的相互纠缠,这也是他们接纳的一种状态。关于他们的声明,参见:Jumonville, N. (1991). *Contemporary crossings : The New York intellectuals in postwar America*. Berkeley: University of California Press, pp. 231-232.

多元文化教育和阿伦特的保守主义：论记忆、历史性伤害和我们的共同感

坚持认为有必要隔离政治和教育，这一点似乎会让她反对政治多元文化主义者的教学实践和主张。在此，我讨论的问题是，阿伦特的"荒谬立场"以及她支持的保守主义，对多元文化教育的支持者们有何意义？我认为，这些人对于历史的最深层次的冲动是鲍德温式的，也就是说要扩展我们试图归属于其中的历史，使之更加恐怖，也更加美丽。

我有资格以肯定的方式来回答这个问题，因为我相信阿伦特的教育保守主义既能说明也能强调多元文化主义最深层次的冲动。多元文化教育的倡导者，不仅仅是各种身份群体的支持者（尽管他们也经常是身份群体的成员），他们同时也是阿伦特意义上的这个世界的一分子。他们试图让经验和视角变得更加宽泛和多样［这个世界的居间（in-between）部分］，借此关于我们是"谁"的理解才会出现。推动他们回到过去，去挖掘和重新解读各种历史记录的，是各种伤害和剥夺，是各个人群所承受的各种形式的遗忘和排斥。所有这些，都扭曲了我们共有的这个世界，让这个共有的世界不再那么共有。最好的多元文化教育可以让我们的世界变得更加生动，被大家更积极地共同拥有，而不是要带来碎片化和飞地政治的危险。多元文化教育的拥护者们，是在试图保护这个我们共有的世界。

有很多理由可以表明，揭示和接纳多元文化教育的这一保守方面具有重要意义，其中最重要的是它打破了多元文化主义仅仅是另一种利益集团政治的"漫画"形象。这同样也有助于多元文化主义的拥护者识别过于单一的针对被压迫者的赋权和能动性的教学存在的危险。对于政治和教育之间的那种纠缠和冲突，多元文化教学必须获得某种探索性的理解。阿伦特式的保守主义是重新思考多

元文化教学,以实现这些目标的一种丰富的思想资源。

接下来,我将具体阐述阿伦特对政治和教育的区分,探讨阿伦特的这种区分建立在何种基础之上、着眼于何种目标。我将探讨我认为的阿伦特最棒的论点和最重要的关注点(我确信如此),反思这一区分对于当前有关多元文化教育的相关讨论的价值,并以奇卡诺/奇卡纳(Chicano/Chicana)的研究为例。奇卡诺/奇卡纳研究兴起于20世纪60年代末,脱胎于争取自主的奇卡诺运动。因此,这是一个特别有趣的案例,可以用来考察阿伦特的保守主义以及政治和教育之间的张力。这场运动由高中生发起,他们认为墨西哥裔美国人的文化和历史没有在课程中得到体现。不仅如此,迄今为止这场运动最重要的贡献仍在于课程方面。在考察这场运动引出的一些学术研究时,我们希望能在多元文化教育当中识别和澄清在政治和教育的联姻中存在的诸多问题和承诺。

阿伦特式的保守主义

汉娜·阿伦特的政治理论,启发了众多激进的民主主义者。阿伦特可以被认为是20世纪最重要的政治理论家。我以这个问题来作为开始:在教育和政治的关系问题上,阿伦特思想的实质是什么?为了解答这个问题,需要进行大量解读工作。因为,在阿伦特系统论述政治和教育关系问题的唯一文章《教育危机》中,存在一些异常晦涩的观点。接下来,我通过把她的观点置于她整个政治理论的宽广背景之下,来澄清这些问题。

我以质疑阿伦特这一区分的实质作为开始,因为在今天的教育

多元文化教育和阿伦特的保守主义：论记忆、历史性伤害和我们的共同感

背景下，激进教育者很难认真对待阿伦特的论点。这并非空穴来风。当前，父母、教师、管理者和市民一样，以各种方式放弃了自己对这个世界的责任。这要求政治和教育之间有更多而不是更少的联系、要求在课堂当中有更少而非更多的权威，要求一种更多指向社会变革的教学。我想到的情况例如，在众多学区内激增的、由营利型企业给学校提供的"礼物"（以获得在校园内大规模投放广告的机会）、专制型教学实践在课堂中的复兴、降格教育使之成为应对考试的工具、贫富学区在财政支持方面的严重不平等。[①] 然而，正如我要表明的那样，阿伦特对于权威的关注、对于过去的尊重，连同她对于政治和教育相隔离的主张本身具有重要价值。激进教育者如果继续忽略这些优点，那将是很危险的。

阿伦特认为，教育的本质必须是（在"保护"的意义上）保守的。阿伦特采用一种独特的现象学方法，通过提炼产生教育需求的存在的情境，来理解教育者的责任。从这个角度来看，无论时代和文化如何变迁，教育始终源于"旧"的一方要把新人引入这个世界的需要，以使这个有死的世界得到更新，因为所有有死的世界都必须如此。最初，在这些新人刚开始了解"这个如其所是的世界"[②]时，学校是他们超越家庭、了解广大世界的主要场所。因此，教育者的根本职责是把这些新人引入对他们来说总是已经在那里的旧世界。教育者的职责是告诉他们，"这是我们的世界"。这就是说，教育者必

---

① 关于资本对公立学校的入侵，参见：Manning, S. (Sep. 27, 1999). Students for sale: How corporations are buying their way into America's classrooms. *The Nation*, 11-18. 关于财政分配不公平对于识字能力的影响，参见：Coles, G. (1998). *Reading lessons: The debate over literacy*. New York: Hill & Wang, pp. 136-159.

② Arendt, H. (1954). The crisis in education. In H. Arendt. *Between past and future*. Middlesex, England: Penguin Books, p. 192.

须承担责任,向儿童传授一种归属感,一种成为人类家园一分子的复杂感情,而最初他是作为一个陌生人被召唤来的。为此,阿伦特认为,教育者必须"对过去报以非比寻常的尊重",必须试图"接受……这个如其所是的世界,努力保持现状"。[1] 阿伦特认为,在这种保护式的接纳当中,就包含了教育者的(必要)权威。

这些论点与阿伦特政治理论中的一个最深刻的、近乎宗教的审美感受产生共鸣,即对存在心怀感恩。为儿童的出场承担责任,为儿童的出现可能提出的要求做出反应,教育者必须像一位评论者说的那样,"对所给予的一切心怀神圣的感恩"。[2] 对于存在的奇迹的感恩,必定会对教育者教育年轻人的基本方法提供新的定向和指导。

但是,这种感受是很难获得的。我们希望这个世界不一样,带着愤怒、怨恨以及试图否定和对抗的欲望,来承受这个世界的残酷。然而,如果教育者想要成功向这个旧世界引入"新"事物,从而提供一种归属感,那么这种欲望就正是教师必须抵抗的。我们可以说,一定的政治宽容,正是教师的艺术。

因此,基于一些与人们熟悉的保守派论点(诸如对权威的需求、教育作为对构成这个世界的知识财富的传递等)相似的言说和观点,阿伦特认为教育者必须是保守的、必须在教育领域应用一种"权威概念"以及一种"指向过去的态度"。(这种概念和态度"不具有普

---

[1] Arendt, H. (1954). The crisis in education. In H. Arendt. *Between past and future*. Middlesex, England: Penguin Books, p. 192.
[2] Kateb, G. (1984). Hannah Arendt: Politics, conscience, evil. Totowa, NJ.: Rowman & Allenheld, pp. 163-178.

遍效力,因此也不能要求在成人世界普遍有效"。)教育是一段监护期。① 年轻人与年长者、教师和学生的关系,天然就是不平等的。因此,指导教学的基本原理与一般的成人生活以及作为特例的政治生活是严格对立的。事实上,阿伦特认为,当政治关系由权威和对这个世界的保守态度来构成时,那就是"政治的败坏,在(这里)这个世界必须每天更新",改变世界的行动是必要的。② 政治存在的必要性就在于自由,去行动、去"改变整体格局"的自由,在这里首要的、最基本的教育目标是归属感、是让世界成为新人的共有之地。③

因此,阿伦特提出了一对相互矛盾的范畴:一方面是教育,这事关监护、不平等、权威,以及保护这个所属的世界;另一方面是公共的政治生活,这事关平等、说服、改变、自由。然而,正如上文所述,阿伦特并不是为了传统的保守目标来制造这对矛盾。在论证政治和教育必须"断然隔离"的命题时,阿伦特认为"正是为着每个儿童身上新的和革命性的东西,教育才必须是保守的"。④ 正是为着采取行动的能力,儿童必须以"如其所是"的方式被引入这个世界。

于是,阿伦特关于教育与政治隔离的论点的实质,就在于儿童(新人)应该被谨慎引入被召唤的这个世界。因为这是一个不断变化的世界,儿童的出现同时标志着"已然如此"和"尚未如此"。这个"已然如此"的世界,是成人了解的世界。儿童必须在这些成人的指

---

① Arendt, H. (1954). The crisis in education. In H. Arendt. *Between past and future*. Middlesex, England: Penguin Books, p. 195.
② Ibid., p. 191.
③ Arendt, H. (1954). What is freedom? In H. Arendt. *Between past and future*. Middlesex, England: Penguin Books.
④ Arendt, H. (1954). The crisis in education. In H. Arendt. *Between past and future*. Middlesex, England: Penguin Books, pp. 192-193.

导下，对这个世界获得敏锐的了解，了解这个世界的理解网络、它的真实性、它的"不同并且往往是矛盾的方面"。如果缺乏这种知识深度，儿童长大后为这个世界带来独特、具体行动的努力就可能会失败，因为他既缺乏开始某些新东西的起点，也缺乏质疑并且采取不同行动的反思距离。进而，由成人基于一个不同的世界而提出的政治议程，不应决定教育的性质。如果那样，儿童本人的感受和愿望，就可能会被成人的欲望主宰，而这些成人的欲望是在一个对这些新人来说已经变旧的世界中出现的。[①]

因此，阿伦特式教育者的责任是双重的：一方面，要保护这个世界，来对抗"新"的行动。通过表达"这是我们的世界"来承担责任。这个世界是某种具体又复杂的东西，有某种深刻性，是顽固的，这就是它的故事，这就是它的外形。另一方面，要保护包括每个出生在这个世界上的人的独特性在内的那些特质和才能，而不要试图预先决定他们在这个将会成为其一员的世界当中应该如何行动。在这两种意义上，教育者都是保守的。他为这个"如其所是"的世界承担责任，以便让负责成为可能。最终，教育者的目的是让年轻人创造他们自己与这个世界的关系，并因此可以更新这个世界，使之成为一个适于人类栖息的宜居之地。阿伦特写道，"希望永远系于'新'之上"，问题永远在于如何教育年轻人，让他们可以采取必要的行动"重新矫正这个世界"[②]。

[①] 著名的詹姆斯·密尔(James Mill)的教育欺凌就是一个很好的例子。在教育儿子约翰·斯图尔特·密尔(John Stuart Mill)时，老密尔试图造就一个完美的功利主义者。但是，他塑造出来的实际上是一个与自身极度脱节的灵魂，这个状况最终导致了他的精神崩溃。

[②] Arendt, H. (1954). The crisis in education. In H. Arendt. *Between past and future*. Middlesex, England: Penguin Books, p.192.

多元文化教育和阿伦特的保守主义:论记忆、历史性伤害和我们的共同感

那么,在呼吁教育者要以"如其所是"的方式来保护这个世界时,阿伦特的用意是什么?看起来,这是一种政治上有害的禁令,维护了既定的霸权关系。但情况并非如此。为了更深入考察这个过于模糊的禁令,我们必须把它放到阿伦特持续关注的背景中去。首先是阿伦特对于事实真相脆弱性的关注。① 阿伦特认为事实不同于理性真理和逻辑真理,而是"那些作为人类共同生活和行动后果的事实和事件"。② 在极权主义政治经验带来的世界当中,有组织的谎言被完善了。出于对这个世界的关注和忧虑,阿伦特认为:"如今,如果有违一个群体的欢愉和利益,那么所谓的事实真相就将迎来比以往任何时候都要大的敌意。"③ 她曾注意到一些残酷的基本资料,认为这些东西应当构成我们共有的、真实的现实本身,譬如德国人曾支持希特勒、1940年的法国曾在德国军队面前崩溃。尤其是在提到这些具体事实时,阿伦特评论说,基于这些事实在德国和法国分别得到容忍的程度,它们就已经变成了某种单纯的意见,与这个世界的基础脱钩了。阿伦特相信,从事实降格为单纯的意见,是对后极权主义世界的一种持续存在的诱惑。

事实真相是脆弱的,因为它们有赖于我们是否愿意成为事实讲述者,即"为物之所是以及因此而向我们显现之样态作证"。④ 结果,

---

① 对于阿伦特这一主题的进一步反思,参见: Arendt, H. (1951). Ideology and terror. In H. Arendt. *The origin of totalitarianism*. New York: Harcourt, Brace & World, pp. 460-479; Arendt, H. (1969). Lying in politics. In H. Arendt. *Crises of the republic*. New York: Harvest; Arendt, H. (1954). Truth and politics. In H. Arendt. *Between past and future*. Middlesex, England: Penguin Books.

② Arendt, H. (1954). Truth and politics. In H. Arendt. *Between past and future*. Middlesex, England: Penguin Books, p. 231.

③ Ibid., p. 236.

④ Ibid., p. 229.

这种意愿又部分有赖于人们的反政治能力（在超越党派的意义上）：不基于个人认同、不基于个人利益、不基于某种偏私，既为胜利者也为被征服者歌唱，从而致力于保护那些属于人的事物，无论这些事物是敌是友。在这个意义上，事实讲述者是这个世界的支持者。

这样的事实讲述者与政治行动者的基本动机之间存在巨大张力，因为政治行动者的目的是改造这个世界。事实上，政治行动者总是受到诱惑，用事实真相的反面也就是谎言来拒绝事实真相。因为，谎言巧妙绕开了事实真相的奇异和明显的一面，这总会阻碍行动者让世界有可能变得不一样的希望。尽管阿伦特的政治理论专门致力于关注政治生活的复兴，以及我们通过开始新事物来改变事件进程的能力，但是她仍然认为包裹在各种伪装之下的事实讲述者，对于人类的蓬勃发展是绝对必要的。阿伦特认为，如果没有这种讲述事实的意愿，就不会有相对的永恒性，就没有足够的起点来采取行动，在我们对正确行动方案作出判断时也就没有立场去承担责任了。政治必须接受那些不受我们意愿控制的因素的限制，必须尊重自己的边界。"从概念上来看，我们可以把事实称为某种我们无法改变的东西。打个比方，事实可以说就是我们脚下的大地以及我们头顶绵延的天空。"①

因此，当阿伦特说教育者必须承担以"如其所是"的方式来保护这个世界的责任时，这种大地或天空形象的重要性和脆弱性以及作证的意愿，就构成了她最热切的关注点。与其他许多事实讲述者类

---

① Arendt, H. (1954). Truth and politics. In H. Arendt. *Between past and future*. Middlesex, England: Penguin Books, p. 264.

多元文化教育和阿伦特的保守主义：论记忆、历史性伤害和我们的共同感

似，教育者必须成为那常常面临危机的事实真相的尊严的守护者。①

对于教育者来说，这实际上意味着什么呢？让我以向年轻人介绍美国奴隶制为例。为了以"如其所是"的方式来承担这个世界的责任，阿伦特含蓄地要求作为事实讲述者的教育者，戳穿奴隶主（政治行动者）散布的谎言和自我欺骗，改变自己并保护自己免受残暴和虚伪的蓄奴制残酷基本事实的影响。托马斯·杰斐逊（Thomas Jefferson）为教育者提供了一个引人入胜的案例。

杰斐逊带着一种在蓄奴者当中盛行的观念，认为奴隶是幼稚的，因为他们缺乏远见。事实上，历史学家们认为这个观念在他头脑中的分量颇重，成为其解放奴隶的一个绊脚石。② 他最喜欢用的缺乏远见的例子，来自他自己的奴隶。正如杰斐逊经常说的那样，"（随着夏季临近，）奴隶们会丢掉自己的毯子，完全不想一想他们以后会怎么样，无论他们那时身处何地，他们常常因粗心大意将毯子丢在森林里或者田野里"。③ 然而，如果我们详加考虑，就会发现事实大不相同。正如历史学家露西娅·斯坦顿（Lucia Stanton）评论的那样，美国南方没有奴隶不重视毯子。此外，历史资料也显示，他的监工并不总是遵从杰斐逊的指示，按照常规的三年期间隔来派发新毯子。有讽刺意味的是，这些奴隶的行动，看起来更像是表现了一种颇有远见的计算。由于算到了杰斐逊会弥补他们的损失，所以奴隶们通过这些手段就可以得到一条新毯子来替换旧毯子，也可以把

---

① 阿伦特把历史学者、记者、艺术家、哲学家、科学家、事实调查员，也纳入了事实讲述者的范围。参见：Arendt, H. (1954). Truth and politics. In H. Arendt. *Between past and future*. Middlesex, England: Penguin Books, p. 260.

② Stanton, L. (1996). *Slavery at Monticello*. Thomas Jefferson Memorial Foundation, p. 41.

③ Ibid.

新毯子当成一条"额外的"毯子或者干脆卖掉。①

记住这则案例,以"如其所是"的方式为这个世界承担责任,意味着教育者必须教会儿童有关奴役的残酷真相。基于这种事实上的残酷性,儿童就可以理解诸如杰斐逊这样的奴隶主采取的自欺欺人的策略,以及那些奴隶采取的生存策略了。对这种事实真相负责,教育者可以教会儿童如何在人们知觉到的不同世界中生活。阿伦特认为,"有关同一个(对象)"的那些"不同的并且往往是相反的方面",构成了"这个世界"、我们共有的世界。在这个例子当中,通过对快乐而幼稚的非洲奴隶的强大刻板印象,真相的脆弱性变得显而易见。即使到了今天,这种刻板印象也仍然承载着某种意识形态的力量。

然而,阿伦特坚持认为,事实真相是存在的,不是每件事都可以最终化约为意见。鉴于阿伦特有关教育者要保护"这个如其所是的世界"的要求背后的第二个关键点,这种坚持就显得尤其重要了。这一点就是,我们生活在一个后传统世界当中。我们的世界变得错乱,过去的思考方式不再能说明当前的事件。我们站在另一边,并非出于自愿但又无可逆转地与一个由权威建立并由传统维系的世界决裂。② 在那个世界中,传统保护了记忆、承诺人类经验是有价值的;传统从过去当中寻找试金石并提供给新人,让他们在一个陌生、全新的时代开辟自己的道路。传统选择和命名、传递和保护,因而表明"财富(在)哪里,这些财富的价值(为何)"。通过在有序的"时

---

① Stanton, L. (1996). *Slavery at Monticello*. Thomas Jefferson Memorial Foundation, p. 41.
② Arendt, H. (1954). The crisis in education. In H. Arendt. *Between past and future*. Middlesex, England: Penguin Books, p. 195.

多元文化教育和阿伦特的保守主义:论记忆、历史性伤害和我们的共同感

间序列"里传递过去,借助过去的绝对重要性来给现在提供确定的形式,过去就在传统中得到了保护。①

阿伦特理解的教育者的保护责任,与这个靠着传统来维系的世界之间,存在某种天然的契合。但这不是我们的世界,教育者同样有责任面对这一事实。于是,我们必须强调,怎样才是我们的世界?我们对于这个问题的回答,对于教育者意味着什么?我们的世界是多变的、多元的、多视角的。我们这个世界的世界性本身,就来自它的居民的多元立场和视角的多样性。②如果没有传统力量在建立和维系我们的世界方面的权力,我们就只能凭借他人各自不同的视角,来证实一种对于共有世界的理解是存在的。③当这种视角和立场的多样性被排除以后,就不能说我们拥有一个世界,或者说有一个足以联系和分隔我们的空间了。事实上,在一个没有传统的世界当中,我们对于共有世界的理解是完全不确定的。可以说,这种对于共有世界的理解,在现在得到了锤炼。这包括对事实真相持续、公共的见证,回答哪些经验、谁的记忆(以及为什么)被认为是对过去最重要的叙事建构。当相关的视角和立场被排除(例如,关于奴隶的知识以及奴隶的视角),我们认识这个与他人共有的世界的能力就减弱了。因此,我们那种寄居于一个共有的世界的意识,有赖于各种公共场所中持续存在的来自不同人的公开的证词、争论以及

---

① Arendt, H. (1954). Preface: The gap between past and future. In H. Arendt. *Between past and future*. Middlesex, England: Penguin Books, p. 5.

② Curtis, K. (1999). *Our sense of the real: Aesthetic experience and Arendtian politics*. Ithaca, NY.: Cornell University Press.

③ 这重复了阿伦特的论点,参见:Arendt, H. (1958). *The human condition*. Chicago: University of Chicago Press. 同时,也参见我在以下这本书当中的讨论,尤其是其中的第 2 章:Curtis, K. (1999). *Our sense of the real: Aesthetic experience and Arendtian politics*. Ithaca, NY.: Cornell University Press.

对话。教育者有责任传递给年轻人的,正是这个充满争议的世界。

如前所述,当事实真相变得脆弱时,当传统不再能维护这个世界的居间性时,当过去已经变成"一堆残骸"①时,像阿伦特那样要求教育者去效忠"这个如其所是的世界"以及"如其所是"的做法,就不能以一种常见的保守方式来理解了。这不是一种禁令,似乎要将这个世界当作一个固定、稳定的知识系统、一种可以传递的毫无歧义的遗产,以便来复制这个共有的世界。那些继续以传统方式来理解这个世界的人,本质上说是在助长对反动和浪漫的渴望。

为反对那种防御性的教育保守主义,阿伦特提供了一种不同的可能性。教育者在告诉儿童"这是我们的世界"时,他的责任是保护我们脆弱的事实真相,以及构成我们共有的世界的那些当前的争论和变化的轮廓。我们那种保护的冲动,必须面向多样而又顽固的世界。对这个世界的客观以及主观的居间部分的责任,定义了阿伦特式教育者的保守主义。教师会是这个世界支持者。他的责任是给新人介绍我们争论的领域,包括指向过去的不同路径。② 学校不再是服务于变革的持续、公共的政治争论场所。这种持续、公共的政治争论场所,其实是成人生活的世界。相反,学校是向新人介绍这个充满争议的世界的场所,他们必须继承这个受事实约束的有争议的世界。对于这个"如其所是的世界"来说,如果新人希望自己在走向成熟以后可以通过行动来更新这个世界,他们(首先)就必须归属

---

① 在西方传统终结以后,"过去"的状况就是如此。这是阿伦特的描述。参见阿伦特为瓦尔特·本雅明(Walter Benjamin)的《启迪》一书所写的导言:Benjamin, W. (1969). *Illumination*. New York: Schocken Books.

② 我并不是要排除教学在其他年龄或生活方式上的重要性,也不是要排除在这些时间段中生活以及探索其成就的能力的重要性。我的要点在于,教育者的权威不在于把这些当作过去时代的确定无疑的遗产。

于其中。

把年轻人引入这个世界的责任背后,包含了教育者的权威。这种权威,适宜为年轻人的政治生活做准备。教育者教孩子们忠于多元性和争论(以真理为边界),而不是忠于一种特定的政治、党派的议程。作为这个世界的支持者,阿伦特会教育他,"从另一个人的角度来看待这个世界,从许多并且往往相互对立的角度来看待同一个东西"。

多元文化教育:对于奇卡诺/奇卡纳研究的反思

至此,我们可以得出这样的结论:阿伦特的思想并非传统的保守主义。教育者的权威在于接受对事实真相和我们这个世界的争议领域的责任。但是,教育者应该如何承担这样的责任呢?阿伦特关于教育和政治的区分是一个有用的指导吗?我们将会看到,答案既是肯定的也是否定的。

为了对这个世界承担责任,教育者就不能偏私。阿伦特认为,这种态度只有在政治领域之外才能获得。在谈及历史学家讲述事实的权力时,阿伦特把荷马作为榜样,认为当荷马为阿基里斯和赫克托尔、希腊人和野蛮人吟唱时,他就是西方传统中第一位不偏私地既为胜利者也为被征服者发声的人。在把荷马那种不偏私作为自己的榜样时,阿伦特呼吁一种朝向过去的态度,以呼应事实真相的脆弱性:对于承受和忍受了什么、抵抗和战胜了什么,简言之就是对那些为"这个如其所是的世界"做出贡献的人们身上发生的事情进行充分的表达。这样的不偏私要求一种对于这个世界的艰辛之爱,我早先说过,这种爱是近乎宗教情感般的感恩。

阿伦特以最严格的方式,对比了这种对待过去的不偏私的态度与政治行动者的态度。无论是试图维持一个集团的霸权,还是以更公正之名试图推翻霸权,政治行动者都是出于一种党派的目的而诉诸过去。并且,因为这就是他们的目的,所以他们总是要改变关事实"是什么"的建构,来为自己的新行动开辟道路。因此,政治上的党派分子不值得信赖,他们不能同时为胜利者和被征服者的行动吟唱。他们关于这个世界的故事总是有偏向的,事实总是被重新加工过的。尽管事实真相未必一定会被否认(尽管这种诱惑可能是压倒性的),但是也常常会被重新组织,结果就模糊了那些非党派分子可能会揭示的这个世界的一些面向。可以说,在政治当中这是必要的,但是对于阿伦特式的教育目的来说,这就是破坏性的了。阿伦特的目的是,向年轻人介绍"这个如其所是的世界",使得对那个旧世界的更新成为可能。

从这个角度来看,阿伦特的保守主义对于政治多元文化主义表现出了严厉的批评。这不是因为传统保守派认为的"政治化"攻击了我们引以为傲的知识遗产,而是因为它对这个世界造成了伤害。它不是把儿童引入这个旧世界,而是让他们为了一个成人乐于见到但是尚未实现的世界做好准备。在这样做时,政治的党派性目的和视角,掩盖了构成这个如其所是的世界的立场和视角的复杂性。如果希望年轻人在走向成熟以后能够不重复旧世界的统治形式,而是通过自己的行动来更新这个世界,那他们就必须了解这种复杂性。简要回顾最近关于奇卡诺历史的讨论,教育者在试图对这个世界负责任时,阿伦特提倡的那种荷马式的不偏私的优势,就会显得明晰

多元文化教育和阿伦特的保守主义：论记忆、历史性伤害和我们的共同感

起来。

奇卡诺运动在1968年登上公共舞台。东洛杉矶的高中生走上街头，要求结束种族主义，要求进行课程改革以包容他们的文化和历史，要求言论自由并雇佣墨西哥裔的教师和管理者。在一个半星期内，学生们关闭了洛杉矶城的学校系统。他们的行动催生了奇卡诺学生运动的形成，以及更大范围的奇卡诺权力运动（Chicano Power Movement），其中学生运动是最重要的一个组成部分。除了上述要求之外，文化自主和民族自治权、与美国白人平权，成为奇卡诺权力运动的核心目标。① 这是有史以来第一次基于非白人的、本土墨西哥裔的身份和文化，基于墨西哥裔美国工人阶级的利益②，试图团结墨西哥裔美国人的努力，以新的奇卡诺民族主义之名来寻求权力的努力③。

在整个奇卡诺民族主义运动期间，课程改革始终是一个组织核心，这些斗争的结果令人印象深刻。例如，作为这个运动的结果之一，加利福尼亚三级高等教育系统的所有学院和大学都接纳了奇卡诺研究这个专业方向。在大多数机构当中，教育目标被自觉地政治化了。他们想要扩展和加深大学在教育和文化上的使命，使其能够更好地给墨西哥裔美国社区提供资源，满足他们的急切需求。这些需求包括：通过了解和欣赏墨西哥裔美国人的文化遗产，维持自信和文化自豪感；通过发展学生的双语能力和双文化能力，提升他们

---

① Munoz, C. (1989). *Youth, identity, power: The Chicano movement*. New York: Verso; Gutierrez, R. (1993). Community, patriarchy, and individualism: The politics of Chicano history and the dream of equality. *American Quarterly*, 45(1), 44-72.

② 与之相比，"统一拉美裔美国公民联盟"的那些自由同化主义者，是要推动墨西哥裔美国人作为一个白人族群。

③ "Chicano"这个词本身来自墨西哥裔美国人中的工人群体。

为自己那些大多非常贫困的社区服务的能力。简言之,目的在于利用大学来培养一种自主的奇卡诺民族身份,并且以此作为改善奇卡诺社区的关键。①

重新书写历史构成了核心的目标。这样,奇卡诺人经历的种族和阶级上的附庸化过程,就可以被写进历史了。于是,在 70 年代早期,奇卡诺人开始书写严肃的修正主义历史。② 他们的历史始于 1848 年,随着美墨战争的结束,他们的土地开始与美国接壤,奇卡诺人开始成为学者们所谓的"内部殖民地"。他们认为,从 19 世纪中叶开始直至现在,这种在社会、文化和经济上的内部殖民状态仍然没有改变。③

经济剥削和种族主义是内部殖民分析架构的核心主题。通过一系列典型的殖民手段,墨西哥裔美国人被认为是受害者,这与欧洲白人在全世界范围内对于非白人的所作所为类似。这种内部殖民的条件,在政治上的回应就是奇卡诺文化民族主义。事实上,从提升奇卡诺人的社会、经济、政治条件的立场来看,这种历史图像的优点在于它提出了一种清晰的政治议程。叠加在这种历史之上的,

---

① 《圣巴巴拉计划》(*El Plan de Santa Barbara*)是一份服务于墨西哥裔美国人高等教育问题的总体计划,于 1969 年在圣巴巴拉(Santa Barbara)召开的一个为期三天的会议上提出。该计划作为附件,完整附录于 Munoz, C. (1989). *Youth, identity, power: The Chicano movement*. New York: Verso. 同时参见该书第 127—169 页。

② 20 世纪 70 年代最重要的作品是:Acuña, R. (1972). *Occupied America: The Chicano's struggle toward liberation*. San Francisco: Canfield Press;del Castillo, R. G. (1979). *The Los Angelos Barrio, 1850-1890: A social history*. Berkeley: University of California Press;Camarillo, A. (1979). *Chicanos in a changing society: From Mexican Pueblos to American Barrios in Santa Barbara and Southern California, 1848-1930*. Cambridge, MA: Harvard University Press.

③ 在第二版当中,鲁道夫·阿库尼亚(Rodolfo Acuña)修订了自己的立场,认为殖民模式最好限于 19 世纪。

多元文化教育和阿伦特的保守主义：论记忆、历史性伤害和我们的共同感

是收回阿兹特克（Aztecs）故土阿兹特兰（Aztlán）的梦想。（阿兹特兰从墨西哥一直延伸到了今日美国西南部的大部分地区。）

在这些历史被书写的二十多年里，它们一直自觉地服务于改革的政治抱负。如今，它们受到严格的批判性审查，有时甚至是由原作者来进行的。① 批判者呼吁对种族和阶级关系进行更为复杂的描述。于是，批评的焦点就在于，这些作品是基于过分党派化的目的而诞生的。它们过于意识形态化了，并且出于这个原因来"扭曲"记录以满足当时的政治需要。正如与阿伦特思想一脉相承的历史学家托马斯·阿尔马格（Tomas Almaguer）指出的那样，在他自己的作品以及其他人的作品当中，关键的事实被忽略了。

尤其是为了强调种族主义、强调盎格鲁人与墨西哥裔美国人之间的冲突，修正主义的奇卡诺历史学者忽略了在盎格鲁人介入之前就已经存在的种族统治制度。例如，基于对加利福尼亚的研究，阿尔马格指出了在美国吞并墨西哥部分领土前后针对美洲原住民的大范围蓄奴，墨西哥大牧场主阶级对于美洲原住民的残忍压迫。这种对于精英分子在种族统治问题上的共谋关系的模糊化处理，掩盖了墨西哥裔美国人内部的阶级分层，提供了一种虚假的关于奇卡诺共有历史的理解。

在这种修正主义历史描述当中，美洲原住民几乎完全被忽略了。相关的历史仅仅包含墨西哥裔美国人和盎格鲁人，掩盖了三个不同群体在该地区经常进行残酷冲突的事实。其中，墨西哥裔美国

---

① 例如：Almaguer, T. (1989). Ideological distortions in recent Chicano historiography: The internal model and Chicano historical interpretation. *Aztlán*, 18(1), 7-28; Saragosa, A. (1987). The significance of recent Chicano-related historical writings: An appraisal. *Ethnic Affairs*, 1(1), 27-42.

人从属于盎格鲁人。相比于美洲原住民而言,墨西哥裔美国人在社会、经济和政治等级当中的位置更高。

由于几乎完全忽略了其他种族化、殖民化的少数族裔,这些早期的历史叙述无法为理解 1848 年后墨西哥裔美国人在种族和阶级等级中的相对处境提供背景。尤其是,墨西哥裔美国人的地位显著高于西南部的其他少数族裔。事实上,有讽刺意味的是,批准美国吞并墨西哥西南部的《瓜达卢佩-伊达尔戈条约》(*The Treaty of Guadalupe-Hidalgo*)将墨西哥裔美国人定义为白人。这与黑人和美洲原住民的非白人地位形成了强烈的对比,给墨西哥裔美国人提供了重要的法律保护,但该法律规定实际上又很难均衡地覆盖整个族群。①

这种对于西南部各派力量整体格局的简化,是早期奇卡诺民族主义课程培养的年轻人的普遍共识。但是,以如此接近政治动员的方式发展出来的历史,对于那些与奇卡诺人的党派化目标无关的重要存在者(即其他少数族裔)来说是不公平的。奇卡诺历史形成了一种独特的遗忘形式,对于奇卡诺人的阶级构成提供了一种虚假的、简化的看法,结果让奇卡诺人无法站在美洲原住民的立场看待同样的世界。可以说,这既是一种讽刺,也是一种悲剧。在这种历史性的自我理解当中,世界的居间部分是贫瘠的,无法让年轻人了解所处世界的争议领域,不能帮助年轻人理解在不同少数族裔之间培养团结的必要性。通过歪曲这个世界,这种历史对于奇卡诺人的政治判断和行动能力构成威胁。而正是这些能力,可以让他们并非

---

① 例如,男性可以合法地投票、参与陪审、在法庭作证、在本地和州立法机关服务。[Almaguer, T. (1989). Ideological distortions in recent Chicano historiography: The internal model and Chicano historical interpretation. *Aztlán*, 18(1), 7-28.]

多元文化教育和阿伦特的保守主义：论记忆、历史性伤害和我们的共同感

复制旧世界的统治形式（例如，种族化的阶级关系），而是有可能去开创一个新的世界。

在这个问题上，阿伦特对于事实脆弱性的关注，关于历史学家不要偏私、历史学家有责任成为这个世界的支持者的呼吁，看起来都是至关重要的解药。多元文化教育者必须以这样一些非党派性的问题作为驱动：我们是谁？在我的叙事中，谁必须出场？从他们的立场来看，这个世界看起来是怎样的？对于理解、对于尽可能人性的角度来说，哪些被遗漏的事实和事件至关重要？因此，多元文化教育者需要阿伦特的保守主义：他必须把党派政治与教育年轻人的责任隔离开；他必须像荷马那样，在他们的全部复杂性上既关切胜利者也关切被征服者。

然而，这种不偏私尽管至关重要，但它同时也相当不充分。因为，教育者承担阿伦特倡导的为保护这个世界承担责任的能力，深刻寄生并且纠缠于政治化的过程之中。正如我要展示的那样，正是这种纠缠使得我们无法无条件地接受阿伦特提出的教育与政治的断然隔离。

为了发展这一点，我们必须提醒自己，产生多元文化教育需求的条件是统治和从属。在其中，意识形态的扭曲、谎言、沉默以及欺诈的复杂网络会主导和左右公共知识，当然这也包括历史课上用到的那些课程材料。[①] 为了突破这些，教育者需要强大的批判能力。而如果教育领域和政治领域是隔离的，或者不偏私成了我们为这个世界承担责任的首要原则，那么这样的能力就不能得到充分发展。

---

① 詹姆斯·洛温（James Loewen）对于美国初高中历史教科书内容的研究，是揭示美国历史课堂上被传递的公共知识的意识形态本质的极好来源。

那么，是什么在培养教育者的这种批判性思考能力呢？最重要的一项，就是通过被压迫者的眼光来看待这个世界的能力。当然，问题在于被压迫的条件本身就意味着被压迫者的观点并非唾手可得。他们的磨难、他们的胜利、他们对事情的看法，都隐藏在公共知识的表面下。

因此，必须允许被压迫者发声，他们的发声需求正是推动多元文化教育者前进的动力——当然，教育者本人也往往是被压迫者中的一员。但是，情况实际上还要更加复杂。因为，在被压迫者当中，所谓被压迫者的看法（如果存在的话）往往会以非常不成熟的方式存在于他们中间。发声的过程包含了对于政治、社会和经济系统的复杂探索，这种探索不仅是对一个被遮蔽的世界或者已经存在于那里的视角（在这种情况下，阿伦特关于不偏私的要求已经足够了）的简单揭露，而是要推动这个世界和这些视角的形成。这个任务是高度政治性的。它要求政治意识的增强，而唯有在持续的、旨在改变这个世界、终结压迫的政治运动当中，这一切才有可能实现。

因此，假设社会学科教师希望向学生们介绍包括保税加工制度在内的美墨关系。基于墨西哥政府和美国政府于1965年达成的协议，该制度允许外资企业（多是美国企业）在墨西哥开设装配厂，并将产品算作墨西哥出口的产品（尽管几乎没有任何部分是在该国制造的），以避免高额的关税，同时又能享受当地廉价的劳动力。在保税加工工厂劳动的人，多数是年轻女性和儿童，他们为了略高于温饱线的收入去参加工作。由于工作节奏快、强度大，员工的年离职率高达50%至150%之间。每天都有数千的美国管理者跨越边境，带着高薪回到自己的家,却对聚集在边境城镇的数百万墨西哥人日益绝望的边境文化漠不关心。①

如果教育者要向学生们介绍美墨关系的这一方面,负责任的做法需要了解这样一些问题,包括劳动者是谁、他们的劳动条件是怎样的。如果发现这些劳动者是贫穷且被剥削的、沉默且无组织的,他就需要了解更多。为了达到这个目的,政治学和社会学的事实可以很好地帮到他。但是,他可能同样需要了解这个世界在这些劳动者看来是怎样的,更多了解他们是谁。为此,他将需要转向不同的历史话语,这些话语对于那里的民族性建构来说至关重要,并因此至今仍是在保税加工工厂劳动的墨西哥人的事实条件。所谓不同的历史话语,具体来说就是奇卡诺女性主义学者的工作,她们努力让自己成为发声主体,同时批判地检验和采用关于种族、生理性别、民族身份的历史话语和意识形态建构。这一切从墨西哥征服(The Conquest of Mexico)时期以来就已经出现了。

特别之处在于,奇卡诺学者再次对征服时期出现的摩尼教的瓜达卢佩(Guadalupe)和马林奇(Malinche)进行了批判性考察,并一直

---

① 对于华雷斯及其美国邻居埃尔帕索的一个令人不安的观察,参见:Bowdon, C. (1995). *While you were sleeping*. Harpers, pp. 44-52; Bowdon, C., Galeano, E., & Chomsky, N. (1998). *Juárez: Laboratory of the future*. New York: Aperture. 查尔斯·鲍登(Charles Bowden)报告说,当他从华雷斯来到埃尔帕索,"没人注意过这个地方;每天就这么过去,在埃尔帕索的报纸上没有一丁点儿关于华雷斯的新闻"。尽管在1995年,华雷斯有520起谋杀案发生,这还不包括其他可能有新闻价值的事件,但是情况就是如此。[Bowdon, C. (1995). *While you were sleeping*. Harpers, p.52.]

用其来定义墨西哥人和奇卡诺人的选择。① 瓜达卢佩是一个善良的女人,是圣母玛利亚的本土代表。尽管她拥有超自然力,但是她的特点是沉默和母性的牺牲。与此相反,马林奇是个邪恶的女人。她被阿兹特克人卖为奴隶,成了科尔特斯(Cortez)的情人和翻译,同时也成为梅斯蒂索人(mestizo)传说中的母亲。她之所以邪恶,是因为作为一个土著翻译,她敢于独立于一个母亲的角色来发声,敢于为她自己发声。在这方面,她背叛了自己的文化,这个梅斯蒂索人的母亲就成为被卖掉的(La Vendida)、被性侵的人(La Chingada)(这个词如今继续在压迫当代墨西哥人和奇卡诺人)。奇卡诺学者诺尔玛·阿拉孔(Norma Alarcón)认为,由马林奇象征性诞生的梅斯蒂索人的主体性,从一开始就"拒绝和否定黑印第安人母亲作为印第安人,它强迫女性作为共谋来背叛自己,并且实际上否定了印第安人的立场,即使这个立场已经在视觉上风格化了,并且在形成祖国的过程中被表现了出来"②。

在这类研究当中,教育者可以通过征服和殖民,去把握女性身体和女性主体在服务其他各种权力的过程中被种族化、性别化和错位的多种方式。分析在污蔑、扭曲、摆布本土女性时的意识形态建构,把阿拉孔所说的"一个最清醒的参照点"带入我们的视野:在保

---

① 奇卡诺人和墨西哥人完成了大量的作品。对于其中的一些最重要作品的讨论和分析,参见:Alarcón, N. (1989). Traddutora, traditora: A paradigmatic figure of Chicana feminism. *Cultural Critique*, 13, 57-87. 两部著名的作品是:Anzaldúa, G. (1987). *Borderland/La frontera: The new mestiza*. San Francisco: Aunt Lute Books; Moraga C. (1983). *Loving in the war years: Lo que nunca paso por sus labios*. Boston: South End Press.

② Alarcón, N. (1999). Chicana feminism: In the tracks of 'the' native woman. In C. Kaplan, N. Alarcón, & M. Moallem (Eds.), *Between woman and nation: Nationalisms, transnational feminisms, and the state*. Durham, NC: Duke University Press, p. 68.

多元文化教育和阿伦特的保守主义:论记忆、历史性伤害和我们的共同感

税工厂工作的人,绝大多数都是梅斯蒂索人中的女性混血儿,她们"被迫面对"多种力量,其中一些是显而易见的,更多的仍"有待识别"①。这些女人常常单身、常常带着孩子,她们没有霸权家长制的"庇护",没有人来确保她们的存在是合法的、确保她们在性和种族层面上是"体面的"②。

为了在边境以及在保税工厂项目中对这个如其所是的世界负责,社会学科教师一定要从大多数女工的立场去观察这个世界。为此,他需要以一种绝对新颖的方式来面对过去,这体现在迅速兴起的奇卡诺女性主义研究之中。然而,这种研究本身是因为"奇卡诺权力运动"才成为可能的,它本身的目的是自觉地党派化,旨在识别种族、性、国家、民族的权力系统中可以生成女性发声主体的各种关系。正是靠着这些党派化的奇卡诺人,他们为了理解而做斗争,这种理解将用来终结对奇卡诺人或墨西哥人的压迫,终结作为劳动者、家庭成员以及(此前提到过的)在美国学校中有着极高辍学率的年轻学生承受的那些隐形苦难。为了让他们生活中的基本事实能够得以"表现",这样的党派性是必要的。

我的上述讨论是为了提出,为了在阿伦特的意义上对这个世界负责,教育者既要小心地保持不偏私,也要采取亲密、同情甚至党派化的立场。教育者既要欢迎又要抵制多元文化教育中包含的政治面向,他们一定是深刻寄生于这样的政治实践当中的。他们的工作

---

① 我改写了阿拉孔(Norma Alarcón)的观念。[Alarcón,N. (1999). Chicana feminism: In the tracks of 'the' native woman. In C. Kaplan, N. Alarcón, & M. Moallem (Eds.), *Between woman and nation: Nationalisms, transnational feminisms, and the state*. Durham, NC: Duke University Press, pp. 68-69.]

② 缺乏庇护而导致的脆弱性,最残酷的表现是遭受暴力事件的概率很高,包括横死街头。(Bowdon, C. (1995). *While you were sleeping*. Harpers.)

要求持续、深刻地理解权力和知识的联系。然而,如果教育者在赋权时的目的过于单一和党派化,那么他们就不能履行对年轻人的基本职责,也就是向他们介绍我们的世界。因此,阿伦特对于教育和政治的断然隔离也就无法维系了。然而,在推进政治化的教育时,我们也不能离开这种张力。

在本章,我试图说明教育者面临的这种张力,但是并未解决这一问题。事实上,正是这种复杂的张力,推动着多元文化教育的拥护者去研究历史。如我所说,多元文化主义者转向历史的最深刻的动机,在于讲述他们的故事(在鲍德温式的意义上),来塑造我们的集体以更充分、更深刻的方式面向现实(而非虚构)的能力。这样的历史叙事可以帮助我们打破人类思想、关系、制度当中的僵局,各种形式的权力和控制正是借助这种僵局不断复制自身。这些新故事包含的解说现状的不同方式,可能引起"追忆的眼泪",追忆那些被遗忘的伤痛、被抹去的苦难、被合理化的不义,它们与各种人间悲剧有着复杂的共谋关系。① 这些泪水让我们可以用更深刻、更多样的方式来看待同一个世界。这种视角让我们有可能与我们所属的这个总是更加可怕,同时也更加美丽的世界达成一种和解。

尽管并不完美,但是阿伦特的保守主义使我们能够认识到多元文化主义如何拓宽并使我们对"我们"是谁的理解更加复杂化,以及它"保护"我们共有的世界的方式。对于教育的这种保守本质,大多数激进教育者的理论化程度都不够充分。这种保守并不是要忽略或者否定多元文化教育取得的成绩。用激进教育者亨利·吉鲁的

---

① 这个短语是阿伦特的。[Arendt, H. (1968). On humanity in dark times: Thoughts about Lessing. In H. Arendt (1968). *Men in dark times*. New York: Harvest.]

话来说,作为一种后殖民话语的这种"断裂的实践","会质问谁在叙述、为了什么样的听众、在何种背景下以及服务于哪些目标"。① 毋宁说,教育的保守本质是要重述和重申教育实践,让我们共有的世界以更复杂的模式结合在一起。要实现这一点,不是因为多元文化教育带来了更加明确的身份,而是因为它用来说明问题的方式,以及让那些此前被遮蔽和忽略的生活与视角得以发声的方式。这种保守教育追问的是:谁在场?我们是谁?它试图使我们作为人的故事,不再是这个共有的世界当中的虚构或者意识形态化的概念。

---

① Giroux, H. (1993). Multiculturalism under siege in the Reagan/Bush era. In S. Aronowitz & H. A. Giroux (Eds.), *Education still under siege* (2nd ed.) (pp. 195-212). Westport, CT: Bergin & Garvey, p. 197.

阿伦特是一个多元文化主义者吗？

安·莱恩

在我任教的加利福尼亚大学圣克鲁兹分校（University of California,Santa Cruz）美国研究系，有40%—50%的学生是有色人种。我无须提及加利福尼亚州目前的人口统计状况，美国其他绝大多数地区也与我所在专业的人口状况相似。我们的许多学生都是积极分子，他们热心参与了众多话题，包括社区组织、环境正义、原住民条约权、文化更新、内城改造、监狱改革、可持续农业、新媒体和文化生产、移民问题、平权法案、社区卫生、反种族主义以及可再生资源等等。

在我最近举办的"汉娜·阿伦特和美国政治文化"研讨班当中，参与者包括：一名现居内城的中美洲男性难民，他的许多朋友都已被监禁或者惨遭杀害；一名来自加州康普顿市的非裔男性，他为了与问题青年接触，拒绝把自己的街头语言改变为学院派的风格；一名有日裔、爱尔兰裔血统的美国男性，他致力于扩大日美赔偿运动（Japanese-American Reparations Movement）的跨文化关联性；一名年轻的白人女性，她曾是洛杉矶的一名帮派成员；一名日裔女性，她目前就职于国际有色女性主义者联盟；一名年长的犹太裔男性，他

阿伦特是一个多元文化主义者吗？

曾致力于同性恋运动；另一名更年轻的白人男性，同样积极投身于此；一名古巴裔女性，她有相当保守的政治背景；一名来自中美洲的移民女性，她的工作是为贫困儿童争取教育机会；一名年近五十的犹太裔女性，她曾是好莱坞的电视编剧；最后是一名年近六旬的白人女性，她来自基督教联合会（Christian Coalition）。他们的财务状况差异悬殊，有的是靠信托基金生活的富二代，有的人则只能勉强维持生计。

教这些学生，既令人心力憔悴，又令人精神振奋。在课堂上他们冲突不断，因为对于大多数学生来说，每次讨论都涉及太多政治性问题了。在研讨班上，学生们需要共同讨论，什么可以称为"政治的"？在多元文化和移民背景下，"民主公民"意味着什么？以及，在上述背景下，随着全球经济以及与之密切相关的各种技术的急速转型，我们究竟需要什么样的教育？尽管我认为自己的工作是让这些学生政治化（我实际上并不这样想），但是实际上根本没有这样的必要，同样也无须费心去鼓励他们对各种议题采取不同的立场。这些学生早就准备好基于自己的立场来与他人讨论了。他们的这种讨论往往采用口头的方式，或者至少是用一种令人不安的沉默来表达反对意见。因此，在他们中间能够达成一致是十分难得的，关于这一点我会在后文继续讨论。

在一个会自觉关注生理性别、阶级、种族和性取向议题的专业当中，阿伦特似乎不太可能成为多元文化政治课程的重点。毕竟，她的大多数作品主要涉及欧洲历史[尤其是我在研讨班上强调的《犹太"边缘人"》（*The Jew as pariah*）、《极权主义的起源》（*The Origins of Totalitarianism*）以及《艾希曼在耶路撒冷》（*Eichmann in Jerusalem*)]①,而不是亚洲或拉丁美洲的历史。她批判的对象主要是反犹太主义而非种族主义本身。在阿伦特的理论化过程中,常常忽略了生理性别与性取向这个维度。而且,她作品中的一些段落,还被批评家们标记为反犹太主义、种族主义、阶级主义、性别歧视和异性恋主义。② 阿伦特不仅无法满足"政治正确"的标准,而且还常常被认为是一个不够历史的历史学家和不够哲学的哲学家。无论是在意识形态上还是在专业上,阿伦特似乎都难以归类。她曾经被描绘为民主主义者、精英主义者、原教旨共产主义者、公民共和主义者、现代主义者、反现代主义者、自由主义者、反自由主义者、

---

① Arendt, H. (1978). *The Jew as pariah: Jewish identity and politics in the modern age*. New York: Grove Press; Arendt, H. (1973). *The origins of totalitarianism*. New York: Harvest; Arendt, H. (1963). *Eichmann in Jerusalem*. New York: Penguin Books。我同意诸如玛格丽特·卡诺万(Margaret Canovan)和理查德·H. 伯恩斯坦(Richard Bernstein)这样的评论者的看法,他们相信《极权主义的起源》是用来理解阿伦特的全部作品的核心文献,同时阿伦特对于"犹太人问题的处理是澄清其思想的催化剂"[Bernstein, R. (1996). *Hannah Arendt and the Jewish question*. Cambridge, MA: MIT Press, p.9.]。"阿伦特被误解的最常见原因是,在试图解读她的思想时,读者倾向于从错误的起点开始。……不仅仅《人之为人的条件》与《极权主义的起源》密切相关……实际上,几乎阿伦特的全部政治思想,都是从她对本世纪中期的政治大灾难的反省出发的。"[Canovan, M. (1992). *Hannah Arendt: A reinterpretation of her political thought*. Cambridge: Cambridge University Press, p.7.]

② 例如:Norton, A. (1995). Heart of darkness: Africa and African Americans in the writings of Hannah Arendt. In B. Honig (Ed.), *Feminist interpretations of Hannah Arendt*. University Park: Pennsylvania State University Press; Rich, M. (1981). *On lies, secrets, and silence*. New York: W. W. Norton; O'Brien, M. (1981). *The politics of reproduction*. London: Routledge & Kegan Paul; Ettinger, E. (1995). *Hannah Arendt/Martin Heidegger*. New Haven: Yale University Press; Wolin, R. (Oct. 9, 1995). Hannah Arendt and the magician. New Republic; Dossa, S. (1980). Human status and politics: Hannah Arendt on the holocaust. *Canadian Journal of Political Science*, 13(2), 309-323; Moruzzi, N. C. (1991). Re-placing the margin: (non)representations of colonialism in Hannah Arendt's *The Origins of Totalitarianism*. *Tulsa Studies in Women's Literature*, 10(1), 109-120; Kateb, G. (1984). *Hannah Arendt: Politics, conscience, evil*. Totowa, NJ: Rowman & Allenheld.

马克思主义者或反马克思主义者。

鉴于这些显而易见的分歧,到底是什么让阿伦特可以在我的多元文化课堂当中占有如此重要的位置呢?为什么在那些阿伦特没有充分讨论的问题上、在那些阿伦特明显不感兴趣的地区、在那些人们认为阿伦特曾经诋毁过的人群身上,我的学生们仍然可以从她那里获益良多?阿伦特的理论是怎样超越如此多元的学生之间的那些最深刻的分歧的?

让我通过一位学生生活中的片段,来回答这些问题吧。① 玛丽亚生活中的一切都在把她推到危险的边缘。她总是要为房租和食物费用发愁;她的家人尖锐地分化成了两拨人,一拨人期望她"出人头地",另一拨人则鼓励她承担政治责任;她是一个高中辍学生,去了一所两年制大专,现在觉得大学学业相当困难。不夸张地说,她的许多朋友在穿越墨西哥边境来到美国的过程中遍体鳞伤;她一直担忧自己曾停留几个月的墨西哥恰帕斯州原住民的安全。而欧洲人对美洲的入侵,不断形塑着她对这个世界的体验;她是一名泰诺印第安人(Taino Indian),是欧洲人首次接触的印第安人的后代,仍旧以某种方式生活在哥伦布的时代。

玛丽亚的生活有异于常人。对她和她的朋友们来说,社会和政治世界都是不安定的。由于时刻面临被驱逐出境、丧失国籍以及死亡的威胁,让她们的每一天都充满了危机。玛丽亚经常抢着发言、对我的讲课或者集体讨论中的要点进行激烈的回应,常常让别的学生吃惊。从教育、性情和兴趣等背景信息来看,玛丽亚似乎是学生中最不可能受到阿伦特吸引的那一个。对于这门课程来说,所谓的

---

① 为保护学生的隐私,我替换了她的名字。

模范学生难道不应该是这样的形象吗——他们已经掌握了欧洲历史、受过良好的正规教育、有耐心冷静辩论,并且已经对政治理论有了一定的兴趣。但我发现,在过去 20 年的教学当中,玛丽亚是最有基础去理解阿伦特的学生之一。矛盾在于,玛丽亚的教育、性情和兴趣,恰恰让她准备好了去聆听一位已故白种欧洲人的说教。

　　正如近来许多解读者指出的那样①,阿伦特不仅让我们回忆起那些"遗失的"政治片段,她还警告那些政治运动的参与者们,政治运动本身也有忘记初衷的风险。尽管新一批研究阿伦特的文献使用了一些新颖、复杂的方式来处理她的思想,但是其中的许多评论仍把阿伦特置于哲学争论或者有关政治生活的观念性的抽象斗争当中。② 但是,对于像玛丽亚这样的学生来说,阿伦特对于同化、沙文主义和帝国主义的那些令人不安的断言,以及对于"社会的"(the social)和"政治的"(the political)的区分、"制作"(making)和"行动"(doing)的区分,简直就是在谈论玛丽亚这类人的生活和斗争。阿伦

---

① d'Entreves, M. P. (1994). *The political philosophy of Hannah Arendt*. London: Routledge, p. 97; Gottsegen, M. G. (1994). *The political thought of Hannah Arendt*. Albany: State University of New York Press, p. 234.

② 例如: Benhabib, S. (1996). *The reluctant modernism of Hannah Arendt*. Newbury Park, CA: Sage Publications; d'Entreves, M. P. (1994). *The political philosophy of Hannah Arendt*. London: Routledge; Calhoun, C. & McGowan, J. (1997). *Hannah Arendt and the meaning of politics*. Minneapolis: University of Minnesota Press; May, L., & Kohn, J. (1996). *Hannah Arendt: Twenty years later*. Cambridge, MA: MIT Press; Hinchman, L. P., & Hinchman, S. K. (1994). *Hannah Arendt: Critical essays*. Albany: State University of New York Press; Lane, A. M. (1997). Hannah Arendt: Theorist of distinction(s). *Political Theory*, 25(1), 137-159. 对于这种实践特别感兴趣的读者,可以参见: Bernstein, R. J. (1996). *Hannah Arendt and the Jewish question*. Cambridge: Polity Press; Honig, B. (1994). *Feminist interpretations of Hannah Arendt*. University Park: Pennsylvania State University Press; Disch, L. J. (1994). *Hannah Arendt and the limits of philosophy*. Ithaca: Cornell Univresity Press.

特对二战期间被迫迁移的犹太人的边缘人身份的描绘，对在巨大苦难的基础上重建共同体时可能面临的危险的论述，对极权主义发展的分析，以及在重建一个正义世界的问题上"受害者"共同责任的主张，无不对这些学生具有重要意义。

我关于阿伦特的课程分为四个部分：第一，"自觉的边缘人"（conscious pariah）概念：这部分强调了阿伦特在《犹太"边缘人"》中的那些文章。第二，"艾希曼主义"：这部分讨论了阿伦特的《艾希曼在耶路撒冷》一书中著名的（同时也是声名狼藉的）"恶的平淡性"（banality of evil）概念以及"受害者"的共同责任。第三，在《极权主义的起源》的三个部分中的"多余"（superfluousness）概念：这部分探讨的问题是，阿伦特如何分析极权主义在纳粹德国等地的形成。第四，阿伦特的政治自由和政治权力概念，尤其是她在《论革命》（*On Revolution*）和《人之为人的条件》中的论述。在学生选定期末论文的主题之前，除了杰弗里·艾萨克（Jeffrey Isaac）和罗恩·费尔德曼（Ron Feldman）的传记性文章以外，我没有推荐他们阅读别的参考文献。①尽管如此，我在授课过程中也引入了相关美国学者的论著，作为学生阅读阿伦特时的第三方参考（即阿伦特自己的文本、学生自己的政治经验以及对于相关议题的历史批判。这些议题包括社会和政治的边缘化、对国家犯罪的审判和赔偿、美国帝国主义的发展、对黑人和印第安人的大屠杀、美国新纳粹主义和极右民兵运动的兴起、民主运动、围绕控制论和纳米技术的技术范式转变）。

---

① Isaac, J. (1990). At the margins: Jewish identity and politics in the thought of Hannah Arendt. *Tikkun*, 5(1), 23-26, 86-92; Feldman, R. (1978). Introduction. In H. Arendt. *The Jew as pariah: Jewish identity and politics in the modern age*. New York: Grove Press.

正如我刚刚说过的那样，在整整十周的课程当中，学生们都热衷于争论。不同的背景给他们提供了比较分析的不同切入点，因此，对于这些学生来说，要想向他人解释清楚自己的立场不是一件容易的事。但事实证明，阿伦特的作品在方法和实质上都给学生们提供了帮助。阿伦特区分了"人是什么"(what a person is)以及"人是谁"(who a person is)。"人是什么"涉及一个人生活的既定事实，是那些决定了她或他身份的地域、生理性别、阶级状况、种族、宗教、性取向以及与他人之间的私人联系。而"人是谁"，则仅仅通过个人与他人相联系时的言说和行动才得以呈现。① 简言之，"我是什么"可以用社会的方式得到确定，用列表的方式来做概括；但"我是谁"则需要留意个人在(公共)政治领域当中的表现，最终讲述他或她的公开言说和行动的意义。更进一步，阿伦特认为诸如贫困、性别压迫、种族主义以及排犹主义等问题(换言之这些问题源于一个人"是什么"以及他的社会状况)只有在政治舞台上才可以得到解决。在政治舞台上，辩论的主体首先会把自己看作人、看作政治的主体，而不是穷人、女人、黑人或者犹太人。接下来我会更详细地谈论学生对于这些观点的反应的实质内容。在这里有必要强调，学生是把这些观点作为彼此互动的原则。他们期望能被他人看到、听到，并且是作为一个独特的他们是"谁"而非他们是"什么"。如果没有这些原则，那么他们对于自身问题的任何讨论就都不会真正被理解。②

接下来我会讨论几个在这个多元的学生群体当中倾向于达成

---

① Arendt, H. (1958). *The human condition*. Chicago: University of Chicago Press, pp. 179-180.

② d'Entreves, M. P. (1994). *The political philosophy of Hannah Arendt*. London: Routledge.

一致的观点:"自觉的边缘人"的概念、"政治的"和"社会的"之区分、对于委员会制度的想法。我开始相信,学生对这些话题的集体观察是有启发的。这是因为,与那些在哲学讨论背景下来考察阿伦特的主题与文本的评论家相比,这些学生的结论明显不同。阿伦特或许的确是一位多元文化主义者,但是她更应是一位需要多元文化读者的多元文化主义者,这样的读者参与过政治行动、能够理解阿伦特作品中的力量。①

超越而非放弃身份政治

阿伦特相信,对今天所谓"身份政治"的过分执着,使我们面临着放弃集体政治责任的危险。由于认识到自己犹太人身份的政治意义,伴随着纳粹势力的抬头,阿伦特不仅仅是逃离德国、帮助其他犹太人(尤其是儿童)逃往巴勒斯坦,而且还致力于对极权主义回归的可能性及她称为极权主义的解药——参与式民主在不同人群中实现的可能性进行理论化。② 这一使命的紧迫感伴随着阿伦特的一生,让她对于我们与极权主义的共谋关系作出了有力的判断。什么能够维系民主的政治参与?什么能够摧毁民主的政治参与?在这

---

① Canovan, M. (1992). *Hannah Arendt: A reinterpretation of her political thought*. Cambridge: Cambridge University Press, p. 139; Honig, B. (1994). *Feminist interpretations of Hannah Arendt*. University Park: Pennsylvania State University Press, p. 161; Disch, L. J. (1994). *Hannah Arendt and the limits of philosophy*. Ithaca: Cornell Univresity Press, p. 142; Hansen, P. (1993). *Hannah Arendt: Politics, history, and citizenship*. Stanford: Stanford University Press, p. 240.

② Young-Bruehl, E. (1982). *Hannah Arendt: For love of the world*. New Haven: Yale University Press, 尤其是第 70 页以后的内容; Bernstein, R. (1996). *Hannah Arendt and the Jewish question*. Cambridge, MA: MIT Press.

些问题上，阿伦特或许是整个20世纪最重要的理论家之一。她利用自己作为一名犹太人逃离极权主义、见证以色列复兴的经验，来理解这些问题。

阿伦特呼吁读者仔细观察周遭已经发生的事情，关注已然出现的各种运动。总会有针对不公正、帝国主义和极权主义倾向的抵抗，但是我们并不总能注意到它们，也并不总能清晰辨认出它们。[①] 因为学生的政治行动还未被媒体关注到，他们的集体努力在很大程度上仍被主流所忽视，所以无须阿伦特来告诉学生们，该如何在这个世界当中"行动"。相反地，这些学生所渴求的，正是阿伦特已经教给他们的：对于自己正在做的事，怎样"思考"得更加深刻，如何维系这种思考。例如，凯文在读《艾希曼在耶路撒冷》时认识到，自己在洛杉矶的反帮派工作，不仅仅可以拯救那些非裔青年，而且可以帮助这些年轻人构建新的身份。凯文表示，有必要去直面他们所处的困境：他们如何抵制这种来自经济、社会和政治权力中心的严重边缘化，同时又能够抵制诱惑，不去建立一种暴力的反抗文化，或者能够抵制住"相信"的诱惑，也就是被最初排除了他们的那种社会结构所同化。

在《艾希曼在耶路撒冷》一书当中，阿伦特报告和讨论了对阿道夫·艾希曼（Adolf Eichmann）的审判，她呼吁以色列人去理解她所谓的不正义的共谋。[②] 根据阿伦特的评价，法院的起诉延续了一种本质论的、意识形态化的身份主张。根据这一主张，艾希曼被视为

---

① Arendt, H. (1963). *Eichmann in Jerusalem*. New York: Penguin Books, pp. 232-233; Arendt, H. (1973). *The origins of totalitarianism*. New York: Harvest, p. 482.
② 对阿伦特的审判报告的相关反应的回顾，参见：Young-Bruehl, E. (1982). *Hannah Arendt: For love of the world*. New Haven: Yale University Press, chap. 8.

一个恶魔,而不是阿伦特所说的官僚机器中一个犯下反人类罪的不思考的齿轮;大屠杀的受害者们被塑造为纯洁无辜的对象,而不是被尊为人类;以色列被描述为一个强大的民族国家,而不是像阿伦特理解的那样,已经深陷于民族国家这个空洞范畴之中,急需转型成为与阿拉伯裔巴勒斯坦人结盟的新政权国家。

阿伦特对所有"受害者"都提出了苛刻的要求。她相信,为了应对对大屠杀的恐惧,犹太人不仅要认识到纳粹等政权史无前例的特点,还必须把自己组织起来成为一种与他人相互依存的政治行动者。[①] 在被同化为"趋附者"而丧失种族身份和夸大身份的孤立沙文主义这两个极端之间,犹太人需要主动、持续地重塑自身作为"自觉的边缘人"的立场。阿伦特坚持认为,自觉的边缘人必须从内部和外部同时进行批判;也就是说,我们必须像分析外部社会或各种政治组织那样,密切审视自己的行动或政治组织。重估自己假定的"朋友"是不是真正的朋友、重估自己认定的仇敌会不会成为新的盟友,这都不构成对于自己人的不忠,也并不意味着被"他人"所笼络。认识到这一点,对于很多学生来说是一种解脱。阿伦特恢复了政治的理智色彩,这可以帮助那些作为政治积极分子的学生们重拾信心,让他们在进入政治舞台之前不用怀疑自己是不是疯了。事实上,学生乔斯在接待时间来见我,和我分享了他自己的生活。他告诉我,阿伦特给他提供了一种语言,让他可以表达自己长久以来的感受。他觉得自己是"自觉的边缘人",总是局外人、总是身处边缘,同时又满怀抱负,渴望告诉别人一些他们未曾关注而自己已经看到

---

① Arendt, H. (1978). Part II: Zionism and the Jewish state. In H. Arendt. *The Jew as pariah: Jewish identity and politics in the modern age*. New York: Grove Press.

的东西。①

阿伦特有关犹太人、犹太复国主义以及以色列人的诸多政治疑问,至少部分源于她对伯纳德·拉扎尔的阅读,这影响到她在政治和社会问题上的方法论选择。与西奥多·赫茨尔(Theodor Herzl)相当不同的是,拉扎尔是从非国家主义的角度来构想犹太复国主义的。相比"民族国家"和"主权"的概念,拉扎尔更强调"家园"和"民族性",并且把"帝国主义"而非"永远的"反犹主义视为犹太复国的主要障碍。此外,他认为犹太人的政治自由,有赖于犹太人与其他被压迫者之间的团结。拉扎尔的这些思想,在阿伦特的早期作品中得到了清楚的呈现。在这些早期作品中,阿伦特会追问:为什么同化无异于自杀?为什么犹太人仅仅是第一波在欧洲流离失所的难民?为什么犹太教必须世俗化?流亡的"神话"对犹太人到底意味着什么?为什么"例外"的犹太人正在与西方社会最腐败的方面相互勾结?为什么"资产阶级的世界公民"是一种幻想?②

---

① Orlie, M. (1994). Forgiving trespasses, promising futures. In B. Honig (Ed.), *Feminist interpretations of Hannah Arendt*. University Park: Pennsylvania State University Press.

② Arendt, H. (1978). Herzl and Lazare. In H. Arendt. *The Jew as pariah: Jewish identity and politics in the modern age*. New York: Grove Press. 伯纳德·拉扎尔(Bernard Lazare,1865-1903)是一位法国犹太裔记者和德雷福斯的护卫者,写过由阿伦特编辑的《约伯的粪堆》以及由 Robert S. Wistrich 作序的《反犹太主义》。[Lazare, B. (1948). *Job's dungheap*. New York: Schocken Books; Lazare, B. (1995). *Antisemitism: Its history and causes*. Lincoln: University of Nebraska Press.]同时参见: Parvikko, T. (1996). *The responsibility of the pariah: The impact of Bernard Lazare on Arendt's conception of political action and judgement in extreme situations*. Jyvaskyla, Finland: University of Jyväskylä. 阿伦特所谓"例外"的犹太人,指的是那些只把自己当成个体,而不是某个人群中的一员的人,他们自认为比别的犹太人都要更好。"趋附者"(parvenu)是已"安排"自己进入主流社会的人,而不是说他或她不从过去携带任何东西;一个趋附者会不加思考地接受主流社会的假设。

阿伦特同意拉扎尔的观点，认为仅仅把自己视为在欧洲国家和社会当中被边缘化的犹太人还不够。对阿伦特来说，西奥多·赫茨尔是典型的边缘人形象，他们不思考自身的立场，不能基于某种原则性的基础来行动。赫茨尔是一个沙文主义者和孤立主义者，因为他认为犹太国家是犹太人民的适宜目标。同时，在实现这个国家的方式上，赫茨尔是同化主义者或妥协主义者。照阿伦特的估计，赫茨尔在趋附者和分离者（指边缘人）这两种立场之间跳跃，代表了一种狭隘的身份政治的危险。这种狭隘的身份政治，基于一种假想的"我们"来反对一个统一的"他们"，基于短期、投机的联盟，它假装自身是完全真实的，但实际上却几乎完全是意识形态化的和非民主的。

在我的研讨班里，许多学生用"自觉的边缘人"这个模型，来对自己的政治文化背景进行批判性的审视。以塞莱娜为例，她借助阿伦特的理论框架，来分析当今在美国流亡的现代古巴艺术家的工作。这个群体期望在"趋附者"（亦即被同化的古巴裔美国人）和亲卡斯特罗的辩护者之间找到一个立足点，以便开辟一个新的文化与政治空间，使民主的、跨越国界的、跨越种族的行动成为可能。基于阿伦特对拉扎尔的引用以及在许多作品中对他的模仿，我认为拉扎尔这个人物很容易就能跨越其他不同的文化，并且深刻影响类似塞莱娜这样的学生。因为，拉扎尔告诉学生们，在维持现状或保持隔离这两种表面上非此即彼的选择之外，人们总是可以找到第三条道路。

政治的优先性

我发现,越是富有政治经验的学生,越容易理解阿伦特为什么会赋予政治以优先地位(相比社会议题、经济议题而言),赋予尊重和团结以优先地位(相比怜悯、同情和关爱而言)。这或许是因为,许多人都曾经历过一些致力于改善他们生活的计划。在这些计划当中,那些人帮助他们,但是并不把这些被帮助的人视为平等的人。① 以研讨班的旁听生丽贝卡为例,她由于严重的健康问题而不能参加工作,只能依靠社会福利生活。在一次针对《论革命》的课堂讨论之后,她向我表达了从官僚机构获得援助的感受:这种援助往往是善意的,但却总是高高在上,显然不把她当作一个完整的人、一个有自己的声音、对自身处境有所了解的人。丽贝卡回忆了自己因为缺乏认可时感到的绝望,因丧失人的资格而几乎想要去自杀的感受。

玛丽亚也同意阿伦特的观点,认为政治问题优先于社会问题(甚至比经济再分配更加重要)、尊重和团结是第一位的(甚至比生命本身还要更加重要)。她说,在和萨帕塔民族解放军(Zapatistas)共同生活时,她开始逐渐明白了这个道理。② 与阿伦特的众多学术

---

① Canovan, M. (1992). *Hannah Arendt: A reinterpretation of her political thought*. Cambridge: Cambridge University Press, p. 171.
② 玛丽亚的观察与阿伦特的"政治的跃升"(exaltation of politics)的相似性是惊人的。[Canovan, M. (1992). *Hannah Arendt: A reinterpretation of her political thought*. Cambridge: Cambridge University Press, p. 278.]

性解读者相比,为什么玛丽亚和丽贝卡的解读有如此大的差异呢?①

阿伦特坚持认为,社会问题尤其是涉及诸如贫困、劳工、福利等问题的"社会问题",并不属于政治领域。这个观点,尤其是在《人之为人的条件》和《论革命》中的相关表述,使许多阿伦特的评论者感到困扰。② 更有趣的是,这些评论者们常常批评阿伦特残忍无视了丽贝卡和玛丽亚这类人的需求。他们的这种敌意,是因为阿伦特认为,类似法国大革命,当"社会的"侵入"政治的"的领域(把穷人只当作贫穷的人),就会破坏政治自由,甚至有可能鼓励恐怖主义。

以同情来替代尊重和团结,是把"穷人"视为国家要关心的对象,而不是去联合这些恰好陷入贫困之中的公民。结果,法国革命中的激进分子,就这样削弱了自己的革命。阿伦特认为,当类似贫困这样的社会问题被摆在首位时,就会让一个无论多么"革命的"国家退回把人民当成物品来管理的水平,因而容许采用一切手段(包括暴力)来解决这些问题。

阿伦特促使我们认识到,公民可以通过在彼此面前看到或听到,来重新发现彼此之间的联系、重新评估自己。政治自由和平等要求尊重和团结,而不是私人性的爱(这是一个极端),也不是社会性的怜悯(这是另一个极端)。爱与怜悯是不适合政治领域的,前者对他人要求太多,后者对他人要求太少。关注一个人是"什么"(穷

---

① 例如:Pitkin, H. (1994). Conformism, housekeeping, and the attack of the blob: The origins of Hannah Arendt's concept of the social. In B. Honig (Ed.), *Feminist interpretations of Hannah Arendt*. University Park: Pennsylvania State University Press; Gottsegen, M. G. (1994). *The political thought of Hannah Arendt*. Albany: State University of New York Press, pp. 251, 256.

② Arendt, H. (1963). *On revolution*. London: Penguin Books, pp. 84, 101, 223-224, 249.

人),替代了对一个人是"谁"的关注,看不到这个"谁"是一个有能力与他人一道来决定自己未来的人类行动主体。把消除贫困作为国家的目标,替代了对于维系那些能够超越我们是"什么"的空间和场合的关注。根据阿伦特的观点,我们的首要原则是"拥有权利"这种权利。就像阿伦特在《极权主义的起源》一书中指出的那样,除非我们总是坚持恰当的基础,否则我们就要承受比贫困更加严重的风险。这个基础就是对政治领域的维系,在其中我们拥有权利、能够去集会、讨论并决定我们共同的命运。

因此,贫困对阿伦特来说是无法根除的,而且也从来都不是一个适合政治讨论和政治行动的对象。尽管许多评论者持有这种看法,但是我的大多数学生却有不同的见解。他们用略显不同的方式来看待阿伦特的观点,即"穷人"不应该和"富人"一样,可以基于他们是"什么"来进入政治生活。(阿伦特不认为超级富有的资本家们的统治是极权主义的解药。)阿伦特注意到了劳工运动、种族运动和学生运动等等的出现,其中人们通过超越自己是"什么"来争取自由,同时又不否认自己身份的特殊性,并在广泛团结和尊重其他团体的基础上来要求一种分享的政治生活。阿伦特认为,健康的运动是由那些为自己代言同时为自己和他人要求尊严和权力的人组成的。因此,穷人首先必须以公民的身份为自己发声和行动,而不能满足于被他人代表(不论这些代表多么富有同情心),也不能把自己的生活当作国家要解决的一个问题。

我想,阿伦特对政治和公民身份优先性的强调,之所以对我的学生们有如此强大的吸引力,不仅仅是上述丽贝卡和玛丽亚的案例中提及的那些理由,而且还因为他们的整个群体都倾向于认为要去尊重和倾听对方,而不是针对对方的社会问题、政治问题表达同情或者为其代言(至少在他们最清醒的时候是这样认为的)。

卡罗尔是一位日裔美国人,她最近刚刚从南太平洋地区返回,在那里她与当地的其他亚洲妇女一道进行一些女性主义的工作。她很有力地阐明了,为什么她会相信与他人结盟要比"帮助"他人更加重要。她曾经目睹两类团体的显著差异,一类团体善意地设计了许多计划,来帮助那些身陷性交易的妇女,另一类团体则与这些女性建立了政治同盟。卡罗尔目睹了前一类团体的干预措施自相矛盾地把女性幼稚化了,把她们作为急需救助的、毫无权力的对象。卡罗尔解释说,后一类团体的前提假设则认为这些女性不需要代言,而只是需要空间来说出自己的故事、教导他人并与他共同决定需要做什么。这种政治平等的空间,可以带来更具创造性也更加有效的结果,并允许"受害者"聆听彼此的声音,把彼此视为合格的行动主体。

新 政 体

在阿伦特看来,无论何时何地,只要人民开始自己代表、只要人民开始自己任命,政治领域就出现了。18世纪晚期的通信委员会(Committees of Correspondence)、1789年和1871年的法国革命委员会(Councils of the French Revolution)、20世纪初以色列重建时期的伊胡德组织(The Ihud)、俄国革命初期的苏维埃、罗莎·卢森堡(Rosa Luxemburg)时期的德国斯巴达克斯委员会(Spartacist Councils)以及1956年的匈牙利革命委员会,这其中都曾出现政治领域。① 这些政治领域让人们成为"达观的思考者"(可以从他人的不同视角出发来理解这个共有的世界、可以跨越习俗边界来采取政治行动),在意外的场合与意外的伙伴缔结联盟,重新思考帝国以及自由民族国家的缺陷。

阿伦特相信,以广泛参与为原则的委员会制度,会一再被人们发现并提供一种切实可行的备选政体。② 阿伦特认为,无论是帝国还是自由民族国家、无论是社会主义还是资本主义,都不足以抵御不断出现的极权主义倾向。事实上,民族国家在很大程度上是虚构的,它并不能团结或者保护自己的公民,而是服从于寡头"资产阶级"的利益,并且因为经济和政治难民的迁移而最终沦为彻底的跨民族和多元文化国家③。

为什么这些学生(尤其是那些在各种团体和运动当中获得了政治经验的学生)会倾向于认为,阿伦特对委员会制度的认可并非某种理想主义,而是合乎现实的呢?为什么他们不会像许多阿伦特的

---

① d'Entreves, M. P. (1994). *The political philosophy of Hannah Arendt*. London: Routledge, p. 77.

② Canovan, M. (1992). *Hannah Arendt: A reinterpretation of her political thought*. Cambridge: Cambridge University Press, p. 237. 同时参见约翰·西顿(John Sitton)对于阿伦特有关议会民主观念的丰富评论,以及她在欣奇曼夫妇(Sandra K. Hinchman 和 Lewis P. Hinchman)编辑的《汉娜·阿伦特批评集》中所做的批评。[Sitton, J. (1987). Hannah Arendt's argument for council democracy. *Polity*, 20(1), 80-100; Sitton, J. F. (1994). Hannah Arendt's argument for council democracy. In L. P. Hinchman, & S. K. Hinchman (Eds.), *Hannah Arendt: Critical essays* (pp. 307-334). Albany: State University of New York Press.]

③ Arendt, H. (1978). Zoinism reconsideration. In H. Arendt (1978). *The Jew as pariah: Jewish identity and politics in the modern age*. 关于这个问题的完整讨论,参见:Arendt, H. (1973). Part Ⅱ: Imperialism. In H. Arendt. *The origins of totalitarianism*. New York: Harvest,尤其是第 124、161 页;Gottsegen, M. G. (1994). *The political thought of Hannah Arendt*. Albany: State University of New York Press, pp. 256, 260, 269。

评论者那样，怀疑自下而上的联盟的可行性？为什么他们总是会担忧在长远来看委员会形式的那种制度化倾向？学生们或许仅仅对于民主的未来抱有某种理想主义，对于自己生活在其中的专制或官僚主义政府愤世嫉俗。但是，就像一些学生已经解释过的那样，他们发现阿伦特清晰阐述了他们生活中的某种现实，而这是任何其他人都不曾做到的。阿伦特在许多地方写道，人类有能力在世界中开启某些新的东西、某些从未被料想过的东西。

对于那些已经采取行动脱离帮派的人、那些公开承认自己的同性恋取向的人，以及那些与自己家人的政敌合作的人来说，他们对于这个世界可能性的认识方式，已经发生了范式转换。现在，他们的问题在于如何维持和扩大自己的成果，以此来对抗那种认为他们过于不切实际的常识。就像阿伦特阐明的那样，委员会制度的问题不在于因为人类本性、政治力量或者历史重担而无法维系，而在于那些发起这一制度、见证这一制度的人们，不能时不时地停下来思考和认识自己发现和再发现之物的意义。任何地方的委员会制度本身都应该被视为目的，是公共空间中的一种联盟，而不仅仅是实现特定政治目标的不完备手段。因此，在阿伦特看来，委员会制度的参与式的、自下而上的结构，不仅仅为民主审议提供了一个相互连接的空间，同时也是提醒人们去认识他们的共同体意义的一种手段。

如果阿伦特活得足够长久，那么她可能会同意玛丽亚的看法，在墨西哥恰帕斯州一再出现的农民和他们的盟友结成的自治委员会（这是与墨西哥政府平行的一个委员会），目的并不是为了用暴力方式推翻政府，而是为了改变墨西哥人对于政治、公民和正义的理解。至少从一些对恰帕斯起义的记述来看，这些起义并不能用一般的左派或右派概念来理解。① 起义的农民并未成为"革命先锋"，他们的抱负也并不局限于在这个国家得到"公正的"代表或者被吸收进墨西哥中产阶级的队伍当中去。他们或多或少都是既激进又保守的：说他们激进，是因为他们如此强调社区的所有成员，要直接、持续地参与到决策过程中去。（有意思的是，这里的"所有成员"包括儿童以及男性、女性成年人。）说他们保守，是因为至少从观察者的报告来看，他们并不打算放弃自己的印第安人（indio）身份，来换取别的片面的身份，比如"这个世界的工人"或者"无产阶级"。玛丽亚知道，恰帕斯州的起义终将被镇压。但是，由于在这群平凡的、受到极度压迫的、不完美的人中间一再出现的这种非凡的民主政治形式，玛丽亚相信"萨帕塔民族解放军"终将回归。

阿伦特的分析，揭示了恰帕斯起义的特点和自我解读。这告诉我们，阿伦特对于政治的理论化和她维持一种"自觉的边缘人"视角的能力，乃是基于她自身的经历和分析：作为一名犹太人的出身、对于犹太复国主义的参与、对于以色列重生的批判性见证，以及跨越种族和国家界限的各种言说。简言之，她的作品是一个理论模型，告诉我们一个来自特定背景的个体在与他人接触的过程中，不必放弃自己的身份，而恰恰要使用这种身份来把握多样的人群当中人与人之间的那些关键性的亲密关系。

---

① 关于恰帕斯叛乱，参见：Guillermoprieto, A. (1995). The shadow war. *New York Review of Books*, 42(4), 34-43; Cleaver, H. (1997). *Nature, neoliberalism, and sustainable development: Between Charybdis and Scylla*. 来自：http://www.eco.utexas.edu/faculty/Cleaver/port.html.

视角的多样性

正如上文试图说明的那样,阿伦特的"自觉的边缘人"概念、她对于"社会的"和"政治的"之区分,以及她对于委员会制度的主张,对于我的研讨班中许多学生的生活和政治行动来说,不仅仅是可以理解的,而且是极其重要的。正如玛格丽特·卡诺文(Margaret Canovan)和理查德·贝恩斯廷(Richard Bernstin)曾经讨论过的那样,把阿伦特对于极权主义的对抗,作为她作品的核心,可以帮助阐释者更充分地把握她的那些思考的意义和目的。然而,由于是围绕着政治灾难和重建一个共有的世界这个角度来阅读阿伦特的,因此我的学生们倾向于把她的种族主义或民族中心主义的实践视为一个政治问题,而不是哲学上的不自洽或者一种道德缺陷。

例如,阿伦特往往在没有充分说明的情况下就切换到他人的视角。[①] 那么,她到底是在说明还是在培养种族主义和民族中心主义的立场呢?至少在这个问题上,她的作品是模棱两可的。在《极权主义的起源》一书当中,非洲人被认为没有自己的历史。在《犹太"边缘人"》的若干论文当中,阿拉伯人被认为对巴勒斯坦地区没有什么实际影响。这些描述到底是阿伦特自己的结论,还是她在别处明确批判过的那些人的观点呢?此外,美洲原住民在阿伦特有关美国的讨论当中的缺席,不是延续了她批判的主流范式的缺陷吗?或者说,这不是体现了她在历史和政治分析方面的缺陷吗?当然,有

---

① Benhabib, S. (1994). Hannah Arendt and the redemptive power of narrative. In. L. P. Hinchman & S. K. Hinchman (Eds.), *Hannah Arendt: Critical essays* (pp. 111-141). Albany: State University of New York Press, p. 122.

关小石城(Little Rock①)和民权运动的那些争议,为学生们的重新思考提供了额外的素材②。

在阿伦特自己的观点和她暂时采纳的观点之间的这条线索,学生们未必能发现。但是,学生们懂得如何去扩展阿伦特的方法和论点,以此来增强贯穿在阿伦特全部作品背后的那些基本观点。以《极权主义的起源》中的案例为例,学生们认识到,如果在非洲黑人身上寻找拉扎尔的立场,那么阿伦特的分析就可以有更重要的政治意义。就像拉扎尔对排犹主义和犹太人的反应均报以批判态度一样,这个立场一方面采取了"自觉的边缘人"的视角,另一方面对帝国主义者和人民对帝国主义的回应均持批判态度。

换言之,学生们发现阿伦特的思想本身是一个足够丰富的资源库,她给学生们提供了方法来批判和重构阿伦特本人的分析,来满足阿伦特对于多元性的承诺。或许更重要的是,通过对阿伦特的批判性阅读,学生们教会自己在有政治色彩的工作中寻找类似拉扎尔

---

① 根据1954年美国联邦最高法院对1951年堪萨斯州的"布朗诉教育委员会案"作出的裁决,认定公立学校施行种族隔离有违宪法。小石城中心高中的校监布洛瑟姆(Virgil Blossom)随后提出了一个渐进型的种族融合计划,于1957年9月开始施行。与此同时,"全国有色人种促进协会"也在推动黑人学生到此前完全是白人的学校注册。于是,9名黑人学生于1957年在小石城中心高中登记入学,成为这所高中的第一批黑人学生。9月4日,支持隔离主义者的阿肯色州州长部署国民卫队,阻止这几名黑人学生进校。9月24日艾森豪威尔总统下令美国陆军第101空降师前往小石城,接管阿肯色州国民卫队。直至9月底,这九名黑人学生都由101空降师护卫上学。"小石城九学生"事件是美国民权运动中的重要事件。——译者注

② Jay, M. (1997). Afterword: Reflective judgments by a spectator on a conference that is now history. In C. Calhoun & J. McGowan (Eds.), *Hannah Arendt and the meaning of politics* (pp. 338-350). Minneapolis: University of Minnesota Press, p. 350; Bohman, J. (1997). The moral costs of political pluralism: The dilemmas of difference and equality in Arendt's 'Reflections on Little Rock'. In L. May & J. Kohn (Eds.), *Hannah Arendt: Twenty years later* (pp. 53-80). Cambridge, MA.: MIT Press, p. 55.

那样的声音。我前文提到过的凯文，发现自己有必要在洛杉矶的非裔美国人和韩裔美国人中寻找拉扎尔那样的对应人物，以便更好地理解这些群体之间的复杂关系，并避免那些通常用来描述他们关系的陈词滥调和简单对立。

对重新思考课堂或政治组织中的多元文化主义来说，阿伦特对于多元视角的坚持是她的一个主要贡献，尽管在她的作品中这种坚持有时会显得颇为自以为是。与一些更有自由倾向的理论相比，阿伦特相信我们生而处在一个共同体当中，而并非生来是单独的个体。我们是"谁"，只能在与他人的语言和行动的联系中呈现。我们只有通过倾听、思考和想象多种他人的视角，才能作出正确的思考和判断。民主的审议要求视角多样性，这与极权主义要求把各种观点削减为一个观点的立场大相径庭。① 尤其是对那些非西方文化传统的学生来说，他们的传统观念看重的是家庭和社区的联系而不是个人主义，阿伦特的多样性概念给他们提供了一种不同的出发点，来理解欧洲中心的政治和历史。另外，阿伦特提出，没有持续的、明确表达的多样性就没有民主的观点（不仅仅是为了"赞美"现存的多元文化），极大拓宽了学生们对于美国多元文化政治议程的理解。② 有些人第一次意识到自己以及自己的工作对于更广大范围人群的重要性。阿伦特给他们提供了一种理解自身行动的方式，将其视为更大范围内民主复兴努力的一部分。

---

① Canovan, M. (1992). *Hannah Arendt: A reinterpretation of her political thought*. Cambridge: Cambridge University Press, p. 205; Disch, L. J. (1994). *Hannah Arendt and the limits of philosophy*. Ithaca: Cornell University Press，其中的章节"Training the imagination to go visiting"。

② Disch, L. J. (1994). *Hannah Arendt and the limits of philosophy*. Ithaca: Cornell University Press, p. 205.

在环境正义群体和关注贩卖女性的女性主义者群体的跨政治组织联盟当中,学生们借助阿伦特及其解读者①,认识到在他们主导的自由空间中现存的危机。在这一点上,卡诺文的话值得大段引用:

> 最近在世界范围内发生的事件,让我们重新回到了阿伦特试图表达和反思的那种典型的政治现象。一方面,在一些戏剧化的事件当中,从军事入侵到东欧共产主义的解体再到摧毁已有的制度(包括国家)以及颠覆所有的确定性(包括边界),人类已经表明了自身从事一些始料未及之事的能力。另一方面,在多种多样的协商过程中,人们试图为暴力和各种明显无法解决的争议寻找政治解决方案。从中,我们可以看到政治行动的另一面,看到政治在沟通法律无法跨越的鸿沟,把敌人团结到政治契约中去,并以此来创造新的公共空间方面的能力。在这种新的公共空间当中,各种争议都可以被表达,而不仅仅是彼此争执不休。②

阿伦特的分析和多元文化主义之间有许多这样的交集,对我的学生们来说是重要的。然而,在结束这些反思之前特别需要留意的是,道格拉斯·克尔纳(Douglas Kellner)正确提出了"技术批判理论"在我们这个多元文化社会中对民主教育的必要性。他指出了围绕着新兴技术而广泛存在的"亲技术论"和"技术恐惧论"话语非常

---

① 对于仍在对持续的政治行动主义进行国际分析和跨国分析的人来说,情况尤其如此。例如:Prakash, G. (1996). Who's afraid of postcoloniality. *Social Text*, 14(4), 187-203.

② Canovan, M. (1992). *Hannah Arendt: A reinterpretation of her political thought*. Cambridge: Cambridge University Press, pp. 277-278.

普遍。① 这些话语中狭隘、未经思考的主张,对于学生们批判性的应用技术很少能提供什么帮助。这些技术恰恰有可能驱使他们的家人成为数字移民、消耗他们的空闲时间,或者塑造他们未来的事业、改变他们的身份。在《极权主义的起源》《人之为人的条件》以及《在过去和未来之间》中,阿伦特对当代技术的意义提出了质疑,这正是克尔纳寻求的批判教学的基础。

阿伦特认为,需要针对当前的技术进行细致评估,以判断它们在摧毁多样性方面的潜在能力。在宏观层面,这样的当代技术既包括核武器这样的手段,也包括微观水平上的诸如基因控制这样的实践。她从产生和发展这些技术条件的方法论背景出发,追究它们对于人类多样性的危害。

> 我们今天在物理学领域的所作所为,总是从一个外在于地球的宇宙的角度来操纵自然。我们释放了通常只在太阳上发生过的能量过程,尝试在试管中检验宇宙演化的过程,在望远镜的帮助下探索20亿甚至60亿光年的宇宙空间,建造用于生产和控制自然界未知能量的机器,在粒子加速器中获得接近光速的速度,制造自然界中不存在的元素,或是分离通过使用宇宙辐射来制造的放射性粒子。当然,我们并不是真的站在阿基米德想要的那个位置上,……我们仍然由于人的条件而被束缚在这个地球上,我们必须寻找在地球、在陆地自然环境中行动的方法,尽管我们是从外部立场、从阿基米德的位置出发来处

---

① Kellner, D. (1998). Multiple literacies and critical pedagogy in a multicultural society. In G. Katsiaficas & T. Kiros (Eds.), *The promise of multicultralism* (pp. 211-236). New York: Routledge, p. 234.

理这些问题的。即使冒着危及自然生命过程的风险,我们也要把地球暴露给与自然界不同的普遍的、宇宙的力量。①

阿伦特相信,阿基米德原理(例如,距离越远就越有能力去审视、测量和掌握事物)的核心意义在于,失去了人的尺度、失去了共有的空间和时间。② 在阿伦特的意义上,缺乏根基的行动、厌世必定是一种无思。人类可以在宇宙中对这个世界采取行动,但是他们不能将思考的条件带入宇宙。阿伦特在多部作品中主张,我们需要许多世俗的、基本的人类命运共同体,以便维持政治自由,并对我们在外部空间需要做什么作出充分评估。矛盾在于,令人敬畏的技术成就可能产生新的极权主义的条件。阿伦特警告说,这些新的极权主义看起来与纳粹主义等并不相同。

例如,控制论和纳米技术许诺在分子层面实现人体重建(甚至提出要通过遂人所愿的人体外表的改变来终结种族主义),许诺对于任何物体的廉价运送(提出要终结饥饿和贫困),构造一个完全人造的世界,让虚拟现实模拟的世界成为现实。③ 正如我的学生罗斯在她的研讨班作业中所写的那样:问题不在于新兴的技术范式能否实现它的许诺。毕竟,从前的那些技术的类似许诺也都失败了。罗

---

① Arendt, H. (1958). *The human condition*. Chicago: University of Chicago Press, p.262.

② Winner, L. (1977). *Autonomous technology*. Cambridge, MA: MIT Press; Schell, J. (1982). *The fate of the earth*. New York: Avon Books; Villa, J. (1995). *Arendt and Heidegger*. Princeton: Princeton University Press.

③ 尤其参见:Crandall, B. C. (1996). *Nanotechnology: Molecular speculations on global abundance*. Cambridge, MA: MIT Press. 大量有关纳米技术的网站,追溯了该技术的发展历程。同时参见哈利·克利弗(Harry Cleaver)的网页,其中有几篇信息量丰富的文章涉及与萨帕塔民族解放军有关的"草根电子动员"(http://www.eco.utexas.edu/faculty/Cleaver)。

斯解释道,阿伦特提出的问题是,这些新的生产技术是不是会在不经意间(实际上是不经思考地)取得成功,从而继承纳粹主义未曾实现的假设("假设每件事都是可能的"[①]),让世界转变为追求持续改变的实验室。那些对参与政治感兴趣的人,不仅仅要成为技术"知情人"和熟手,还必须理解保护新的政治言论和行动空间的任务正在变得更加迫切。

最终,我仍不知道汉娜·阿伦特是不是一个"多元文化主义者"。就像我的学生们一样,我并不总能读懂她的意图。关于她严重的历史局限性和哲学上的非一致性,或许她的批评者们是对的。但是,我的那些来自不同背景的学生们如此明确地告诉我,正是阿伦特思想中最困难、最棘手的方面,反映了在一个日益多样化的世界当中,学生们对于民主可能性的最为深切的关注。

---

① Arendt, H. (1973). *The origins of totalitarianism*. New York: Harvest, p. 427.

阿伦特论大学政治化及其他

彼得·尤本

I

在 20 世纪末,"文化战争"是一个热门话题。它来自保守的经典主义者和他们的多元文化主义批评者,双方都认为对方在把大学政治化。有时候,他们对于对方的控告会显得很滑稽,每一方都在向对方吼叫:"你在把大学政治化。""不,你才是。""不,你才是。"如此这般,循环往复,就像是过家家的小孩子们一般。

这场冲突中确实存在一些特别的东西,它带有末日般的姿态以及夸张的言辞较量、争执和斗争。其中有一些至关重要的主题,但是在争执中却往往难以发现。这种争执是冷战的一种延伸,也是对千禧年临近后盛行的那种过度热切的景象的预示。如果你认为我在夸大其词,那么就让我给你一些更加耸人听闻的表达吧。迪内希·迪索萨(Dinesh D'souza)警告说[①]:"新野蛮人已经占领了人文、

---

① D'souza, D. (1992). The visigoths in Tweed. In P. Aufderheide (Ed.), *Beyond PC: Towards a politics of understanding.* St. Paul, MN: Graywolf Press, p. 11.

法律和社会科学的院系";包括多元文化主义者、女性主义者、激进分子和后结构主义者、新历史学家以及其他各种左派分子之间的邪恶联盟,已经破门而入,在这里恣意狂欢;"来自校园本身的抵抗已经被压制,亟需外界的支援"。艾伦·科尔斯(Alan Kors)是一位哲学家,是"全国学者联合会"(National Association of Scholars)的组织者。他让自己的同事们相信,尽管那些野蛮人就生活在我们中间,但如果你向他们展示了你的无所畏惧,他们也照样会崩溃。但是,他随后又鼓励人们建造修道院,来保存理性和文明,以抵御野蛮人对乡村和城镇的古典中学的破坏。琳内·沙内(Lynne Chane)是"美国国家人文研究基金"(National Endowment for the Humanities)的主任。① 乔治·威尔(George Will)把她称为"国内防务部的部长",并且继续说道:"与她必须要对付的境内努力相比,……她的丈夫迪克(随后担任美国国防部部长)必须牵制的外国人倒显得不那么危险了。"②

正如《高等教育编年史》(The Chronicle of Higher Education)的读者们可以证实的那样,尽管一些相同的老旧指控已经被重新包装成某种异常状态而一再出现,但是形势或多或少都已经平息了。我们显然迷失在道德上的随波逐流和相对主义之中。我们已经摧毁了家庭观念、理性和学术标准、文明礼仪、对隐私的尊重、沉默权、

---

① Berger, J. (Nov. 15, 1988). Scholars attack campus 'radicals'. *New York Times*, p. A22; Weisberg, J. (1992). NAS: Who are these guys anyway? In P. Aufderheide (Ed.), *Beyond PC: Towards a politics of understanding*. St. Paul, MN: Graywolf Press, p. 85.

② 我对这些引文的更大篇幅的讨论,参见:Euben, J. P. (1997). *Corrupting youth: Political education, democratic culture, and political theory*. Princeton: Princeton University Press, chap. 1。

庄重、清教伦理以及权威。我们已经被性滥交、公开的同性恋以及流行文化所腐蚀。为了重建最美好、最崇高的东西,只能重新回到20世纪50年代,当时这些事情还是"正确的"、大学还未曾政治化。①

我无意延续文化战争中的那些论战,我乐意承认多元文化主义者有自己关于迫害、已故白人男性和压迫的话术,我承认那种随处可见的、过度的自以为是。事实上,我想给这些冲突降降温,这至少出于两个理由:第一个理由与人文学科和一些社会科学被边缘化的方式有关。这些方式包括技术必要论、现在主义、职业主义、董事会的激进企业家心态以及公立大学的日益增加的私有化,这让大学容易受到那些最大投资人的教育愿景的侵害。除非文化战争的敌对双方能够意识到,让他们的斗争具有意义的那些条件正在受到威胁,否则哪怕大难临头,他们也还是会歌舞升平、装腔作势。第二个理由是,除非我们能克服这些论战、话术以及指控和反驳的套路,否则我们就仍然不能发现这三者都掩盖了的问题。

我不会提供类似于文化战争史那样的东西,但是会针对文化战争的起源指出两个相关的要点。其一,保守的经典主义者是对的,20世纪60年代是一个分水岭,当时出现了"三边委员会"(Trilateral Commission)所谓的"反抗文化",用来遏制"负责任的精英们"的治理。至少在我研究生时期的伯克利,这种文化战争是起作用的。自由言论、公民权利以及反战运动,与对中央情报局(Central Intelligence Agency)的揭露同时发生。中情局借助"文化自由代表

---

① 例如:Himmelfarb, G. (1999). *One nation, two cultures: A searching examination of American society in the aftermath of our cultureal revolution*. New York: Knopf. 尽管更加温和、更加乐观(感谢宗教的复兴),但是该书已经不是要对那些保守主义的口号做彻底的审查,而只是要求做适当的放弃。

大会"(Congress for Culture Freedom),为学术研究和一些严肃期刊提供背书,尽管那些社会科学家们也同时宣称科学的客观性是好的(他们中的一些人受到中情局的雇佣)。① 你可以理解,这在课堂上引发了对于理性以及政治中立声明的普遍怀疑。

另外一点是,"冷战"为文化战争提供了一些辞令、动机甚至是主题。冷战的突然结束,让我们在面临一些根本性政治问题的同时,缺乏一个由两极世界提供的道德和政治指南。或许我们已经适应了敌我之分(请记住,中立主义、不结盟主义以及第三条道路,都被当成了原教旨共产主义而被摒弃),因此与其在一个充满了陌生的道德复杂性和政治复杂性的世界中生活,我们更乐意把这种简单明了的敌我对立引入国内文化战争中去。

在这个过程中,我们对于文化的理解、对于伟大著作以及政治的理解,受到了大学内外某种党派意见的束缚。人们忘记了文化是一种生活方式,其中有丰富、古老的人类活动,是一系列丰富多元且往往包含冲突的叙述。这包括一些共同的理解和误解、各种角色和责任,以及各种协商。在这些概念当中,文化是一种有生命、会呼吸的系统,它可以在其成员内外分配和应用主体性、权力和特权。② 一种文化几乎永远不可能只包含一种声音,其内部也几乎永远不可能没有这样那样的裂痕和冲突。例如,在马克思主义者看来,文化是一种"虚假意识",因为在文化当中包含了一系列未经检验的假设、

---

① Saunders, F. S. (1999). *Who paid the piper: The CIA and the cultural war*. London: Ganta.
② Honig, B. (1999). "My culture made me do it". In J. Cohen, M. Howard, & M. C. Nussbaum (Eds.), *Is multiculturalism bad for women? Susan Moller Okin with respondents* (pp. 35-40). Princeton: Princeton University Press, p. 39.

态度和制度,能够压制个人使其无法清醒认识自己的真实处境。对于那种认为文化是限制或扩展想象的理解来说,这种观点至关重要。同时,这种观点本身也是对一些元素的重新安排,这些元素来自它要挑战的文化本身,既包含宗教元素,又包含世俗元素。可以考虑一下马丁·路德·金(Martin Luther King Jr.)的《伯明翰监狱的来信》(Letter from a Birmingham Jail)。在这封信当中,他巧妙地重新安排了犹太教、基督教、美国建国者的声音以及从苏格拉底那里延续下来的西方智识传统,借此来提供一种更包容的文化观念和政治观念,而非那些自称是文化代言人的文化观念。

鉴于这种对于文化的片面理解,一些保守主义的捍卫者和多元文化主义者会批评所谓西方文化误读了文化的来源,或者忽略了文化中包含的争论。设想一下围绕伟大书籍的那些争论吧:一些保守的经典主义者认为,这些书籍是道德处方的汇编,像药丸或蓖麻油一样,适量摄取有益健康。但是,这忽略了一个问题,这些书籍到底是如何塑造品格的? 或者,它们真有这样的作用吗? 毕竟,我们中最有文化的人并不一定就最有德性。[①] 或许阅读一些特定的书籍,可以让学生们变成经典主义者或多元文化主义者想要他们成为的那种人。但是,课堂内和课堂外的世界存在鸿沟,在我们以为自己在教的东西和学生实际学到的东西之间也存在鸿沟。

事实上,特定文本之所以能跨越不同世代和读者群体,持续产生共鸣,就在于他们对基本文化范畴的政治化方式。这些范畴包括自然、上帝、传统、家庭、生理性别以及权威。这里的"政治化",指的

[①] Pollit, K. (1992). Why do we read? In P. Berman (Ed.), *Debating PC: The controversy over political correctness on college campuses*. New York: Dell, pp. 206, 210.

是亚里士多德认为某事（例如,生理性别）政治化时的含义,意味着把某事当作人造物,因此服从于人性的设计,而不是那种我们可以理解但是无法改变的自然法则。关于经典作品的众多争议,当然也可能已经镌刻在这些文本的情节、主题、讨论以及戏剧背景中了。如果是这样,那么保守的经典主义者在谴责高等教育政治化的时候,实际上已经忽略了他们赞颂的文本对于他们所批评的教育做出贡献的方式。

在这方面,可以考虑柏拉图《申辩篇》(*Apology*)中的苏格拉底。你应该还记得,苏格拉底具体指向的是那些拥有政治权力和文化权力的政治家和诗人,他质疑这些人是否实际考虑过自己的言行举止,以及能否为自己的权威提供合法基础。不出所料,这些人对于这种挑战感到愤怒和不满,他们害怕在年轻人中引起某种"反抗文化",正如"全国学者联合会"的成员在面对多元文化主义者的批评时的感受一样。

紧接着,只要人们去教授伟大作品,从而挑战依附于日常实践的那种无思,那么大学教育就不可避免地被政治化了。没有什么是比苏格拉底的告诫、挑战和煽动更为政治化的东西了：一种未经检验的生活是不值得过的。同样顺理成章的是,高等教育的去政治化,将意味着炮制那种小学和中学常见的教科书。这些教科书缺乏幽默、缺乏讽刺、缺乏激情或者愤怒,充满了说教式的陈词滥调、单面的历史以及一些智力上平平无奇的东西。

但是,如果说保守的经典主义者是以经典作品本身反对的方式来对待伟大著作,那么多元文化主义者对于经典作品的批评,就还没有认识到他们责难的这些文本,可以与对经典的不同掌握方式和文化权力的民主化并行不悖。如果想要确保已故白人男性经典作品的霸权地位,我当然不会让学生们阅读索福克勒斯(Sophocles)的《安提戈涅》(Antigone)或者柏拉图的《理想国》(The Republic)。因为,《安提戈涅》写的是掌权者如何把理性当作政治武器来对抗其对手、写的是男人和女人相互冲突的义务、写的是代际和性别冲突以及进步怎样带来了犯罪。《理想国》包含对于传统阶级等级、财富、生理性别的激烈批判,其戏剧化的结构与传统等级制的主要观点相悖,并坚持认为任何体制都要接受公正标准的裁决。这些都是挑衅性甚至是颠覆性的文本。

但是,关于伟大书籍的讨论,仅仅是大学政治化的相关争议的一部分。当保守的经典主义者谈论这样的政治化时,他们意味着让阶级、生理性别和性取向成为检测谁应该被雇佣、应该由谁来教什么的规准。他们憎恶和抗拒这样的观念,认为受压迫群体的成员身份,可以为他们所说的东西提供合法性。不论事情是真是假,都对这些范畴没有影响,这个假设完全忽略了它不需要的那 2500 年来的讨论。虽然不只是他们会持有这样的看法,但是经典主义者的确相信大学是理性和辩论的根据地,而不是一个代表大会,要对于谁应该被接纳、什么内容应该得到传授这样的问题作出妥协。在理性的讨论、论证、提供证据或者作出审美判断的过程中,身份政治、散布谣言和政治正确性没有立足之地。高等教育机构必须远离政治冲突,不要模仿它或者沦为参与政治的垫脚石。如果这种区别被抹去,那么知识和教条、普遍价值和地方偏见、教育和灌输、政治和明智判断之间的区别也就一并被抹去了。

多元文化主义者把不信任当成对于这种政治化指控的一种反

应。小亨利·路易斯·加特（Henry Louis Gate Jr.）说道："那些一本正经的人，反对让政治演变为某种政治性的东西。这表明那些官方文学史是如此成功，让自己表现得好像是自然产物一样，似乎可以不受世俗利益的影响。"①另外一些多元文化主义者继续指出，诸如康德、密尔这样的自由和理性的古典作家们，他们对于土著居民的态度即使称不上是种族主义的，也至少是落后的。康德认为那些喜好娱乐的塔西提（Tahiti）人，缺乏道德严肃性以及崇高的理想，于是他怀疑这些人还值不值得继续存在。密尔则认为野蛮人恰好证明了大英帝国的合法性。②

正如这里提到的那样，多元文化主义者认为自己对抗的是西方霸权。这种西方霸权带有某种自我确证的假设，认为"我们"的方式代表了一种普遍有效的规则，以及唯一理性地组织人类生活的方法。他们憎恶和拒绝把各种方式的生活和思想区分为西方的和非西方的，认为这是一种偏见。正如哈贝马斯（Jürgen Habermas）所说："与一个人自己的传统保持距离、扩展有限的视野，是西方人的理性主义的优点。"③这就好像是说，西方人以外的人缺乏反省意识，因此也难免受到那些神秘世界观的控制。

因此，每一方都认为对方把大学政治化了，他们以为只有自己在寻求真理，只有自己在试图教育学生，而另一方则由只想灌输意

---

① Gates, H. L. Jr. (1992). Whose canon is it, anyway? In P. Berman (Ed.), *Debating PC: The controversy over political correctness on college campuses*. New York: Dell, p. 195.

② Parekh, B. (1999). A varied moral world. In J. Cohen, M. Howard, & M. C. Nussbaum (Eds.), *Is multiculturalism bad for women? Susan Moller Okin with respondents* (pp. 35-40). Princeton: Princeton University Press, p. 69.

③ Habermas, J. (1998). Remarks on legitimation through human right. *Philosophy and Social Criticism*. 24(2-3), 157-171.

识形态的教条主义者组成。尽管一方在最近才开始承认大学是不关心政治的,而另外一方相信政治性直到最近才得到了关注。但是,从表面上来看,双方都同意要从大学祛除政治。每一方都觉得自己饱受批评,双方之间的这场斗争是一种零和博弈。

如果大学的根本目标是(并且必须是)针对民主公民的政治教育,那么要祛除政治是什么意思呢?人们能不能在政治教育(political education)和政治化教育(politicized education)之间保持一种清晰的区分,来尊重大学的核心任务,同时避免针对彼此的各种过度批评?

在阐述这样的区别之前,关于在大学政治化方面的相互指责,还有最后一点要强调,即政治如何变成了一个贬义词。在现在的词典中,"政治化"的意思是用不道德、肮脏、不光明正大的、有害的、操纵的、意识形态的方式来做某些事。如果这就是"政治",那么谁会乐意让自己的孩子或者同胞成为受过政治教育的人呢?

在流行文化和高雅文化中、在午夜电视节目中的玩笑和电影当中,政治被当成了一种贬义词。杰伊·莱诺(Jay Leno)把政治当成小丑的舞台,这是一个最简短的嘲讽。但是,我最喜欢的说法来自本地一位脱口秀节目主持人。这位主持人要求他的听众根据对孩子们来说最没有吸引力的程度,来给不同的职业排序。排名第一的是卖淫,紧随其后的一项就是政治。但是,正像随后的一通听众电话迅速指出的那样,这两个职业之间其实也没有什么差别。

拿起任何一份报纸或杂志,我们都能读到那种玩世不恭、冷漠和不满,这代表了美国人对于政治的态度。大学生不想研究政治或从事政治。诸如《摇尾巴的狗》(*Wag the Dog*)这样的电影和《辛普森一家》(*Simpsons*)这样的电视节目秀,都很巧妙地嘲讽了政治。专家和教授哀叹金钱对政治的影响,哀叹那些善良的男人和女人会拒绝竞选、拒绝留任,哀叹政治化妆师和关键群体变得越来越重要,哀叹公共文明和社会资本的丧失。那些热衷于户外活动、在松散的临时性组织(诸如短期志愿者项目或者支持群体项目)工作的美国人,关心的只是个人问题。① 在这些人当中没有什么东西可以产生更一般的信任感、亲密关系以及维持集体行动的能力。托克维尔认为,正是这些关系和能力构成了一个由平等个体构成的社会的必要解毒剂。因为,在这样的社会当中,个体深刻地怀疑权威,但又极易受专制的行政国家的影响。

在质疑大学政治化时表明的这种对于政治的轻蔑,有许多由来已久的渊源。这就是为什么迪翁(E. J. Dionne, Jr.)会认为,美国人之所以痛恨政治,不是因为可怜的政治错了,而是因为政治不够充分。② 为了确定这些渊源,人们可以追溯到柏拉图的《理想国》。这本书把政治世界与洞穴联系起来,把政治描绘为对道德操守以及哲学知识的威胁。在基督教看来,俗世权威是在一个缺乏终极意义的世界当中,对于罪恶的、不纯洁的世界的一种矫正。对于自由主义者来说,政治是第二位的,在很大程度上是与私人生活相对立的防卫性活动。只有在私生活当中,人们才可以选择如何生活、消除权力的恶劣影响。在马克思读物当中,政治是更基本的经济力量的

---

① Chaloupka, W. (1999). *Everybody knows*: *Cynicism in America*. Minneapolis: University of Minnesota Press.
② Dionne, E. J. (1991). *Why Americans hate politics*. New York: Simon & Schusters; Chaloupka, W. (1999). *Everybody knows*: *Cynicism in America*. Minneapolis: University of Minnesota Press, chap. 7.

附属物,是一种统治的手段,服从历史逻辑并且最终会归于消亡。言归正传,一个人可能会指出在《联邦党人文集》(The Federalist Papers)中的政治不信任。这种不信任,正是民族独立主义者的信念,认为宪法可以通过制衡,提供一种制度性的美德,来补偿个体美德过于碎片化的存在。更相关的是,人们可以分析 20 世纪 60 年代的那种破坏性的辩证法:年轻人怀疑政治权威,而那些政治权威的所作所为又进一步证实了这种怀疑。从中,人们也可以看到在当前政治中的反政治策略:那些精明的政客们在争夺一种政治门外汉的角色。

无论原因是什么,结果都是自我消耗、自我延续的政治犬儒主义。其中,那些试图缓和这种犬儒主义的方案,都被以一种犬儒主义的方式来看待。政治领袖的姿态,最终被认为只不过是一种姿态而已。[1] 显然,这种普遍的政治犬儒主义以及对于政治的诋毁,既是症状也是原因。这对于任何挽救政治的努力都构成障碍,代表了一种民主的危机。同时,由于政治身份和教育在美国有密切的联系,这里的危机就必然既是教育的也是政治的了。但是,危机在带来危险的同时也提供了机遇,譬如净化那种陈腐的、已然失去了支持和权威的对于传统的虔诚和依赖。汉娜·阿伦特写道:"这种偏见的消失,只是意味着我们失去了日常依靠的那些答案。我们甚至都不会意识到,它们只不过是问题的常规答案罢了。"[2] 回到问题本身,迫使我们思考这些问题,而不是沉迷于争论当中的夸张语句或者得到

---

[1] Chaloupka, W. (1999). *Everybody knows: Cynicism in America*. Minneapolis: University of Minnesota Press, pp. 27-28.

[2] Arendt, H. (1977). The crisis in education. In H. Arendt. *Between past and future*. New York: Penguin Books, p. 174.

背书的那些判断。

在这里,问题本身已由弗吉尼亚大学的创立者提出:"我不知道,除了人民自身,还有什么足以成为终极社会权力的安全保障。"托马斯·杰弗逊在 1820 年写道:"如果我们以为他们还未经足够的启蒙,不能以一种健全的判断力来行使控制权,那么正确的补救办法不是从他们手上拿走这种权力,而是继续培养他们的判断能力。"① 当然,谁会去启蒙人民?怎样以及是什么构成了健全的判断?甚至,谁是这里所说的人民?这些都是问题。但是,杰弗逊的挑战是清楚的:怎样才能以政治的方式教育一个民主的公民呢?

II

在本章的剩余部分,我想借助阿伦特和苏格拉底的帮助,来回应杰弗逊提出的挑战。我选择阿伦特和苏格拉底,基本上是出于同样的理由。(事实上,我基本上是以阿伦特的方式"使用"苏格拉底,并且"我的"苏格拉底也往往是阿伦特的。)这二者分别(并且共同)帮助我们重新聚焦于文化战争的概念,清除了各种口号的支配,帮助我们区分政治教育和政治化教育。同时,二者还告诉我们在双方这些争论中的正确之处和夸张之处,他们提供了一种课程选择的标准,推动了一种关于"伟大著作"以及文化的更为细腻的观点——正是在这些文化当中,伟大著作得以出现,并且代表了这种文化。最后,我选择这两个人,还因为他们都以自己的独特方式,成为杰出的

---

① 托马斯·杰佛逊 1820 年 9 月 28 日给查韦斯的信。收录于:Ford, P. (1905). *Collected works of Thomas Jefferson* (vol. 12). New York: G. P. Putnam's Sons, p. 1630.

政治教育者。①

更明确的一点是,我选择借用阿伦特,是因为她对于"政治教育"观念和实践的怀疑。这种怀疑表达了对于政治和教育之间关系的一种不安。与文化战争参与者的贡献相比,这更具建设性。我选择阿伦特,同样是因为很难把她归入流行的知识分子或者政治的派别。她是保守派、自由派,还是激进派?她是一个哲学家还是政治思想家?她是一个共和传统的捍卫者,还是一个民主党人?她鼓吹的是濒死的政治,还是协商政治?只有在你还没有读过她的作品之前,答案才可能是简单的。最后,我选择她作为一个对话者,是因为她自己对于"伟大著作"的阅读尽管存在问题(例如对于马克思和柏拉图的阅读),但仍然有建设性而非说教。

我选择苏格拉底,是因为他是一个典范,能把文化战争中对立的双方混淆起来。同时,这也是因为我认为苏格拉底相信,过一种经过检验的生活是针对民主公民的政治教育的必要特征。(尽管与阿伦特相比,苏格拉底对政治更加戒备,他本人也更加伟大。)当然,苏格拉底被杀的一个理由,正是因为他过上了这种生活。这让我的议论看起来有些滑稽,令人难以置信。苏格拉底如此高寿,尽管一再挑衅,但是(对于他的审判的)最终投票结果仍然很接近。苏格拉底说,如果给他一整天时间,他就可以说服陪审团成员相信他是清白的。有鉴于此,我认为苏格拉底赞赏的那种经过检验的生活,正

---

① 如果我们在政治和道德、伟大和正义的关系问题上,继续保持这两个人之间的张力,那么他们就更加当得起伟大政治教师的称号了。

是雅典人的民主实践。①

汉娜·阿伦特相信,"政治教育"是对于情感和活动这两对范畴的危险混淆。政治意味着加入与自己平等的人中间,承担一种说服他人的努力并冒着失败的风险。教育假定"基于成人绝对权威的独裁式干预"②。由于教育在政治中无法发挥作用,我们"总是必须面对那些已经受过教育的人",因此任何人如果试图去教育成人,"实际上就是想成为这些成人的监护人,阻止这些成人参与政治活动"③。

结果表明,阿伦特批评的主要是两个具体对象。第一个对象包含了政治思想传统,最著名的是柏拉图。柏拉图将父母对儿童、教师对学生的权威视为理解政治权威的模型。对阿伦特来说,这是一种范畴上的错误,混淆了政治(和平等)与教育(和权威)。这是因为政治平等不是先于公共领域构成的自然条件,而是在进入公共领域时个人获得的公民身份的属性。

第二个对象是美国教育。柏拉图不恰当地将基于永久不平等的类比引入了政治领域;美国人则不恰当地把他们对于平等的认同引入课堂,因此抹除了年轻人和长者的区别、有才能的和没有才能的人的区别、儿童和成人的区别,以及抹除了最重要的学生和教师的区别。拒绝行使成人的权威,至少有两个后果:它隔离了儿童的世界,通过创造一个隔离带允许同龄人的暴政替代成人的权威;它

---

① 我在别处详细展开了这一观点:Euben, J. P. (1997). *Corrupting youth*: *Political education, democratic culture, and political theory*. Princeton: Princeton University Press, chap. 4.
② Arendt, H. (1977). The crisis in education. In H. Arendt. *Between past and future*. New York: Penguin Books, p. 176.
③ Ibid., p. 177.

代表了一种责任的退场,即由成年人来为年轻人准备成人资格的责任。

儿童自身表现出了阿伦特所谓"教育者的双重面向"。类似所有物种的年幼者,一个儿童在成为一个"人"的过程中,类似于一只小猫咪成长为一只"猫"。但是,人类父母不仅仅赋予孩子生命,他们"同时把他们带入一个世界中"①。这就是为什么教育的功能不仅仅是在生活实践当中进行训练——好像所有的成年动物都会为其幼崽做的那样,人的教育还包含为这个世界的连续性承担责任。这个世界在儿童出生以前就已经存在了,在他们死后也仍将继续存在下去。因为儿童既是对这个世界的一种威胁,同时也是更新这个世界的来源,因此教育必须同时向两个方向移动:教育必须保护儿童来对抗这个世界,同时也要保护这个世界,使它不至于因为"每一代人的更新而受到踩躏和破坏"②。因此,在为这个并非他们创造的世界承担责任的意义上,成年人包括教师都必须是保守的,尽管这个世界甚至都不是他们赞同的世界。但是,运用于教育的这种来自过去的权威和针对过去的态度,在政治和成人的世界里就没有效力了。

这意味着适合教育的保守主义,不应延伸到公共领域。在公共领域,我们是在成人和平等的人中间行动。从政治上说,仅仅是去接受和保持现状,那将是一个灾难,因为这个世界"必不可免地会交

---

① Arendt, H. (1977). The crisis in education. In H. Arendt. *Between past and future*. New York: Penguin Books, p. 185.
② Ibid., p. 186.

给时间去毁灭,除非我们能通过改变和创造新的事物来进行干预"①。只有我们允许年轻人、新事物以及从未见过的事物出现,这个世界才可能在与有死性的对抗中保存下来,要知道有死性总是在威胁着淘汰这个世界。结论看起来颇为矛盾:必须在教育中选择保守,才可以在政治上保持激进;必须在政治上选择激进,才可以保护共有的世界的活力,同时让有些东西得以保存。

在这个过程当中,高等教育机构扮演了特殊甚至矛盾的角色。它们既是教育的终点,又是政治的起点。我们的学生同时也是我们未来的同胞。他们投票,他们被要求去保卫这个国家,他们可以签订有效的契约,他们尝试着扮演成年人。(我没有考虑日益增加的非传统学生。)作为民主社会的公民,他们必须认识到,与他们迄今为止经历的教育权威相比,政治当中没有类似的东西。

阿伦特有关文化战争的观点有何启示呢?首先,她赞同经典主义者的观点,认为在鼓励人们珍视一个国家、一个民族共享之物的意义上,教育必须是保守的。在一个移民国家,教育提供了一种公共语言,这样我们之间的差异就变得可以理解了。②

其次,阿伦特会坚持认为,多元文化主义者的批评,是在为这个他们认为不公正和压迫的世界承担责任。当然,为一个共有的世界承担责任,并不意味着不能批判它。事实上,随后我将要论证的是,承担责任恰恰需要批判,尤其是当身处一个民主世界之时。但是,首先可能需要威廉·高尔斯顿(William Galston)所说的"历史叙述

---

① Arendt, H. (1977). The crisis in education. In H. Arendt, *Between past and future*. New York: Penguin Books, p. 192.
② 但是,正如下文第四点所暗示的,这忽略了"我们"和"共有的"本身发生冲突的方式。

的教化",它建立了一种英雄的万神殿来赋予这个社会的核心制度和实践合法性。① 这当然要求不把年轻人视为平等的,而应为年轻人提供一种安全感和掌控感,借助一些道德和社会地图来引导他们的思想,去拥有作为荣誉身份或任务的成年人称号。②

第三,阿伦特也可能坚持认为,保守的经典主义者不能把自己的文化强行灌输给年轻人,排除他们"从事一些新的、前所未见之事"。他们必须通过与这些 18—22 岁的年轻人分享自己的权威,来为学生们作好准备以完成更新共有世界的任务。这些年轻人既是他们的学生,也是他们未来的同胞。这并不意味着放弃由于知识优越性而获得的权威,它意味着分享责任,去维系一种迄今为止还是成人特权和任务的那种生活。同时,这也意味着进一步强调互惠性,在作为他们的教师的同时,也成为自己学生的学生;教师要与学生进行对话,而不仅仅是提出问题,直到学生给出正确回答为止。事实上,在这个阶段的提问变得比答案更加频繁,道德化的叙述让位于分析和批判,对于那些经典的挑战应该得到尊重甚至鼓励,而不是被误认为一种冒犯。

---

① Galston, W. (1998). Civic education in the liberal state. In A. O. Rorty (Ed.), *Philosophers on educaiton*. London: Routledge.
② 阿伦特强烈反对把儿童和成人的划分视为一堵高墙,尽管童年是"一个能够靠着自己的法则来生活的自治的国度"[Arendt, H. (1977). The crisis in education. In H. Arendt. *Between past and future*. New York: Penguin Books, p. 195.]。因为,儿童的独立世界是由成人建立起来的,所以这个独立世界的存在本身,就表明了成人对于教养儿童的责任的放弃。这甚至可以认为是一种成人对于自己的世界的困惑、漠视或者轻视的表述,或者更加令人不安的是作为一种未明言的继续当儿童的欲求,因此宣布放弃对于依然存在的这个世界的特权和责任。阿伦特写道,就好像父母所说的:"在这个世界当中,即使是我们自身也没有感到惬意。如何进入这个世界、可以知道些什么、要掌握哪些技能,对我们来说也是未知的。你必须尽自己所能地去探索。在任何情况下,你都不要指望我们。我们是无辜的,我们在你的事情上不再负有责任。"[Arendt, H. (1977). The crisis in education. In H. Arendt. *Between past and future*. New York: Penguin Books, p. 191.]

第四,通过推理和示范,阿伦特提供了一种能够快速习得并且获益的阅读经典作家的方式,例如阅读柏拉图、康德、卡夫卡。与文化战争中的对手不同,阿伦特珍视这些作品中的技艺和无尽的美感。这些东西尽管也会影响文化权力,但是它们在让文本变得"伟大"的同时,也尊重甚至促进了这些文本的破坏潜能。一个最近的评论者为阿伦特转寰道:"教育中最重要、最困难的问题是,如何在保护儿童身上的'新'和革命性的同时,保护这个世界让它成为人类的永久家园。"①我认为阿伦特自己对于经典文本的阅读,解决了类似的问题。

最后,保守的经典主义者受到了本位主义的诱惑。阿伦特警告他们,不仅仅要为年轻人,而且也要为那些并不年轻的新移民提供空间和机会。尽管教育也帮助这些新来者成为美国人,但是他们也是国家更新的来源,同时也作为一种新秩序,是我们国民身份的"捍卫者"。对于美国来说,教育拒绝向外部世界关闭大门,这是"伟大的"和"乌托邦的"②。

但是,大学政治化的问题怎么办呢?在这个问题上,阿伦特如何为我们提供帮助?阿伦特坚持认为教育成年人是某种形式的灌输,把年轻人作为平等的人对待则是一种愚蠢。这些都是有益的观察,但是并不能给我们提供太多帮助。真正富有教益的,是阿伦特在反对把政治作为一种辞令时使用的方式。她讨论政治的方式无疑是古怪的,但是这恰恰是事情的关键所在。

---

① 本书第 2 章。
② Arendt, H. (1977). The crisis in education. In H. Arendt. *Between past and future*. New York: Penguin Books, pp.175-176.

III

阿伦特认为,正是在公共领域当中,教育包含了平等个体之间的互惠性,而不是那种不正当的等级性,尤其是在完全民主的公共领域当中。这一点在《申辩篇》中有所暗示。其中,苏格拉底辩称,任何心智健全者都不会故意腐化他生活在其中的那个群体,因为那也会降低他自己的生活品质。毕竟,如果旅途和目的地相同,那就没有必要去破坏自己驾乘的工具了。[1] 亚里士多德把城邦定义为一种共同体,其中的政治活动改变了参与者的品格:"如果在聚集到一起之后,参与的精神和交往的实质与之前分离时的状况是一样的,那么他们的共同体就不是一个城邦。"[2] 这并不意味着每个人都持有相同的观点、分享同一个观念(根据亚里士多德的看法,这是柏拉图的一个误解[3]),而是人们在政治辩论和政治审议中会改变自己的意见。这样来看,"代议制民主"是一个自相矛盾的术语。因为,如果

---

[1] Schell, J. (1985). Introduction. In A. Michnik (Ed.), *Letter from prison and other essays* (trans. by M. Latynski). Berkeley: University of California Press, p. xxxiii.

[2] *Politics*, 1280b32.

[3] 根据亚克(Bernard Yark)的介绍,亚里士多德和柏拉图对于共同体的理解存在冲突之处。[参见:Yark, B. (1993). *Problems of a political animal: Community, justice, and conflict in Aristotelian political thought*. Los Angeles, CA: California University Press, p. 33.]在《政治学》中,亚里士多德评论过柏拉图在《理想国》中的观念:"很显然一个城邦并不像有些人所认为的那样在本性上是一致的;……城邦的这种极端一致性显然并不是某种善(1261b5-15)。"多样性在亚里士多德看来,非但不是需要克服的问题,而且是共同体得以存在的必要条件。在回答"一个秩序井然的城邦是否应当共有一切事物,抑或只是共有某些事物,而另外一些事物并不共有(1261a)"的问题时,亚里士多德的答案是:"城邦不仅是由多个人组合而成,而且是由不同种类的人组合而成。种类相同就不可能产生出一个城邦。(1261a20)"去除社会身份上的差异,同时也就破坏了共同体生活本身。总之,亚里士多德对共同体的理解,是基于不同人共同分享的事,而不是他们的某种共同身份。(此处有关亚里士多德的译文,出自:亚里士多德著,吴寿彭译:《政治学》,商务印书馆1983年版。)——译者注

参与的目的是在学习如何像公民那样思考的同时完善自己的观点，那就没有谁可以代替"我"参与，至多可以帮助我去解决问题。

阿伦特有类似的观点。类似托克维尔和密尔，阿伦特对于多数意见的暴政也感到头疼，甚至谴责了"公共意见"本身，认为它扼杀了个别意见的形成。① 对阿伦特来说，政治需要那些观点不同的人坦率表达自己的看法，因为只有在交换意见的过程中，我们才能重构并扩展自己，在这个过程中学会像一个公民那样去思考。像一个公民那样去思考，意味着不应该问"我想要什么"这样的问题，因为这导致了与那些想要不同东西的人讨价还价。应该问的是"我们想要什么"，这个问题鼓励基于"我们"的讨论，要求马上采取行动并且在未来能够继续行动。

对阿伦特来说，一个"政治性的"共同体，需要拥有强大意志力的个人的那种对于争议的喜爱。这些人能够欣赏他们分享的这个让他们的个人主义成为可能的世界。在《人之为人的条件》当中，阿伦特写道："人的多样性是言说的基本条件，具有平等和差异两方面的特点。"② 如果人们不平等，那么他们就不会理解对方，因此也就不会成为一个共同体。但是，如果他们之间没有差异，如果他们不用自己的独特视角来影响他们共有的世界，并且通过言说和行动不断重新演绎，那就没有说话的必要，也就没有政治的必要了。政治本身与其说是要完成某些目标，毋宁说是要被他人看到，因此政治不

---

① *Politics*，1280b32.

② Arendt，H.（1958）.*The human condition*. Chicago：University of Chicago Press，p.176. 我曾在别处更详细地讨论过：Euben，P.（2006）. Arendt's Hellenism. In D. Villa（Ed.），*The Cambridge companion to Hannah Arendt*（pp. 151-164）. Cambridge：Cambridge University Press.

是传递一项立法、确保某人的利益、增进某人的财富或者确保某人的安全。公共行动给我们一种充满活力和力量的感觉。它提供了一个机会去告诉别人我们是谁，去表明我们的行为方式和品格特点。正是这些东西让我们变得独特，可以去宣示我们的存在，因此他人就能够注意到我们、在意我们。

在阿伦特努力复兴政治的工作当中，她的参照点是希腊人的城邦。她的目标是重新恢复政治的尊严，以对抗自柏拉图以来的哲学传统的重负，包括自霍布斯(Thomas Hobbes)、洛克(John Locke)以来的自由传统，以及马克思主义传统中那种以政治为代价的对于经济生活和社会生活的赞颂。更具体而言，阿伦特"一再回到古代，例如回到古代的政治……传统，当然不是为了展示自己的学识，甚至不是因为我们的传统的连续性，而仅仅是因为在行动过程中体验到的自由(尽管人类从未完全失去这种体验)，再也没有得到过如此清晰的表达"。① 因为，阿伦特所谓的城邦(polis)，不同于由于特殊的地理、制度、历史而形成的城市政权(city-state)，它是"因为共同行动和言说而出现的人的组织，……不管碰巧在哪里出现"，直接参与的空间(因此也是政治教育的空间)，在"几乎任何时间、任何地点都能找得到"②。因为我们并没有完全丧失政治自由的经验。事实上，引文中的"当然"这个词暗示我们不能失去它。回归古希腊的关键点，不是去哀悼一个永远逝去的世界，而是要承担起给这些词汇赋予更丰富内涵的任务，诸如"自由""权力""行动"以及(并且尤其是)"政治"，同时认识到我们这个时代也存在的类似的经验。

---

① Arendt, H. (1958). *The human condition*. Chicago: University of Chicago Press, p. 198.
② Ibid.

阿伦特把政治参与作为一种政治教育的形式，这提醒我们两件事情。第一，政治教育的很多重要方面发生在学校之外。事实上，对民主公民进行政治教育，只是高等教育要完成的任务之一。第二，阿伦特的这一思想还告诉我们，在这种教育中大学履行自身角色的其中一种方式是教授不同的时代和文化。这些时代和文化对于政治的理解虽然令我们似曾相识，但仍截然不同。苏格拉底问答法的要点就在于解冻那些看起来自然的、给定的东西，或者更为矛盾的是对于政治观念的政治化。

Ⅳ

大学教育即使在执行更具体的知识性任务时，也有其他方式可以成为政治性的。在对阿道夫·艾希曼的审判进行反思以及有关于此的书中，阿伦特提出了这种方式。在写这本书时，让阿伦特感到诧异、困惑，同时也激发了她的，正是艾希曼缺乏人们通常以为犯下了如此罪恶行径的人可能会有的那种邪恶动机。他不是一个意识形态拥护者，甚至不是一个排犹分子。除了专注于个人升迁，"他就没有别的动机了"。他只不过是"不知道自己在做什么"，尽管他做的那些事情是如此罪大恶极。这不是愚蠢，他看来相当"正常"。"这是纯然的无思……注定让他成为那个时代最臭名昭著的罪犯之一。"这种"无思的状态"以及远离真相，意味着"比所有邪恶的本能造成更大的破坏"。① 在十四年后重新回顾时，阿伦特不禁问道："善

---

① Arendt, H. (1977). *Eichmann in Jerusalem*. New York: Penguin Books, pp. 287-288.

与恶的问题、我们从错误中发现正确的官能,与我们的思考官能有联系吗?……思考这种活动本身,这种习惯,即对任何偶然发生或引起注意的事进行审视,无论其结果和具体内容如何,这种活动本身是不是可以阻止人做恶甚至是'训练'人反对恶行的诸多条件之一?"① 这里起作用的,不是我们因思考而知道;事实上,如果我们知道正义或者学术标准是什么,我们就很可能会停止思考它们。相反,重要的正是思考"本身"。思考是一种推动力,推动我们超越各种套话以及标准化了的言行。这些言行"拥有被社会认可的功能,可以阻止我们发现事件和行为的真相。这些真相仅仅因为其存在本身,就值得我们去注意"②。

我想暂时先"肯定"阿伦特提出的苏格拉底问题。以我和自己对话的形式出现的思考,事实上是让男人、女人放弃不正义的诸多条件之一,并且在适当的条件下,能够对民主公民的政治教育做出贡献。对阿伦特来说,正是苏格拉底发现了思考的本质,即它是"我与自我对话"的具象化,并由此揭示了一个事实,我即使没有任何伙伴,我也并不孤独。正是对这个沉默的伙伴,我需要对自己的选择和行动做出说明。③ 我们都有这样的经验,在头脑中重现一段对话,来盘算我们说的话是不是适当,是不是有说服力或者是不是聪明,无论我们是否真心要如此而不只是自以为是。在这样的对话当中,

---

① Arendt, H. (1978). *The life of the mind*: *Thinking*. New York: Harcourt Brace Jovanovich, p.5; Arendt, H. (1971). Thinking and moral considerations. *Social Research*, 38(3), 9-13.

② Arendt, H. (1971). Thinking and moral considerations. *Social Research*, 38(3), 9-13.

③ Arendt, H. (1971). Thinking and moral considerations. *Social Research*, 38(3), 9-13; Arendt, H. (1990). Philosophy and politics. *Social Research*, 57(1), 73-103, p.101.

我们对自己负责,并且如果觉得自己真正需要的话,甚至会夜不能寐。

用苏格拉底的话来说,对这个沉默的伙伴负责,就意味着我们必须成为自己的朋友。① 如果我否定自己,我就处在与自己的对抗之中,因此我也就不再能以一种一致的方式去行动了。此外,成为自己的朋友,也排除了不正义。因为,做了不正义的事,就意味着余生都得和一个不正义的人在一起。例如,对于一个谋杀犯来说,情况比我们想象的还要更加糟糕。因为,谋杀犯"不仅注定要永远陪伴这个凶残的自己,并且也将会透过自己的行动来看待所有其他人"。这里的破坏性力量,不是他的具体行为,而是随之而来的对于这个世界的看法。这种看法反过来不仅仅构成了他的世界,而且是他必须生活在其中的那个公民的共有世界。②

尽管在与自己的对话和公民世界之间存在这种联系,但我和自己之间的对话最初并不直接与政治教育有关。只是在某些特定环境下,它才确实变得具有政治相关性。这些环境是什么?在这些环境下发生的是何种类型的相关性?阿伦特想到的环境,是人们在无思的状态中被裹挟。例如,在类似纳粹德国这样的罪恶政权中,传统、道德箴言、宗教信仰以及失去作用的良心,都不再能指导人们从错误当中发现正确,它们本身就与罪恶是一种共谋关系。在这样的

---

① Plato, *The Gorgias*, 482a。

② Arendt, H. (1990). Philosophy and politics. *Social Research*, 57(1), 73-103; Arendt, H. (1971). Thinking and moral considerations. *Social Research*, 38(3), 417-446. 阿伦特观点的一些方面,为现代世界的思考开辟了更加广泛的政治空间。她在《什么是权威》当中谈到(《过去和未来之间》),现代条件是通过权威、传统、宗教的丧失得到定义的(关于宗教,现在看来她肯定是错了)。但是,如果我们都承认继承智慧的失败,与传统的彻底决裂,那么都要依靠自己,都或多或少地被迫成为思考者并行使思考带来的独立判断。或许这是另一个成人可以告诉彼此但不会告诉年轻人的东西。

时代,思考者是隐匿的,因为他们的独立性变得惹眼,成了一种行动的方式。①

这样的思考在结果上可以成为政治教育的一部分,但政治教育不是它的目的。如果这种思考是工具性的,那么它会破坏思考本身的完整性,以及在法律和道德都与罪恶共谋时思考作为一种应急资源的地位。从这个角度来看,思考作为政治教育的一部分,存在于任何帮助我们过上经过检验的生活的主题或模式的反思当中;一本伟大的书籍可以激发与自己的对话,这在苏格拉底那里被称为思考的状态,阿伦特则认为是一种对于恶行的阻遏。

尽管我和自己的对话,在实际中一定有某种前因后果,但它最初并非基于与他人预期的交流。效仿阿伦特,我把这种思考称为"换位思考"。这是一种更加直接的政治教育形式。② 换位思考在于以想象的方式将他人的观点呈现给自己。这不是某种共情,共情指的是我采用了处在其他立场上的某人的观点。换位思考更像是以一种我尚未达到的身份存在和思考。③ 阿伦特谈到了训练某人的想象力去旅行。你不需要与主人家保持一致或改变自己的身份,你可以问一问他(她):"从那里来看,这个世界会是什么样的?你们怎么看待这些事?"

---

① Arendt, H. (1971). Thinking and moral considerations. *Social Research*, 38 (3), 417-446.

② 阿伦特关于换位思考的观点,可以在《在过去和未来之间》一书中的《真理和政治》和《文化危机》,以及《康德政治哲学演讲》一书当中找得到。[Arendt, H. (1977). Truth and politics. In H. Arendt. *Between past and future*. New York: Penguin Books; Arendt, H. (1982). *Lectures on Kant's political philosophy*. Chicago: Chicago University Press.]

③ Arendt, H. (1977). Truth and politics. In H. Arendt. *Between past and future*. New York: Penguin Books, p.241.

在考虑如何处理一个具体问题时,我考虑的视角越多,我的换位思考能力就越强,我的结论和意见就会"更加有效"①。这是因为,在与必须做出决定的"我们"之间的实际抑或想象的对话中的思考,让我的意见变得更加综合。这种综合性,能够实现某种不偏私,而不是客观性。不偏私基于我们从不同视角去看待这个世界的能力。不偏私本身是偏颇的,因为它既是残缺的又是自利的;客观性则假设我们可以站到这个世界以外,好像我们不是其中的一部分。换位思考产生的政治知识是杂乱无章的,而客观知识则不是。我所谓的"换位思考",把那些能够理解女性在日常生活中经历的脆弱性的男性,与那些无法理解这一点的男性区分开来。约翰·塞尔斯(John Sayles)在批评斯派克·李(Spike Lee)的作品时说:我经常出于不同的理由来称赞你的电影。这也是一些作家、电影制作人、电视制片人的特点,他们描绘工人阶级的生活,但是不带有某种浪漫主义或者屈尊纡贵的思想,尽管他们自己并不隶属于工人阶级。

我们造访的这些他人的家,未必一定是现存的或者是真实的。阿伦特写道:"归根结底……我们的对错判断,取决于我们对于同伴的选择,也就是我们愿意在此生与谁为伴的选择"②。这样的伙伴包括那些活着的或者故去的人、真实的或者虚构的人。在面对决策和选择时,他们进入了我们的头脑。正是这些决策和选择,构成了我们是谁,以及我们已然选择或者已经被指定的生活。教学问题以及一般的课程应用显而易见。采用什么方式来教和读这些文本,才可

---

① Arendt, H. (1977). Truth and politics. In H. Arendt, *Between past and future*. New York: Penguin Books, p. 241; Arendt, H. (1977). The crisis in education. In H. Arendt, *Between past and future*. New York: Penguin Books, p. 221.

② Arendt, H. (1978). *The life of the mind*. San Diego: HBJ Books.

以培养学生的政治和道德想象力,让他们能够从不同立场出发来看待这个世界?在关键时刻,谁是我们在理智上的"顾问"?我们需要给我们的学生提供一些伙伴。即使关于某一个具体课程或者论证过程的记忆已然模糊,这些伙伴也将陪伴他们左右:托尼·莫里森(Toni Morrison)笔下的赛特(Sethe)、索福克勒斯的俄狄浦斯(Oedipus)、奥古斯丁和尼采对于信念和救赎的努力、柏拉图和德里罗(Don Delillo)的道德,这些是极少见的令人同情的范例。

但是,这种记忆既是教什么的结果,同时也是怎么教的结果。借此,我指出两点:一个人必须应对现在主义和过度抽象的危险,同时还要处理文本和潜台词之间的关系。让人难忘的阅读材料,往往呈现为在熟悉和陌生文本之间的迁移,它通过与学生熟悉的经验的联系来吸引学生,同时推动他们超越自己的经验或者重组一部分经验。我说的教授文本的方式,同时也意味着教师的品格,以及他或她是重申还是破坏正在讲的内容的方式。我过去有一个同事,自认为是一个激进的民主党人,但实际上他是用一种完全独裁的方式来教学。我还认识很多专断的自由主义者。

V

为了说明思考转变成政治的最后一种方式,我转向柏拉图的《申辩篇》和《克力同篇》(Crito)中的苏格拉底。当然,苏格拉底一直是我的伙伴。正如我提到的那样,苏格拉底在街头能够与任何想要交谈的人进行对话。但是,苏格拉底特别想要与自己的同胞交流,尤其是政治家和诗人,想要看一看他们是否知道自己声称知道的东西,以及更宽泛的,他们是否懂得最有价值的那些东西。毫不奇怪的是,苏格拉底发现这些拥有权力的人们并不知道自己在说什么、做什么,而那些拥有真正技艺的人(譬如工匠)则夸大了前者言行的重要性。带着(我认为的)一点虚伪,苏格拉底说自己有义务去进行这样的讨论,因为德尔斐神庙的阿波罗神要求他这样做。苏格拉底询问谁是世上最聪明的人,神回答说是苏格拉底。可是苏格拉底知道自己并不聪明,所以他四处寻找,想要证明神错了,这样他就可以理解神的回答到底是什么意思了。苏格拉底最终的结论是,自己的智慧就在于知道自己不知道。

苏格拉底坚持认为,无论他拥有的智慧是什么,也只是人类的智慧。他声称要忽略那些超越了人类智慧的事物,例如死亡的本质。同时,苏格拉底也声称,无论他知道什么,对所有其他人来说也都是可获得的,他知道的东西并不是专家的特权。这同时也是关于知识和思考之间联系的一个断言。人类知识从来都不是稳定可靠、确定无疑的,以大写的字母"T"和"K"来表达的所谓真理(Truth)和知识(Konwledge),是试图让人们闭嘴,告诉他们继续思考没有意义。当然,苏格拉底也有自己的教义,譬如,接受处罚要好过于不正义,或者美好生活是什么,等等。正如经常被说起的那样,苏格拉底就是死于这些想法。但是,我想更准确的说法是,他死于思考。即使在死亡面前,苏格拉底也仍然坚持自己的生活方式。

苏格拉底强调,他愿与任何人交谈。这告诉我们,用来检验我们生活的那种思考,并不是某种专门化的活动,而是一种每个人都具备的能力。阿伦特在艾希曼身上发现的这种无法思考的无能,同样可以在科学家、学者、道德哲学家和律师身上找得到。因为,这样的思考是人的生活的属性，所以一个无思的人就不是一个完整的人，而是在梦游似的过日子。苏格拉底把自己对于同胞的骚扰称为一种爱国行为。他说，自己之所以这样做是因为尊重他们，希望与他们共同生活的这个城市可以尽可能美好。对苏格拉底来说，政治教育在于让人们思考以及改进他们持有的观点。为了改进他们的观点，人们必须首先意识到自己持有这些观点，然后得到帮助去表达它们。这样，他们就可以看到这些观点本身，而不仅仅是通过这些观点来看待问题。最终，这些观点被当成关于这个共有世界的一种合法视角。①

正如这里所暗示的，所有人都有自己的观点，有自己向世界敞开的独特方式。因为这都是他们自己的，不能预先得知，因此苏格拉底必须从提问开始。然后，苏格拉底聆听这些答案当中暗含的世界观，而不仅仅是具体答案。苏格拉底必须接受意外，乐意服从对话的走向。现在，如果这些观点体现了言说者眼中的世界如何表现，那么针对这些言说的回应就不能否认这种表现，而是要进一步求取细节、一致性、清晰性以及理解深度，这正是一位好教师应该做的事。我不认为苏格拉底描述的那些邂逅是在表演或者说教，似乎苏格拉底假装自己不知道答案、毫无风险，而他的对话者则是笨蛋，努力想要获得正确答案，随时面临风险。实际上，这种邂逅是互惠的，是一种共同探索。对话当中的风险也是分享的，因为包括苏格拉底在内的所有人，都有可能意识不到自己的立场。照我的描述，这些邂逅中的苏格拉底是一位教育者，他的教育模式反映了阿伦特

---

① Villa, D. (1999). *Politics, philosophy, terror: Essays on the thought of Hannah Arendt*. Princeton: Princeton University Press.

认为的在政治中必要的那种平等。

我不想假装说苏格拉底的命题（未经检验的生活是一种没有价值的生活）是政治中立的。我也不否认，苏格拉底的这一命题，与接受毋庸置疑的权威或坚定不移的信念指导下的生活方式并不相容。或许高尔斯顿的警告是对的：把苏格拉底的告诫纳入我们的教育系统，即使是在大学水平上，也意味着赞同"一种与社会政治制度的功能性需求无关的人类善的概念，同时还与这些制度的许多忠诚公民的内心信念相抵触"。① 但是这个警告本身没有说服力，超出了"功能性需要"的政治性怀疑。一方面，高尔斯顿低估了我们在多元文化社会中被迫进行的思考，正如罗杰·桑杰克（Roger Sanjek）最近在纽约市完成的关于种族和邻里政治的研究显示的那样。② 我们必须对于聪明的"我们"和不聪明的"他们"之间的那种区分保持警惕，我们都记得苏格拉底式的思考不是学者或者哲学家的特权。另一方面，高尔斯顿所谓"社会政治制度"包括自我意识和自我批判的传统，这足以指示民主和思考之间的密切联系。

进而，高尔斯顿还有一点说得在理，只不过苏格拉底本人在《克力同篇》中已经间接表达过了。在这篇对话当中，苏格拉底说即使法律没有得到正当的应用，自己也有义务服从这些法律（他正是接受了这种法律的审判）。苏格拉底把自己比作一个儿童甚至是一个奴隶，正是这些法律给他的生活和教育提供了条件。苏格拉底觉得，对于自己批判的东西，他亏欠良多：他的思考方式、他对于受过

---

① Galston, W. (1998). Civic education in the liberal state. In A. O. Rorty (Ed.), *Philosophers on education*. London: Routledge, p. 478.
② Sanjek, R. (1998). *The future of us all: Race and neighborhood politics in New York City*. Ithaca: Cornell University Press.

检验的生活的信念,在某种程度上是民主文化的结果。他是在批判这种文化的同时对其进行了扩展。议院和法庭中的辩论,以及戏剧在质疑雅典人凭靠的文化适应、文化领袖以及文化政策中的核心角色,为苏格拉底从事的这类批判哲学提供了模式和启发。我们从修昔底德(Thucydides)的《历史》(*History*)中得知,雅典人是这样一种人:他们不让他人休息,自己也不休息。他们一直处于运动当中,无论是军事的、政治的还是智力的运动。对雅典人来说,民主既是一种治的方式,也是一种乱的方式。正如阿伦特对于城邦的描述显示的那样,这种"扰乱"是"治理"中不可或缺的一部分。在这样的条件下,苏格拉底才如鱼得水。①

在阿伦特的观念中,遵守法律同时也意味着苏格拉底在为一个共有的世界承担责任。正如《申辩篇》提出的那样,正是因为这种责任承担,苏格拉底才能成为那个共有的世界的批判者。与文化战争的参与者不同,苏格拉底既不担负争论的任务,也不放过那些他认为是不正义的错误。这也是阿伦特的方式。她和自己理解的苏格拉底类似,留下了一份以政治的方式来教育民主公民的遗产。

---

① 在刻画苏格拉底时,阿伦特强调了苏格拉底的哲学对于政治和实际生活多么具有腐蚀性、如何以一种威胁公共生活的方式干扰和消解了实际生活。尽管阿伦特一定很有道理,但是我想她在这个问题上仍言过其实了:阿伦特低估了苏格拉底哲学与雅典民主实践的寄生关系,低估了苏格拉底的批评方式同时包含了对雅典民主的部分肯定。尽管一些人可能不同意我的结论,但是达娜·维拉(Dana Villa)在《政治、哲学和恐怖》一书当中,对于在《思考和道德考量》《哲学和政治》两篇文章当中出现的"两个"苏格拉底,进行了大量讨论。[Arendt, H. (1971). Thinking and moral considerations. *Social Research*, 38(3), 9-13; Arendt, H. (1990). Philosophy and politics. *Social Research*, 57(1), 73-103; Villa, D. (1999). *Politics, philosophy, terror: Essays on the thought of Hannah Arendt*. Princeton: Princeton University Press.]

思考的没落:一种对于合作学习的阿伦特式批评

爱德华多·杜瓦蒂

> 不存在危险的思想……危险并非源于苏格拉底"未经检验的生活不值得过"的信念,恰恰相反,危险源于寻找结果的欲望,这些结果让进一步的思考变得没有必要。思考对于所有的信条都同样危险,但是思考本身并不会产生任何新信条。从常识角度看,思考最危险的方面在于,在你想要把它应用到日常生活中去时,那些你在思考时觉得最有意义的东西却消失了。①

阿伦特一再重申:"在我要思考的时候,必须远离这个世界。"效仿海德格尔,阿伦特坚持认为"思考总是无序的",因为只有当日常生活中所谓的普通活动受到干预或扰动时,思考这种"纯粹的活动"才会发生。对阿伦特来说,沉思的生活(vita contemplativa)是一种"孤独的"(solitary)、与自己对话的经验,外在于(或超越了)和他人分享的日常生活[行动的生活(vita activa)]的实践世界。

阿伦特对于思考的"纯粹的"哲学描述,构成了本章的基础。基

---

① Arendt, H. (1978). The life of the mind. San Diego: HBJ Books, p.176.

于此,本章将对某种教学模式提出批评。该模式倡导同伴互助、小组合作的学习过程,试图借此来创造一个学习共同体。这类教学模式,均可纳入"合作学习"的类目之下。本章提供的批评针对的是合作学习的基本假设:在有他人陪伴的情况下,学习效果最佳。这个假设的基础是社会建构主义认识论,连带着形成了这样一些教学模式上的应用,压制了阿伦特所谓的对于深入思考的"迫切需求"。因为合作学习与"远离"他人的陪伴这件事,在结构上就不相容,而沉思正是基于这种"远离",结果合作学习就导致了思考的没落。总之,我想要论证的是,合作学习模式可能会创造一种"无思"(nonthinking)的条件。

阿伦特坚持认为,需要远离他人的陪伴。因此,"止步并思考"同样是人之为人的条件,是在他人陪伴下出现的一种需要。人们在这种陪伴当中可以看到彼此、听到对方。正如阿格尼丝·赫勒(Agnes Heller)所写的那样:"人类劳动、工作和行动;然而,他们同样也会回避劳动、工作和行动。'相聚'和'孤独',构成了'人之为人的条件'"。① 目前看来,合作学习的支持者对于人之为人的条件似乎仅限于单面视角。

合作学习的基础

当前的合作学习运动源于 20 世纪后半叶两个重要机构的努力:明尼苏达大学的"合作学习中心"(Cooperative Learning Center)

---

① Heller, A. (1987). Hannah Arendt on the 'vita contemplative.' *Philosophy and Social Criticism*, 12(4), 282-296.

以及约翰·霍普金斯大学的"社会组织中心"(Center for Social Organization)。① 自 20 世纪 60 年代开始的这场运动,在 70 年代随着大卫·约翰逊(David Johnson)和罗杰·约翰逊(Roger Johnson)兄弟在明尼苏达大学建立"合作学习中心"而达到顶峰。② 当前在合作学习方面的工作,从其意图和目标来说,都是这场运动的一部分。事实上,正如约翰·霍普金斯大学的罗伯特·斯莱文(Robert Slavin)所说的③:

> 合作学习是教育创新史上最伟大的成功故事之一。在 20 世纪 70 年代还几乎无人知晓,而现在合作学习策略已经变得司空见惯,常被认为是教育实践的一个标准化组件,而不是一

---

① 在有关合作学习的文献当中,通常的谱系叙述是把合作教学和学习模式的源头,归于 18 世纪晚期的英国教师和英裔美国教师。这些叙述告诉我们,19 世纪后半叶的马萨诸塞州昆西(Quincy)公立学校的校长帕克(Francis Parker)上校,"是一位合作学习的强大支持者"。当然,杜威也会被提及。因为,他在整个 20 世纪前半叶,"推动了"合作"方式"的学习。[Steiner, S., Stromwall, L. K., Gerdes, K., & Brzuzy, S. (1999). Using cooperative learning strategies in social work education. *Journal of Social Work Education*, 35(2), 253-264.] 此外,为了提供一份更"简短"的谱系,有关合作学习的文献会把当前范式的"源头",放入英裔美国人的学校史。他们未能探讨本土的(例如,前哥伦布时代)教育模式,而这些可能直接或者间接地影响美国合作学习模式的发展。这样的遗漏是成问题的,或许与合作学习的一些伦理规范、政治规范相冲突,例如,"开放性""多元主义"以及"对话"。至少,需要进行探索性的工作,以表明本土和殖民地的合作学习模式的模型和特征。[Churchill, W. (1981). White studies: The intellectual imperialism of contemporary U. S. education. *Equity and Excellence in Education*, 19(1-2), 51-57; Deloria, V. Jr. (1981). Education and imperialism. *Equity and Excellence in Education*, 19(1-2), 58-63; O'Meara, S., & West, D. (1996). *From our eyes: Learning from indigenous peoples*. Toronto: Garamond Press.]

② Johnson, W. W., & Johnson, R. T. (1975). *Learning together and alone: Cooperation, competition, and individualization*. Englewood Cliffs, NJ.: Prentice-Hall.

③ Slavin, R. (1999). Comprehensive approaches to cooperative learning. *Theory into Practice*, 38(2), 74-79.

种创新。一份全国调查表明,79%的三年级教师和62%的七年级教师报告说,他们会经常、持续地使用合作学习策略。这些数字或许高估了实际中对合作学习的持续使用。但是,它们至少表明了对于这个概念的广泛认知以及对它的积极态度。

合作学习的支持者应该会同意乔安妮·帕特南(Joanne Putnam),她坚持认为合作学习小组"能提高成绩和改善人际关系,但是需要一定的条件"①。基于"广泛的研究"②,类似于帕特南这样的合作学习理论家们认为,实现"好成绩"和其他"积极的效果",有赖于某些特定的"条件"。基于对自己多年工作的回顾,约翰逊兄弟识别出了五个基本要素,认为它们是合作学习的条件:积极互赖、个别问责、有效互动、善用社交技能,以及定期处理如何提高小组效率的问题。③ 在一份最近的出版物当中,明尼苏达大学的项目主任解释了实现这些要素与培养一支杰出的棒球队那样的复杂平衡并无二致:"棒球运动和在课堂上一样,都要付出合作性的努力。非凡的成就来自合作小组,而不是个人主义或孤立个体的竞争性努力。"然而,和在棒球运动中的情况一样,合作学习的"游戏"也要求有自己特定的"运动场所"。对合作学习的支持者们来说,他们的运动场所(教育背景下的)以上述五个基本要素为特点。此外,好表现或者

---

① Putnam, J. W. (1993). The process of cooperative learning. In J. W. Putnam (Ed.), *Cooperative learning and strageies for inclusion: Celebrating diversity in the classroom*. Baltimore: Paul H. Brookes Publishing.

② Slavin, R. (1999). Comprehensive approaches to cooperative learning. *Theory into Practice*, 38(2), 74-79; Johnson, D. W., & Johnson, R. T. (1989). *Cooperation and competition: Theory and research*. Edina, MN.: Interaction Book Co.

③ Johnson, D. W., & Johnson, R. T. (1999). Making cooperative learning work. *Theory into Practice*, 38(2), 67-73.

思考的没落：一种对于合作学习的阿伦特式批评

"玩得好"，还要靠参与者们"看到"这个游戏的必要。在合作学习的游戏当中，这意味着学生们必须理解在一起学习的目的。

"积极互赖"是合作学习的必要元素之一。这代表了课堂环境中"团队工作"的特点，学生们一起在这里工作，这样所有人就都可以学习了。合作学习的成功与否，取决于"学生们"是否认同"追求对所有人都有益的结果"。① 有趣的是，约翰逊兄弟发现，学生对于合作学习的认同，来自对共同学习目的的认识。积极互赖与对人类相互联系的某种原始、基本的"感知"密不可分。因此，为了让合作学习的"游戏"能够开始，学生们首先就必须理解"我们是与他人联系在一起的，如果他们不成功，我们也就没有办法取得成功。他们的工作对我们有益，我们的工作也有益于他们"。②

这种"原始感知"的前提，要求教育者注意创设一种环境，能够巩固这种合作的"自发性"。矛盾在于，除非学生已经获得了一种真正的合作式教育经验，否则他们就不能拥有这种原始感知，因此也将对这种互赖式的学习保持不认同。换言之，只是当学生经历过有助于彼此成功的那种交往时，他们才会认同这种相互协作的教育努力。这样，诸如约翰逊兄弟这样的合作学习倡导者们自然会下结论说，这种原始感知必须通过精心构造的经验才能获得，在这些经验中要强调相互依赖的"积极的"那一面。这个方面的范例是哈佛医学院的"新通道计划"（New Pathways Program）。在这个计划当中，医学院的一年级学生被安排到一个"团队"中。这个团队接受的挑

---

① Johnson, D. W., & Johnson, R. T. (1999). Making cooperative learning work. *Theory into Practice*, 38(2), 67-73.

② Ibid.

战是在一个半月的时间里,解决一个具有临床和科学意义的诊断难题。[①] 另一个成功发展出原始感知的项目,已经被约翰·霍普金斯大学的研究者们记录在案了。

尽管"感知"是这个模式取得成功的关键,但是合作学习理论家们却始终未能从哲学角度深入探讨,为什么对于人类相互依赖的感知会如此确定、清晰?相反,合作学习理论家们收集了足够多的"证据",去证明增强学生之间的社会互赖,为什么以及如何提升了成绩。[②] 不幸的是,这样的研究并没有对学生们为什么乐意和能够进行共同学习,提供哲学的描述。此外,所谓的"批评"意见,也只是发现了实施方面的问题,或者教育者未能成功组织合作学习的经验。原始感知是被默认的,好像这就是一种"自然而然的"反应一样,任何这方面的"失败"都会通过新的策略得到补救。例如,合作学习因为没有吸引那些"成绩差"的学生以及(或者)"社会隔离"的学生而复制了不公平时,这些新的策略就可以纠正出现的问题。[③] 总之,当这项技术没有得到很好的应用时,合作学习的支持者们很少会对失败保持沉默。但是,当建设性的批评意见指出一些不可避免的盲点时,这些支持者们很快就会停止对合作学习的"成功"和"失败"进行更为基础性的哲学考察。当然,对于教育理论家们来说,不去探索

[①] Bruffee, K. A. (1993). *Colaborative learning: Higher education, interdependence, and the authority of knowledge*. Baltimore: Johns Hopkins University Press.

[②] Slavin, R. (1996). Research on cooperative learning and achievement: What we know and what we need to know. *Contemporary Educational Psychology*, 21(1), 43-69.

[③] Cohen, E., Lotan, R. A., Scarloss, B. A., & Arellano, A. R. (1999). Complex instruction: Equity in cooperative learning classrooms. *Theory into Practice*, 38(2), 80-86.

他们支持的模式的基础,这种做法并不罕见。事实上,他们中的大多数人,都是不加批判地接受了一系列哲学假设,然后用一大堆"定量"或"定性"的研究来向前推进。合作学习的支持者们也不例外。他们的出发点是一种未经质疑的假设,即认为思考是一个社会干预过程。

所有研究者都是基于同一种理论基础,用库恩(Thomas Kuhn)的话来说就是建立了一种思考"范式"。[1] 范式让研究者们可以精细地调校自己的模式,确信所有的基本问题都已经得到解决。在合作学习研究者那里,悬而未决的关于思考的问题,在很大程度上是基于俄国发展心理学家维果斯基(L. S. Vygotsky)的作品。在他那本有重要影响的《思维和语言》(*Thought and Language*)当中,维果斯基提出在人类生命的最初几年里,人类的思维和语言是作为两个独立、平行的过程来发展的。[2] 只是在某个时间点上,这两个过程才会综合起来,形成一个新的过程:语言和思维相互强化,辩证地推动彼此的发展(思维变得有声,语言变得理性)。维果斯基的理论同时还声称,作为一种沉默或"内部的"对话,思维在儿童发展的过程当中出现得要晚得多。因此,沉思所需要的"内部语言",是通过沟通或者"社会性语言"来发展和进化的。

在维果斯基的模型当中,社会性语言被认为是基本的。与别的因素相比,正是这一点为合作学习理论家们的假设和承诺提供了背书。因为,如果思考的最初来源确实是沟通行为,那么类似合作学

---

[1] Kuhn, T. (1970). *The structures of scientific revolutions*. Chicago: University of Chicago Press.

[2] Vygotsky, L. S. (1962). *Thought and language*. Cambridge, MA.: MIT Press.

习这样的模式,本质上就是在恢复我们"最初的"学习方式。这为下面这些断言,提供了巨大的帮助:(1)知识来自共同的认知,因此(2)真正的学习应该是一种合作,或者是一种持续的联合活动,学生在其中共同创造、共同解决问题。① 的确,如果维果斯基的观点被接受了,那么关于人类相互依赖性的原始感知,在某种意义上只不过是对语言和思维最初综合的记忆重构(re-member-ing)。基于这种理解,学生们实际上已经做好了准备,去适应社会干预的学习。因为,这种学习激起了他们关于最早期学习经验的记忆。基于维果斯基的叙述,合作学习的支持者们把自己的模式,视为儿童发展早期出现的这一事件的"重演"。

维果斯基的发展心理学,为合作学习的研究者、实践者以及理论家们提供了稳固的基础。事实上,正如肯尼思·布鲁菲(Kenneth Bruffee)判断的那样,正是维果斯基为合作学习的支持者们提供了终极的认识论基础。② 正如布鲁菲所说,"我们思考,是因为我们可以与别人交谈",因为"反思性的思考,是社会性对话的内化"。对类似布鲁菲这样的理论家们来说,维果斯基是合作学习支持者的基础,让他们可以声称"颠覆了思维和对话之间关系的基本的、一般的理解。在圣约翰学院对于'对话作为教育模式'的辩护当中,这一认识得到了完美的阐述:'对话是对思考的补充,而思考不过是灵魂与

---

① Gutiérreze, K., Baquendo-López, P., Álvarez, H. H., & Chiu, M. M. (1999). Building a culture of collaboration through hybrid language practices. *Theory into Practice*, 38(2), 87-93.

② Bruffee, K. A. (1993). *Colaborative learning: Higher education, interdependence, and the authority of knowledge*. Baltimore: Johns Hopkins University Press, p.114.

自己进行的原始对话'"。①

效仿维果斯基,合作学习理论家们给社会性语言赋予了优先地位。这里所谓的"优先地位",一方面是说社会性语言是"最初的",在时间上处在更早的阶段;另一方面也是说,社会性语言具有优先性和特权。对于内部语言来说,二者的作用是一样的:都被认为是较不重要的、从属的、辅助的。在合作学习范式当中,思考所处的这种次一等的位置,在诸如布鲁菲等人的讨论当中得到了强调。他声称,在一种显而易见的胜利氛围当中,合作学习试图"反转"所谓传统的哲学假设,即认为思考完全是一件沉思的事,或者是心灵(*psychê*)②内部与自己的原始对话。尽管这种观点并没有引起维果斯基范式研究者们的注意,但是这种对于思维起源的反转还是造成了一些坏的影响。

阿伦特对行动和思考的区分

接下来,我将以汉娜·阿伦特作为基础,对合作学习当中思考的没落提出质疑。正如我已经论证过的那样,阿伦特关于"思考"的话语,对那些合作学习的支持者们提出了一些基本的质疑。在阿伦

---

① Bruffee, K. A. (1993). *Colaborative learning: Higher education, interdependence, and the authority of knowledge*. Baltimore: Johns Hopkins University Press, p. 113.

② 在阿伦特的语境下,如果把思考表述为一种心灵(soul)的事件,那是要十分小心的。因为,在圣约翰学院的引文中提及的"心灵",并不一定对应于阿伦特理解的"心灵"。正如阿格尼丝·赫勒(Agnes Heller)提醒我们的那样,阿伦特"接受传统的分类,把人分为精神(mind)、心灵(soul)和肉体(body),但是阿伦特同时又把情感(emotion)归于心灵,把前述的三种官能(思考、意愿、判断)归于精神"。[Heller, A. (1987). Hannah Arendt on the '*vita contemplative.*' *Philosophy and Social Criticism*, 12(4), 282-296.]

特式的话语中,可以说合作学习的"积极互赖"产生了一种非思辨式的学习形式。我不是要论证沉思或者内部对话是第一位的或者是主要的,并以此来批评那种利用维果斯基为合作学习提供基石的做法。相反,要接受挑战的不是维果斯基的叙述,而是对维果斯基这些叙述的应用。要接受挑战的是那些没有给"内部语言"留下空间的学习模式。因此,在对待学生的方式上出现了一种"幼稚化"倾向,要求学生们不断"说出自己的想法"。我想要发展一种受到阿伦特启发的关于思考的教学话语。这类话语,可以清理出一定的话语空间,来表达某种不同的教学模式。这种模式试图"引发"一种好奇的状态,同时为在学校里从事哲学思考创造条件。下面将首先提供对于阿伦特有关思考的话语的解读,随后着手处理它们的应用。

在对合作学习开展批判的背景下阅读阿伦特,让人们注意到了这个模式对传统哲学思考方式的忽视,为此我们不得不强调阿伦特对"思考"和"行动"的区分。有趣的是,这一区分与合作学习理论家在"共同学习"和"独自学习"之间的区分恰好可以匹配。阿伦特意识到(尤其是在晚期作品当中),这种区分往往意味着放弃沉思。事实上,正因为意识到自己作品中的这一空白,才促使她在晚期作品中针对沉思生活进行了大量写作。她的大部分作品都忽略了精神生活。这个空白在她最重要的文本《人之为人的条件》中尤为明显。正如她在下面的评论中说的那样,阿伦特为自己没有给予最为"传统的"哲学主题足够的关注而感到不满,因此,在她最后一部重要作品中对"思考"这一议题进行了精彩论述。

1972年11月,汉娜·阿伦特参加了加拿大多伦多的一次会议。这次会议由"多伦多社会和政治思想研究协会"(Toronto Society for the Study of Social and Political Thought）组织，"汉娜·阿伦特的作品"是这次会议的主题，阿伦特受邀作为荣誉嘉宾参会。不过，阿伦特拒绝了这一身份，因为她想要成为那些争论和讨论的参与者。根据梅尔文·希尔（Melvyn Hill）的记述："在发生了大量交锋的那三天里，为了回应各种直接的提问、阐述、挑战，为了回应那些宣读的论文，阿伦特一方面显示了自己思想的不同方面，另一方面也显示了自己的思考风格。幸运的是，为了后期出版的需要，我们安排了录音。"①后期编辑出版的多伦多会议的转录稿显示，许多问题都指向了阿伦特在"思考"和"行动"之间富有挑战的区分。参与者直接针对阿伦特公开表达抗议，反对她所说的"思考"和"行动"的区分是"根本的、彻底的"②。核心的观点被一再重复：如果思考像阿伦特一再坚持的那样，是一种孤独的活动、是"我"和"我自己"之间的一种沉默对话，那么那些关注政治的哲学家们该怎么办呢？这个区分对于那些政治理论家的身份来说意味着什么？他们希望自己的作品和教学能够对这个世界的人类事务带来影响。阿伦特的回应与她对于"思考"和"行动"的区分是前后一贯的。有一个例子是阿伦特和著名的加拿大民主理论家麦克弗森（C. B. Macpherson）之间的讨论：

麦克弗森：阿伦特女士真的在说，作为政治理论家和政治参与是不相容的吗？当然没有！

阿伦特：没有，不过人们可以说思考和行动不是一回事；

---

① Hill, M. A. (1979). *Hannah Arendt: The recovery of the public world*. New York: St. Martin's Press.

② Kohn, J. (1990). Thinking/acting. *Social Research*, 57(1), 105-134.

在我要思考的时候,必须远离这个世界。我真的相信你只能参与集体行动,我同样真的相信你只能独自思考。这是两件完全不同的事,如果你愿意的话也可以叫作"存在的"方式。如果理论只是一种思考的东西,某种想出来的东西,那么要说理论对于行动有任何直接影响,我会认为并非如此,并且永远也不会。①

阿伦特关于思考和行动的区分,对于参会的教育者(教授)们来说,特别具有挑战性。类似麦克弗森,他们相信自己作为一个政治理论教师的工作,并不会产生某种言行不一。他们拒绝阿伦特的区分,坚持认为他们的理论化(例如讲课和出版)也是某种涉及他人(听众、学生、读者)的政治行动。对于这个批评,阿伦特仍然坚持自己的立场:

> 麦克弗森:但对于一个政治理论家以及一个政治理论教师和作家来说,教学或者理论化也是行动。
>
> 阿伦特:教学是另一回事,写作也是。不过,纯粹的思考是完全不同的。在这一点上,亚里士多德是正确的……你知道,所有现代哲学家都在自己作品的某处有这样一句谦卑的话:"思考也是行动"。不,思考不是行动。说思考是行动,这是不诚实的。我的意思是,面对现实吧:思考是不同的。相反,(在思考时)我必须在很大程度上不参与、不承诺。②

---

① Hill, M. A. (1979). *Hannah Arendt: The recovery of the public world*. New York: St. Martin's Press, p. 305.
② Ibid., p. 304.

尽管有这些异口同声的反对意见,阿伦特仍然重申了自己在全部作品中提出的主张:思考是孤独的,是一种远离日常生活实际事务的非政治性努力。一个人想要思考,就必须远离这个世界。当然,阿伦特评论说"教学是不同的",这一点与本章十分相关。我将在下文回到这个话题上来。在本章的结论部分,我将探讨阿伦特关于思考的话语在教学上的一些应用。

尽管阿伦特一直坚持认为,在(独自一人)思考和(与他人一起)行动之间存在根本、彻底的区分,但是她也承认在自己的整个职业生涯中对这种区分的处理存在些许不一致。在多伦多会议的一次发言当中,她在对自己的《人之为人的条件》进行自我批评时,承认了自己的这种不一致。正是这部作品,引起了关于思考与行动的区分的争论:"《人之为人的条件》的主要缺陷和错误在于:我是从沉思生活的角度出发,来关注传统上所谓的行动生活,而一点儿也没有真正提及沉思生活本身。"[①]

这个评论说明,阿伦特承认自己过分关注政治行动,而忽视了哲学的沉思生活。她在《精神生活》的《前言》中一再表明了这一点。在那里,阿伦特说自己随后的文本,都来自对《人之为人的条件》中提出的思考和行动的二分法的疑惑。在反思这一较早期的作品时,阿伦特写道:"然而,我已经意识到自己有可能会从完全不同的立场出发来看待这个问题(行动生活与沉思生活的对比)。为了表明我的疑问,我使用西塞罗认为是加图(Cato)说过的一句有趣的话,来作为这一针对行动生活的研究的结尾。"[②]同样是在多伦多会议中,

---

① Hill, M. A. (1979). *Hannah Arendt: The recovery of the public world*. New York: St. Martin's Press, p. 305.
② Arendt, H. (1978). *The life of the mind*. San Diego: HBJ Books, p. 7.

在讨论《人之为人的条件》的缺陷时,阿伦特申明:

> 思考自我的基本经验体现在老加图的话中。我在(《人之为人的条件》)这本书的末尾做了引用:"无所事事时,我最有作为;孤身一人时,我最不寂寞。"(非常有趣,加图竟然说过这个!)这是一种纯粹的活动经验,不受任何身体障碍或实际障碍的干扰。可一旦你开始行动,你就要面对这个世界。结果,你就开始不断受到自己的牵绊,就像柏拉图说的那样:"这个身体也想要得到照顾,见鬼去吧!"

接下来,阿伦特继续说道,"我尝试写一写这些东西。我会从加图的问题开始。但是,我还没有准备好告诉你们这些"。[1] 当然,她指的就是《精神生活》。

除了给我们提供一些关于阿伦特的哲学作品的见解之外,这些评论对于此前提出的对于合作学习模式的那些批评也十分相关。毕竟,阿伦特是在暗示,她的作品忽略了思考或者甚至是遮蔽了思考。如果这种对她自我批评的解读尚且可取,那么阿伦特对于思考的关注将为那些学习模式扫平道路,它们试图去"引发"一种好奇的状态,创造在校内从事哲学思考需要的条件。

在接下来这个部分,我将对阿伦特《精神生活》中的一些重要部分进行文本分析(事实上是一种注释)。之所以要提供这种细致的研读,我有两个目标。第一,把阿伦特关于思考的话语,放在西塞罗笔下的罗马政治家(有时候是哲学家)加图的悖论性陈述中。"加图

---

[1] Hill, M. A. (1979). *Hannah Arendt: The recovery of the public world*. New York: St. Martin's Press, pp. 305-306.

的话当中的这种撩人心弦的模糊性"①,提供了一种阅读阿伦特思考话语的启发式方法,同时也标志着阿伦特作品的一个重要转折。②事实上,加图的格言,在《人之为人的条件》的结论部分以及《精神生活》的题记中都显得十分重要。加图的话让我们能够识别出阿伦特眼中思考的核心特点。其中,最重要的是把思考描述为远离公共事务的世界,远离"政治"生活的日常经验。反过来,通过从加图的角度来阅读阿伦特,我的第二个目标是要明确在大多数学校中已经被侵蚀的那种经验。我将会努力表明"远离"的需要,以便能够"止步并思考"。这在许多教育理论和实践中都被压制或者忽略了,尤其是强调学校教育的伦理和政治潜能的那一部分。在某种意义上,偏爱合作学习的理论和行动,与"早期"的阿伦特更为一致。因此,我的注解暗示了要阅读"晚期"的阿伦特对于沉思生活的恢复,以反对"早期"的阿伦特对于行动生活的过度关注。

加图的格言

无所事事时,我最有作为;孤身一人时,我最不寂寞。
(*Numquam se plus agere quam nihil cum ageret, numquam*

---

① Hansen, P. (1993). *Hannah Arendt: Politics, history, citizenship*. Stanford: Stanford University Press, p.197.
② 尽管这里没有足够的篇幅来展开讨论,我仍主张阿伦特的晚期作品代表了一种努力,试图恢复她作为学生在海德格尔研讨班上体验过的那种哲学话语[Arendt, H. (1971). Martin Heidegger at eighty. *New York Review of Books*, 17(6), 50-54.]。在这个问题上,卡诺文(Margaret Canovan)有一篇出色的论文:Canovan, M. (1990). Socrates or Heidegger? Hannah Arendt's reflections on philosohpy and politics. *Social Research*, 57(1), 135-166。

minus solum esse quam solus esset.)

在这段格言的前半段,加图反转了希腊与罗马把活动当作实践的倾向。英语中"活动"(activity)一词的词源学基础是拉丁文当中的"activa"。这个拉丁词表示的是"行动"(action),在希腊语当中用"praxis"[制作(making)、制造(fabricating)]来表示,意思是在一个与他人共享的共有世界当中,通过一个共有的世界来行动。但是,在把"activa"翻译成"实践的"(practical)时,那个希腊单词("praxis")的语音学基础成为仅存的部分。我们今天使用的"实践的"一词的含义,与"praxis"这个词在希腊语当中的含义完全无关。或者如阿伦特理解的那样,与"praxis"的必要涵义无关,它原本表达的是人类创造和建构一个共有的世界的方式。根据阿伦特的意见,我们是通过"praxis",来创造"我们的"世界。这个世界把我们召集(团聚)在一起,同时又把我们区分(辨别)为一个个的个体。乍一看,诸如合作学习这样的教学模式,恢复了"praxis"这个词的一部分涵义。但是,"积极互赖"这个范畴,过于强调团聚的时刻或者是"praxis"的统一能力,结果这个模式提供了一种针对校内个人主义风气的反作用力,而这种个人主义正是基于实用性的"理想"之上。

现在的"实践的"一词,指的是一组价值(审慎、效率等)范畴,是约翰·洛克(John Locke)"智慧"原理的陈迹,是个人的一种能力,能够"巧妙地管理事务,同时又能够对这个世界富有远见"[1]。洛克的原理适用于个体,他们的个人需求和关注点已经不再局限于"家庭

---

[1] Locke, J. (1996). Some thoughts concerning education. In R. F. Reed & T. W. Johnson (Eds.), *Philosophical documents in education*. New York: Longman.

思考的没落：一种对于合作学习的阿伦特式批评

内"。在智慧的指引下，洛克式的个体把自身需求投入市场，在一个有他人定居、但不再作为共有的世界分享的空间内满足这些需求。某种意义上，作为现代个人主义背后的基本伦理原理，洛克的原理代表了当代实践观念（个体管理自身事务的能力）与古代实践观念（通过这样的活动，个人创造出一个共有的世界）之间的断裂。看起来，合作学习模式处在围绕着"*praxis*"和"实践性"（practicality）而分别形成的各类话语中间。

加图并未准确告诉我们，在他"无所事事"时到底在做什么。但是，无论他在做什么，都是在独处。也就是说，这些事发生在不与他人在一起之时。这里"在一起"的对象，他的同时代人会称为"共有的世界"，而我们会称为"社会"。一个悖论性的反转再一次出现了：当一个人独处而没有他人陪伴时，他最不寂寞。我们如何理解这种不生产任何事物的"活动"的意义呢？如果我们跟随加图，脱离或者远离他人的陪伴，那么我们或许就能看到思考是如何进行的了。稍花一点时间，我们就能探索加图远离自己同伴陪伴的方式了。我们探索他的方式，不是直接抄袭他的路线或道路，而是把他的方式当作一种姿态、一种行动。最开始，因为"远离"被认为是思考的"第一步"，结果这类描述就是要开始把思考描述为一个过程。然而，行动本身并不构成思考。因为，在"远离"时，人们仅仅是在走向思考的"过程当中"。不过，在某种意义上，思考的确会在"远离"之后开始。因此，人们或许会说，当我们离开政治领域或公共领域的相互依赖的那一刻，思考就"开始"了。但是，思考是怎么开始的呢？是什么推动了这个最初的时刻，实现了这种转变？

作为一种碎片化的思想，这句格言是各种哲学表达形式中最富有诗意的一个。这意味着它提供了巨大的解释空间,并且对许多人来说,这也是邀请人们沉思的最典型方式。然而,如果要追究细节,我们就必须转向别处。这正是阿伦特在试图描述思考如何开始时所做的事情。具有讽刺意味的是,她转向了罕见的、其本人几乎没什么都没写但被广泛研究的哲学家之一:苏格拉底。苏格拉底是阿伦特面对的许多问题的范例。事实上,苏格拉底体现了思考和行动、哲学和政治之间的张力。① 对阿伦特来说,苏格拉底是一个范例。正如赫勒提醒我们的:"除了苏格拉底这样极少数的例外,很少再有别的哲学家能够满足阿伦特的'纯粹思考'的标准了。"②因此,阿伦特把苏格拉底当作一个最佳范例:当实际生活的日常活动受到干预或扰动时,思考就开始了。阿伦特写道:"关于这一点,最好的例子可能仍然是苏格拉底。故事中的苏格拉底有突然'把心灵转向自身'的习惯,抛下所有的同伴,带着当时碰巧得到的那种立场,'对所有请求充耳不闻',来继续自己之前在做的事。"③

从这一点来看,当行动生活受到扰动以后,思考就开始了。是什么导致了行动生活的扰动?是什么会让一个人像苏格拉底那样突然转向自身?当然,答案可能并不唯一,但是苏格拉底这个范例仍有帮助。从各方面来看,苏格拉底并没有太多选择。要不要参与、是不是联系、乐意不乐意离开(人群)以及倾听(内部的声音),这都不是由他来决定的。相反地,正如我们从柏拉图对话录中看到的那样,苏格拉底似乎不断受到来自他的守护神或者心灵(daimon or

---

① Arendt, H. (1990). Philosophy and politics. *Social Research*,57(1),73-104.
② Heller, A. (1987). Hannah Arendt on the 'vita contemplative.' *Philosophy and Social Criticism*,12(4),282-296.
③ Arendt, H. (1978). *The life of the mind*. San Diego: HBJ Books, p. 97.

spirit)的声音的干扰,吸引他远离日常生活。如果一个人不满足于心灵和半神(demigod)之间的对话,他就有可能去解释这些来自心灵的声音,类似于苏格拉底对他那臭名昭著的德尔斐神谕的痛苦记忆。对我们来说,或许更妥当的方式是把心灵作为神谕的"附和",神谕宣告"苏格拉底是所有人中最聪明的"。但是,根据苏格拉底自己的说法,正是从神那里得来的神谕中的信息[经由苏格拉底的朋友凯乐丰(Chaerephon)转告①],驱策他走上了证明(或者证伪)的悲剧性道路。他质疑这句话,因为他知道自己是"无知的"或者什么也不懂,因此他想要找到一个真正聪明的人,以此来证明神谕错了。因此,迄今为止最卓越的哲学家苏格拉底,就是被神谕的"声音"吸引到这条道路上的。这是一种残酷的讽刺,通过苏格拉底针对自己的审判做的自我辩护,我们了解到苏格拉底遭遇这个声音的全部细节。事实上,苏格拉底的"破坏的本质"(作为一名思考者),被认为对希腊人的公共生活犯下了罪行,这与我对合作学习模式的批评有关。因为,苏格拉底的方式,对于任何偏好共识胜于争论的情境来说,都构成了威胁。

苏格拉底看似已经完善了的那种远离,是受到了一种需求或者欲望的唆使,想要去体验那种充满矛盾的摆脱了寂寞(loneliness)的孤独(solitude)。这就是加图格言的第二部分:孤身一人时,我最不寂寞。当一个人后退到思考中去时,这个人从来不会感到寂寞,因为他是与自己在一起的。按照阿伦特的说法,"苏格拉底会说,自己也是一种朋友"②。因为孤独思考的经验并不会带来寂寞,也不会产

---

① Plato: Apology, 21a.
② Arendt, H. (1978). *The life of the mind*. San Diego: HBJ Books, p. 189.

生在一些神秘作品中表达的更富戏剧性的意识的放逐或者意识的否定,所以人们可能会把这种远离描述为一种积极的独立性。

一种受阿伦特启发的沉思的教学

正如我在本章中指出的那样,阿伦特给我们提供了一种语言,可以用来发展一种能够保护和培养沉思空间的教与学的模式。阿伦特关于思考的话语,代表了一种精神生活的"避难所"。现在,在追溯完加图的"后退"(retreat)以后,我想要提出的是,作为对思考的准备,"远离"可以被转换为一种教学,通过精心安排的积极自主的经验,来让思考得以发生。"积极的独立性"看重的是一个学生独立且反思地开展工作的欲望和能力(反思更为重要)。当然,这样的经验与合作学习中团队教学的"积极互赖"形成了鲜明的对比,但是并不一定相互冲突。事实上,如果一种沉思的教育方法激发了自我中心的个人主义,那么它将是适得其反的。合作学习的倡导者们已经对此进行了正确的批评。无论如何,在合作学习的倡导者们试图让学生进行团队学习时,一种受阿伦特启发的沉思的教学就会挑战这些教育者,要求他们寻找方法去劝告学生们自行"止步并思考"。

加图告诉我们,当人从这个世界后退时,思考就会发生。准确地说,当一个人还"在这个世界之中",沉浸在日常生活事务当中或者被迫去"思考"他人、与他人一道时,思考就不会发生。相反,只有当日常生活被扰动,思考者习惯性地离开这个共有的世界的"共享"空间时,思考才会出现。正如海德格尔所说:

> 我们就是在接近这种远离之物的过程当中,接近那种神秘

的并因而是我们追求之物的一种易变的近似体。无论何时,当人们妥善采取这种方式的时候他就是在思考,尽管他仍然距远离之物很遥远,尽管这种远离之物仍然可能在帷幕背后。苏格拉底终其一生都在致力于做这件事,并且努力让自己保持在这种思考的过程中。这就是为什么他是西方历史上最纯粹的思考者的原因。这也是他为什么一字不写的原因。①

如果考虑苏格拉底的例子,我们就会把"远离"当作一种行动,可以通过实践得到完善。把苏格拉底作为我们的榜样,我们就可以看到"远离"这种行动。"远离"是"思考"的最初时刻。"远离"的行动不是一种自发的反应,而是一种实践活动。这就是说,它是一种习惯性重复的活动。"远离"依附于某种操作,是对"思考"的准备。扰动、转身离开,是一种预演。但是,这是一种在重新审视的过程中展开的预演:一种去聆听一个扰动日常生活事务的劝告的习惯。基于这种理解,"远离"就可以被转译为一种教学法,可以通过精心安排的积极自主的经验,有意识地让思发生。这种教学法可以让学生们发展一种沉思的"习惯",即自我思考和"为"自己思考。通过一些传统的(例如日记写作)以及非传统的(例如瑜伽、冥想)的方法,教师可以找到方法来鼓励学生开展与自己的对话,从而专注于接触自己的欲求和希望。因此,一种沉思的教学可以回应德尔斐神谕的声音。它可以劝告学生们"止步并思考",以便去承担那个富有挑战同时又迫切不已的学习任务:认识你自己!

关于如何实现这一点,阿伦特本人给我们提供了范例。事实

---

① Heidegger, M. (1968). *What is called thinking?* (trans. by J. G. Gray & F. Wieck). New York: Harper & Row, p.17.

上,正如她在针对麦克弗森的回应中所说的那样:"教学是另一回事,写作也是"。如果我们读一读她的作品,正如我在本章中所作的那样,那么阿伦特本人就可以说明一个人怎么通过文本分析让思考发生。读者和作者之间的对话,是引发思考的一个例子。对于阿伦特来说,引发思考的最重要的方式,就是与哲学文本之间的对话。正如赫勒告诉我们的:

> 阿伦特通过表达和解释那些她认为有代表性的哲学思想来阐明精神生活的各个范畴。如果我们未能充分关注作者的意图,那就可能会被这种形式的说明所误导。在阿伦特看来,并不是哲学家在思考……首先,我们都在思考。此外,按照阿伦特的理解,纯粹的思考在整个哲学史上都是不充分的。事实上,除了苏格拉底这个例外,还没有哲学家能够充分满足阿伦特对"纯粹思考"的标准。……更重要的是,哲学让我们对思考、意愿和判断进行思考。这些哲学是各种思想的宝库,我们应该靠着它们去着手处理精神生活的发现。①

除了从她学生那里得到的解读之外,我们知道阿伦特是用苏格拉底的概念来定义自己的教学。阿伦特告诉我们,她的目标是产生某种"类型的思考,不是要去灌输,而是要在学生身上激发或者唤醒这种思考"②。这个描述可以与苏格拉底在为自己辩护时所作的自传性陈述相呼应。苏格拉底说:"我唤醒你们。我说服你们。我训

---

① Heller, A. (1987). Hannah Arendt on the 'vita contemplative'. *Philosophy and Social Criticism*, 12(4), 282-296.

② Hill, M. A. (1979). *Hannah Arendt: The recovery of the public world*. New York: St. Martin's Press, p.309.

斥你们。无论何时何地,我都不曾停止点亮你们中的每个人"①。重要的是要理解,在阿伦特的作品和她的苏格拉底式的教学当中,阿伦特本人就是在通往思考的道路上。她本人因为思考的欲望而被唤醒,并受到哲学家"声音"的鼓舞。当这些哲学家的思想走出思想的"宝库"时,在阿伦特"听起来"不啻于有振聋发聩的效果。

一种受阿伦特启发的教学,坚持认为教育者应当承担这一艰难的挑战,给学生"赋权",让他们自主学习。当然,类似于合作学习这样的模式,对于在课堂中分配权力这一方面已经迈出了重要的一步。借助这些模式,教育者不再垄断学习过程。但是,正如我已经谈到过的那样,这些同伴干预的模式,在其结构上不适合于解放学生,不适合把学生从同伴的陪伴中抽离出来。相反,一种受阿伦特启发的教学,在让学生们自主学习的意义上,将拥抱海德格尔对于教学提出的挑战:

> 教的确比学更困难。我们都知道这一点,但是我们很少会考虑这个问题。为什么教会比学更困难?不是因为教师必须掌握更多的信息,并且总是准备好。教之所以比学更困难,是因为教所要求的是让学生学会学。事实上,真正的教师要求学生学会的只是学本身,而不是任何别的东西。②

从实际生活和主流学校教育的角度来看,哲学思考和独立学习事实上都已经出现了问题。如果从日常生活的经济角度出发来评估这种"无所事事"并且认为它根本"难以安放",那么"思考"这种活

---

① 柏拉图:《申辩篇》30d-31a。
② Heidegger, M. (1968). *What is called thinking?* (trans. by J. G. Gray & F. Wieck). New York: Harper & Row, p.15.

动很明显是有问题的,不属于那些源于人基本需要(睡眠、住所、衣着、食物)的活动。当然,如果我们反思苏格拉底的故事,我们或许就会和阿伦特(以及柏拉图)一样得到同样的结论,认为哲学的生活方式本身就是对实际生活日常事务的一种扰动或者一种侵犯。这是不受欢迎的,并且就像阿伦特写的那样,"总是不合时宜的"。但是,苏格拉底的悲剧式生活,让我重新开始质疑本章的基本假设:如果沉思生活是对"日常活动"生活的破坏,那么为什么学校生活始终要负载日常生活的特点呢?难道不应该是在必须教"思考"的环境中,"实践性"才是不合时宜的吗?

在当前的生活中,普遍看法是把活动理解为"忙碌"。因此,几乎不可能获得这样一种语言,能够让人们理解"无所事事"可以"带来"一种真正的最高级的学习经验。这就是为什么阿伦特对于加图的重申对于教育哲学是有意义的。通过阿伦特对加图的阅读,我们能够反思哲学在学校生活经验中的角色,甚至为其进行辩护:哲学的角色就是思考或者沉思。通过阿伦特对于加图的阅读,我们获得了一种语言,可以去命名以及识别那些不包含他人的活动。这是重要的,并且只有当一个人远离熙熙攘攘的人群(例如课堂)时,这些活动才会展开。当然,说这样的经验是"重要的",并不是要优先发展这样的经验,或者给予此类经验以特殊的对待。如上文所述,我的用意并不是要通过论证沉思或者与自己的对话是主要的、首要的,来反对诸如合作学习这类模式的基础。需要接受挑战的,是对话学习模式的单向度特点,它只给"内部语言"保留了很小的空间甚至完全不保留空间。因此,或许合作学习的拥护者和同情的批评者们最终得停下来,去思考苏格拉底(根据阿伦特的解读)发现的"社

会的"和"内部的"对话沟通之间的互惠关系:

> 苏格拉底发现,我们既可以与自己进行交流,同时也可以与他人进行交流;这两类交流以某种方式相互关联。在谈论友谊时,亚里士多德评论说:"朋友就是另一个自己"。这句话的意思是:你可以与朋友进行思想对话,就像你和自己的思想对话一样。这仍然在延续苏格拉底的传统,只不过苏格拉底还曾经说过:自己也是一种朋友。当然,在这些问题上的主导性经验是友谊,而不是自我;在我与自己交谈之前,我首先与他人交谈;我检验这种人际交流的内容,然后发现自己不但可以和他人对话,而且也可以与自己对话。①

如果思考确实是"纯粹的活动",那么加图的话就可以挑战以下这种信念了。这种信念在当前的学校环境下是如此根本,人们认为在与他人在一起时,人的活动更容易得到实现。这个信念背后的假设是,在实际生活的活动中,学习会"自然而然地"发生。然而,基于此建立起来的学习模式,可能会在无意中复制那些在过去就在美国公立学校中占据统治地位的认识论条件。因此,当合作学习的拥护者们不加批判地基于这样的"事实",认为学校是一种社会干预的学习环境时,他们选择的学校模式就只是重新安排了这一环境,迫使学生和他人待在一起。如果合作学习的支持者们想要实现他们寻求的那些伦理和政治目标,包括"声音"(而不是沉默)、"共同体"(而不是个人主义)以及"相互认可"(而不是竞争),那么恰恰是把学校作为一种社会干预的学习环境这一"已知的事实",是需要接受质疑

---

① Arendt, H. (1978). *The life of the mind*. San Diego: HBJ Books, pp. 188-189.

并最终需要加以反对的。

作为结尾,我想呼吁合作学习的支持者们思考下面的问题:如果教授和学习"怎样思考"是学校教育的基本目标,那么当我们认真对待阿伦特的观点时("思考是一种孤独的事","思考包括孤独的自我退回到与自己的对话"),会发生什么事情呢?阿伦特所说的思考,能不能与当前左右我们学校教育的那种同伴干预的学校教育模式相兼容?事实上,如果思考要求远离这个世界,那么在学校里怎么可能思考呢?要知道,在学校当中,学生们被聚集在一起,不断在拥挤的他人中间去"学习"。最后,如果像阿伦特总结的那样,思考活动是"阻止(人)做恶事甚至是'训练'人反对恶行的诸多条件之一"[1],那么这又意味着什么?换言之,通过限制(思考)这种基本的欲望,合作学习模式是不是正面临这种危险:合作学习生产并复制了一代"无思的人",这些人不再有能力进行道德判断。

---

[1] Arendt, H. (1978). *The life of the mind*. San Diego: HBJ Books, p.5.

向阿伦特学什么？ 怎么学？

伊丽莎白·扬-布吕尔　杰罗姆·科恩

1999 年 8 月 23 日

亲爱的杰里，

我很高兴你接受了戈登教授的建议，由我俩来为他的这本文集写一篇文章。同样，我也很高兴你会喜欢用书信体来完成这篇文章的想法。通过这种方式，我们虽然相距遥远，但是却可以像谈话那样快速交换意见。在我们相识的三十年里，我们总能基于自己的能力，找到共同感兴趣的点，一起去谈论汉娜·阿伦特、谈论她的观念以及她教导我们的方式。在我们做她的学生时、在她过世以后、在我为她作传时、在你编辑她的文集时、在我们阅读她的作品时、在我重新解读她的作品时，我们都曾经进行过这样的交谈。这种书信往来，是一种令人惊异的可能性。如果说这样的通信会对我们的讨论产生什么影响，那我一点儿也不会感到奇怪。而且，我想这种新的沟通的可能性，也会成为我们交谈内容的一部分。

不过，我们可以稍后再回到这个主题上来。让我先从一个彼此都同意的简明扼要的主题出发：有没有某种形式的教育，特别适合帮助人们去理解政治？汉娜·阿伦特的论文《理解和政治》

(Understanding and Politics),表达了她对于"理解"和"政治"是如何联系在一起或者怎样才可以联系在一起的理解。我们想要追问的是,一个人如何能够通过教育来获得"理解"？当然,这里所说的"理解",带有阿伦特赋予的丰富意涵。

我们的主题是"教育"和"政治"之间的某一种或多种关系。但我想我们应该首先承认,汉娜·阿伦特设想的教育,与各种技能教学不是一回事。这种区别有两个不同的角度：第一,阿伦特关心儿童教育；在那些段落当中,她强调最关键的人之为人的条件就是新生性,儿童生来就是"新的起点",他们生来就是要复苏和更新这个世界。教育因此就必须从这个角度去培养儿童。阿伦特坚持认为,应该给儿童提供保守的教育；也就是说,儿童被引入过去,这种过去是为他们而保存的,是给他们的遗产。教育给儿童提供了方向、奠定了基础,把他们从私人生活、家庭生活的庇护,带到公共领域中来。接受教育就意味着接受负责任的成人的保护,这些成人拥有权威去影响儿童长大成人的过程。

成人教育则完全不同。在这里涉及的人之为人的条件,是入世性(worldliness)。成人教导彼此去在这个世界上生存,在不同的历史条件下,这可能意味着入世或出世,以及这些方式的混和。在现代世界,成人不会保守地给彼此提供一个共有的传统,他们必须亲自去塑造一个共有的世界。譬如,在各种共有传统的遗迹当中,成人可以去重新阅读传统作家,"就像从前没有人读过他们一样"。

这种成人教育即成年人相互提供的教育。如果这种教育提升汉娜·阿伦特所谓"达观的心智"(这是阿伦特效仿康德提出的概念),那么这种成人教育就可被认为是对政治理解的一种准备。你学会把自己放到别人的立场上来看待这个世界,通过你自己的眼睛,但是站在别人的立场去观看。1969 年,在我们在她那里学的第一门课程上,阿伦特显然认为这是政治理解教育的关键所在。这门课程的名字是"二十世纪的政治"。该课程的阅读材料可以让你追踪一个"代表人物"的生活,从他 1900 年出生直到 20 世纪 60 年代。这是一个和她同时代的男人,类似于她的丈夫海因里希·布吕歇尔(Heinrich Bluecher):他曾经是一名工人、一名斯巴达克同盟(Sparticist Bund①)成员、一位难民和无国籍人士以及一名战时记者、一名大学教师。

当我回忆起这门课程时,我觉得我们所做的就是聚焦于这个"代表人物",把他作为一个范例。他经历的 20 世纪是一个充满危机的世纪。每一个危机都向他揭示了一种新背景下必要的人之为人的条件。《在过去与未来之间》中的每篇文章都是如此,每篇文章都揭示了一种危机,比如《教育危机》《文化危机》。每篇文章都深入探讨这些危机,在左派与右派之间作出清晰的划分,以揭示阿伦特在《人之为人的条件》中识别出来的一个或多个条件(包括生命、地球、世界、新生性、有死性、多样性),以及与这些条件相关的活动(包括行动、工作和劳动)。阿伦特进一步根据这些危机暴露出来的东西,研究了这些条件怎样在彼此联系的过程中发生改变。她分析的

---

① 斯巴达克同盟(Spartacus League,Spartakusbund)是第一次世界大战期间,在德国出现的一个马克思主义者的革命运动组织。该联盟初期以罗马共和国最大的奴隶起义的领袖斯巴达克斯命名,随后更名为德国共产党(Kommunistische Partei Deutschlands),并于 1919 年加入共产国际。——译者注

"教育危机"不仅显示"约翰尼不会阅读了"①,而且报告了成人是怎样放弃自己教育儿童的责任的。这种危机是为了回应把儿童当作"新的起点"、回应儿童的那种新生性。教育上的这一危机,最终表现为新生性的危机。一个人如果能够把自己置身于当代儿童的位置,那么他就可以理解这一点。

我想阿伦特实践的教育,就是要向人们展示如何去想象一个处在十字路口的代表人物,人们可以从中看到基本的人之为人的条件处在变动和重组之中。这些典范式的生活,就好比是一个个寓言。汉娜·阿伦特从她写的第一本书开始,就在应用这种方式。在那本书当中,拉赫尔·法恩哈根(Rahel Varnahagen)示范了在私人领域和公共领域之间的一种巨大的关系转换,其中社会是作为一个中介领域出现的。在《极权主义的起源》当中,这个女人再次出演了一个范例的角色。诸如迪斯雷利(Benjamin Disraeli)、普鲁斯特(Marcel Proust)、塞西尔·罗德斯(Cecil Rhodes)等人,都让我们可以带着历史的深度去观察,政治过程就在这些地方酝酿着。当然,许多社会科学家瞧不起阿伦特的这种轶事记录的方法。但是,我认为她相信精选的轶事记录,要比一千次统计、引用或者证据都要更有价值。

亲爱的,我期待这些初步的评论可以在你那里引出一点什么,这也是我们下一次通信的出发点。

伊丽莎白

---

① "约翰尼不会阅读了"指的是鲁道夫·弗雷西(Rudolf Flesch)在1955年出版的一本畅销书:《约翰尼为什么不会阅读了》(*Why Johnny can't read : And what you can do about it*)。在该书当中,弗雷西对美国当日流行的阅读教学方法提出了批判,认为这种方法导致读者在面对生字词时出现阅读困难。他主张要在阅读教学中恢复语音学方法(phonics method)。——译者注

2000年6月11日

亲爱的伊丽莎白,

去年八月底你给我写信时,我刚好在新学院大学(New School University)筹建"汉娜·阿伦特中心"(Hannah Arendt Center)。这项工作令人振奋,但也非常耗费精力,这让我无法及时回复你。这个中心的一部分目标是教育性的,我想我们的通信可能会有助于阐明这一点。此外,让我感到懊恼的是,在本书的这些作者中只有你和我曾经跟随阿伦特学习。对你和我来说,那段经历无疑有深远的影响。我想,这本身就会让读者感兴趣。此外,我们都有机会真正从事与阿伦特思想相关的工作。在你的工作中,还涉及她的生平。但对我来说最重要的是,在我们多年的友谊当中,我们一直在不断谈论她。我们之所以这样做,是因为我们想要如此——这样的对话给我们带来了真正的、宝贵的乐趣。这种乐趣和阿伦特教导我们的方式以及政治都有某种关联。我想,在我们的通信当中,这里的"某种关联"可以得到明晰,因为在我们的谈话中可以对其加以澄清。在我们的这些对话当中,交流跟随阿伦特学习、结识她以及继续从事与她相关的工作的乐趣,在我看来也是本书不能忽略的主题。这是我们的经历,如果还需要提供进一步的佐证,那么我们可以引用阿伦特的信条:思想不仅来自经验;"经验基础"可以让思想不至于迷失在"纷繁复杂的理论"中。本书的大多数文章都自然而然地假设阿伦特有某种教育理论。这正是我感到懊恼的。

如果我对这个问题的处理方式过于迂回,还请你谅解。你早就习惯了!我想问你,你觉得阿伦特有一种或者相信一种关于任何事情的理论吗?关于极权主义或者政治,关于行动或者革命,关于社会、文化或者教育,关于权威、宗教或者历史,关于人类自由,或者关于人的精神活动的独特的暂时性维度,阿伦特有这些方面的理论吗?当然,这些主题的确吸引了她的注意力,但是她有没有形成什么可以被称为有关这些主题的一种"理论"呢?无论是以独立的方式,还是站在别人的基础上,阿伦特对于这些主题的理论化都是显而易见的。但是,理论化(也就是"思考")和作为其结果的可以表达的一种理论是不同的。在我看来,这种区分对阿伦特来说也是重要的。事实上,这种混淆是阿伦特逐步提出质疑的诸多现代思想的特征之一。因为,一种对于共有的、可交流经验(这是关于一个共有世界的经验)的高度重视,在这种混淆当中被弱化了。

举一个阿伦特自己的例子,就可以说明我的用意所在了:马克思用他关于经济发展规律的辩证理论,解决了古老的、让人困惑的理论和实践的关系问题。在阿伦特看来,马克思的这个成就是有代价的,在马克思对于人的实践的概念当中,忽略了行动的自发性。(此处有省略。)阿伦特对于极权主义罪行的理解和揭露,部分是通过对行动和思考的各项活动的理论化来完成的。不过,阿伦特拒绝把理论与实践整合到一个不同于马克思的理论中去的做法,她拒绝任何这样的解决理论与实践关系问题的方法。有很多迹象表明,在她有生之年尚未完成的关于"判断"的那本书当中,阿伦特想用自己的方式来处理这个关系。结果如何,我们不得而知。但是,我们知道的是,对于阿伦特来说,判断是一种活动(activity),既不同于行动(acting),也不同于思考。我们能够确信的是,阿伦特已经着手对判断进行理论化,同时又不将其纳入某一个理论当中去。任何理论,无论其本身看起来是多么美好甚至高尚,其中蕴含的有害于人类自由的终极性,都是阿伦特努力要去避免的。

最后的这个观点还需要进一步澄清,但现在,让我来引用阿伦特的另外一个例子。构造一种自洽的正义理论是一种有价值的哲学工作。它带有某些柏拉图式的基础,在今天仍然流行着,并且即使在最糟糕的状态下也是无害的。当我们在谈论正义的时候,了解我们正在谈论的真理是什么,这难道不值得吗?尽管对预防不正义的用处不大,但是这样的知识难道不会教导我们如何处理不正义吗?但是,阿伦特提出了一些相当不同的东西。如果我们知道什么是正义,那么从理论上来说,我们就会建构出一大堆条条框框,将其置于各种可能的人类行动(action)之上,来告诉我们这些行动是正义的还是不正义的。一定的计算可能仍然是必要的,但是我们不必再去思考正义的意义了。从柏拉图到罗尔斯(John Rawls),哲学家们总是要求我们想得更充分、更健全。但是,如果这些思考的结果被当成知识并且被制度化,那就不是极权主义,而是阿伦特所谓的"理性的暴政"了,结果同样否定了自由。正义的关键之处,不就在于变得公正吗?〔正如霍普金斯(Gerard Manley Hopkins)所写的那样:"我所做是我……公正的人公正。"〕阿伦特相信,人们不是因为知道何谓正义,而是因为去思考正义,才最终实现了个体的判断,正是这种活动让正义出现在这个世界上。对阿伦特来说,这就是最纯粹的思考者苏格拉底通过亲身示范教给人们的东西:苏格拉底对于正义以及所有人类美德的讨论,最终都不以形成理论为目的,而是以困惑告终。结果,他就必须继续思考下去,从而变得更加公正、更加勇敢、更加自律。简言之,与此前相比,变得更像他自己。如果这世上还有人配得上被称为苏格拉底式的教师,那么阿伦特就会是这样一个人。我想,这是她能够不断吸引我们的原因。与苏格拉底类似,阿伦特从来不曾忘记,自己是多样人类当中的一员。他们共享了一个共有的世界,他们都可能是自由的,即使在面对真理时也同样如此。用过去的话来说,这构成了她的"尊严"。毋庸赘言,她要在一个充满了各种强迫(包括被别人强迫或者去强迫别人)的环境中,在学生中培养那种同样的自由。

在这一点上,我倾向于考虑阿伦特思想的争议性,这些争议不是因为阿伦特有什么异乎寻常的见解、编排甚至操弄证据的行为来支持自己的观点,而是因为在考虑他人的各种意见时,她不断与他人和自己讨论,以形成自己的独特意见和信念。在阿伦特看来,这种信念对于一个政治思想家和教育者来说都是最关键的,这也是政治责任的必要条件。如果没有信念,政治行动就是无用、无意义的,就会出现一种康德所谓的"偶尔的忧郁",届时一种共有世界的意识就破灭了。但是我不想把这封信变成一篇小文章,它的目的应该是讨论思考阿伦特时我们得到的乐趣!在这次通信当中,我答应要回应你写的东西,包括:在今天恢复一个共有世界的重要性、"达观的心智"和"示范"在应对传统时扮演的角色,也就是说在一代又一代人之间把传统延续下去。20世纪,人们在这个问题的处理上显然失败了。当然,关于跟随阿伦特的学习还有更多东西可说,尤其是从私人生活到公共生活转变的经验,以及变得愿意并且适合在一个共有的世界里占有一席之地的经验。我希望我们的通信能够表明,成人在继续相互学习,正如你我所做的那样。与此同时,根据阿伦特在《教育危机》中的评论,把这种学习称为"成人教育"可能是不谨慎的:"教育并不参与政治……那些想要教育成人的人们,实际上是想当这些成人的监护人,阻止这些成人从事政治活动。"①

对你写的东西,我只有一点不同意见。我们跟她学的第一门课程,你把它叫作"二十世纪的政治"。我想,它应该是叫作"二十世纪的政治经验"。这种名称上的差异并不是无关紧要的。如果你还记得,在这门课上我们阅读诗歌、小说、回忆录和传记,但没有一部作品是与政治理论相关的。这再次涉及阿伦特理解的政治"经验"是什么的问题,涉及她所谓"潜在的"关于自由和正义的"现象性事实"。从理论上来看,这些问题要处理的是表现背后的事实问题,而这实际上是一个自相矛盾的概念。作为结尾,我想说跟随阿伦特学习的最大收益,是我现在喜欢称之为"个性的独特愉悦"的那种事物。

你觉得这样的通信,可以达到我们交谈的那种质量吗?我很在乎这一点。

爱你的,

杰里

2000 年 6 月 27 日

亲爱的杰里,

你在 6 月 11 日的信,引发了我的一系列思考,我准备把其中的一些写下来。但是,我想要先说两件关于信件写作方面的事。首先是写信的乐趣:我们发现自己可以用书面形式交谈。上周末我们见面谈到了写信这件事,在我赶往去费城的火车之前,你说"我会很快

---

① Arendt, H. (1961/1993). *Between past and future*: *Eight exercises in political thought* (pp. 173-196). New York: Penguin Books, p. 177.

写信给你的"。这种会面也是信件写作的一部分,我们在一起时的另外三四个小时里发生的那些事也是如此。我觉得,承认这一点是很重要的。我们的友谊主要围绕着表达和谈话来展开并加深。回顾往昔,我们的对话中总是有几个指导性的主题或者问题,但是谈话方式都是自由联想且随机应变的。这封信和我的第一封信一样,都是这些交谈之后的沉淀。

尽管我们正在体验用写作来对话,但是我想同时也应该承认,这种另类的方式发生在一段时间的延宕之后,在这段时间里对话因为别的理由发生了变化。我曾经从历史的角度考虑过这个问题,去思考这段历史怎样显示了对话对我们的教育。

自从在汉娜·阿伦特的最后一次研讨班上结识以后,我们的对话就都是关于她和她的作品的。我想,这是一种持续的追思。她的故去让我们都感到若有所失,我们从此失去了方向。在正式的追思会上,你曾经冷静、严肃地公开表达了这一点。这给我留下了深刻的印象,因为我从来都只能在私下里谈一谈、写一写。直到今天为止,每次公开谈论她,我都还是会哭泣,感到满心哀伤。在我写那本传记期间,我还记得我们经常谈论她毕生工作的不同时期和阶段,探讨在她健在时我们还不知道的那些部分。我还记得,在乔纳斯(Hana Jonas)告诉我有关阿伦特年轻时的一些事情后,我们关于她和海德格尔的私人关系、哲学联系进行过一次长谈。谈话还有关于她的博士论文与圣·奥古斯丁,以及她和雅斯贝尔斯的通信。这是我们第一次意识到,还有大量未结集的出版材料和未发表的材料。所有这些,你现在都已经编辑过了。在这些关于生活和工作的对话当中,我们偶尔还会猜想她对这些年来发生的这样那样的政治事件会有些什么看法。

在这些对话当中,最长的一次发生在20世纪80年代初期,持续了三四年时间,这对我们来说也可能是最有挑战性的部分。我们谈论了阿伦特未完成的关于"判断"的手稿可能会写什么,这是麦卡锡(Mary McCarthy)随后编辑的。我关于《精神生活》所写的那部分,实际上就是在这次对话的早期构思好的,随后我们都觉得这样的方法过于图式化和系统化。我总是要比你更像一个理论家;或者,换一个方式来说,你总是要比我更像苏格拉底。因此,你感到在写作和表达的中途停下来会更困难,而我却难以抵抗从不同线索和思考路径出发来确定秩序和构想的诱惑。

在这次通信的一开始,就碰到了我们之间的这种差异以及"判断"这个领域。你对于回应这样的公开信感到困扰,因为太过于形式化了。对你来说,好像我是在用自己的方式来描绘阿伦特的教育理论,并且我还考虑过她发展理论的方法。事实上,我完全同意你的意见,认为她并没有所谓的教育理论,她也并没有真正发展关于任何事物的理论。没有什么所谓的阿伦特理论或者阿伦特主义。但是,她的确有某种独特的思考方式,这包括一些她澄清的概念或者区分,以及她认为是根本性的历史元素和存在;她有自己独特的判断方式。这让我们有可能去设想,她会如何看待某些事情,或者她会对某些事情作何判断。这是我们对于未完成的《判断》作的大量设想。这是她独特的思考方式,她蔑视理论,对于科学中的演绎判断不感兴趣。

我一直认为,我们在思考方式上的差异有重要影响,这让我们的对话对于我们而言成了教育性的。我不记得在过去的32年里,有哪一次关于汉娜·阿伦特及其作品的对话,最终没有走向一致。正如你在复信中对我的那些回应一样,尽管我们总是要小心地寻找方法,处理这种由于彼此差异而带来的分歧,直到共同理解能够出现。另一方面,大约在 1985 年以后,我们的对话发生过改变。当时,我刚开始进入纽黑文接受心理分析训练,也在进行关于安娜·弗洛伊德(Anna Freud)的传记写作。几乎在所有的交谈当中,我们都似乎成为一个三人小组:你、过去的我,以及用这种新方式思考的我。这个新的我,让你感到不适应。这个新的我开始说一些不同的话,并且我俩都知道汉娜·阿伦特是极其不信任这种语言的。然而,我从来没有觉得自己古怪,也没有感觉到什么内在的分裂。对我来说,我们在汉娜·阿伦特那里遇到过的思考方式,无论是汉娜·阿伦特本人的还是我们用自己的独特方式带进来的,都与我从心理分析学家(从弗洛伊德开始)那里学到的东西没有什么不同。但是,从我的这种内心独白,过渡到我们之间的亲密对话,这的确花费了很长的时间。

阿伦特和弗洛伊德之间的一个最深刻的共性,在于他们从青年时代就开始的那种对待理论的态度。我想要针对你提到的"个性的独特愉悦"来专门谈一谈。弗洛伊德必须克服自己对于理论及思考的嗜好。正是在这个问题上他从未成功过,尽管恰恰是在这个问题上他达到了世所罕见的程度。弗洛伊德非常乐意讲述自己快 20 岁时访问沙尔科(Jean-Martin Charcot)位于巴黎的那间诊所时的见闻。当时,这些外国的年轻访问者,都在德国接受过学院派的生理学训练,他们都对沙尔科的医疗工作提出了质疑,因为这与他们默认的理论存在冲突。对此,沙尔科并不觉得痛苦。他说的一句格言，让弗洛伊德瞠目结舌：*La theorie c'est bon, mais cela n'em peche pas d'exister*（理论虽好，但并不能阻止事实存在）。正如弗洛伊德记录的那样，聪明的沙尔科并不坚持说应该以医疗事实为主、理论或者对理论的修正次之，尽管沙尔科的确相信这一点，并且能很熟练地进行医学描述和事实收集。用溢美之词来说，沙尔科简直可以说是一位现象学家。但是，更为根本的是，沙尔科提到了有些东西是理论不能否认的。通过理论之外的其他手段，可以让存在表现出来，譬如观察、直觉、充分地体验、感受（我还要补充一条，即通过人对于存在的关切）。这也是阿伦特相信的。阿伦特是一个极其优秀的观察者，对于特殊性充满了赞赏。

汉娜·阿伦特从来没有研究过弗洛伊德，所以她谈论弗洛伊德和心理分析时，有时带着一种可爱的无知，有时也是令人悲哀的无知。在我看来，阿伦特对于精神疾病的恐惧，一点儿都不奇怪。在孩提时期，阿伦特的父亲就得了神经麻痹性痴呆，故去时精神完全错乱了。但是，她对于心理分析的不信任，也是她最个性化的思考方式的一部分：她关于私人领域和公共领域的区分，虽然不构成一种理论，但是肯定是一种重要的区分。就像上周末我们在纽约碰面时说的那样，在非常具体的意义上，阿伦特是一位性保守主义者。这不是一种道德上的保守，不是清教徒式的保守，而是在观念上保守地认为，性问题应该完全保留在私人领域。我想，这是阿伦特对于心理分析最根本的反对意见。而且，关于这一点，我想你我都会同意。人们在从事心理分析或者在把自己交托给心理分析的时候，都预设自己已经失去了对于公共事务的理解。最糟糕的是，心理分析默认了公开讨论私人事务是一件好事、是一种解放，譬如讨论性取向、讨论性幻想。阿伦特的想法与心理分析恰好相反：将私人事务公开化，会摧毁私人空间，让私人空间不再能作为一个逃避、恢复和休憩的场所和模式。这种公开化对于阿伦特称为"社会"的那个可怕领域做出了贡献，像野草一样迅速蔓延，遍布全球。

可以想象，如果我也在一个极权国家长大，那么我可能会更同情汉娜·阿伦特的区分。在那里，隐私几乎完全消失，没有一丁点儿空间可以保护你免于受到"运动"（不是"国家"）、免于受到"一切皆有可能"的那种反国家（或者反政治、反公共）以及反隐私的力量的迫害。这正是她作品中最令人不安之处。一种防卫机制可以有很大的价值，除非它不再是一种防卫机制，而最终演变成一种攻击机制。阿伦特的主张或许太接近于一种理论、一种意识形态的要素或者一种阿伦特主义了。

好吧，我可以继续写下去，但是现在我要暂时停笔，把它们寄给你。继续写下去就显得太多了，好像我们忘了得暂停对话，起身走一走，喝点什么，准备晚餐。

爱你的，
伊丽莎白

2000 年 7 月 7 日
亲爱的伊丽莎白

你在 6 月 27 日给我的那封信，引出了许多我想要回应的主题，同时也引出了一些我想要提出的问题。首先，是你让我进一步明确了交谈和写信的区别。在我读你的信件时，我过去总会时不时停下想要朝你说点什么，插嘴表达一点自己的意见或者提一个问题。但是,正如你所说,这要求对方也得在场。我们用写信的方式来模拟对话,因此一定会更少即时性、更多反思性。我们想象另一个人在场,和另一个人共同思考,但是又得服从一个固定的思想轨迹,而不像实际交谈那样可以彼此迁就。这也表明了阿伦特所谓的思考是一种"内心的对白",表明了阿伦特准确发现的亚里士多德所谓真正的朋友是"另一个自己",或者像我们今天所说的那样是一种"意识"以及别的什么东西。

因为假期的关系,我在7月4日才收到你的信。这一天的电视节目展示了纽约港一些壮丽的高杆帆船图片(古船的复制品)。每一张图片都只持续了一秒钟,然后就是滔滔不绝的解说,最后以总统的一些"大而无当"评论收场。和这些照片相比,所有这些评论都很不幸地显得十分不足而且空洞。今天的公共演讲不仅仅缺乏深度,还缺乏尖锐性和重要性,历史上很少会出现这样的情况。今天,公开表达的信念变动得如此迅速,甚至都不能被称为"信念"了。而一个几乎没有信念的公共领域,让我想起了叶芝(William Butler Yeats)在《基督再临》(The Second Coming)这首诗中的句子:

> 最好的人失去信念,最坏的人满心狂热。

另一方面,正如叶芝在同一首诗里写的那样,已经过去的20世纪可以说是"血色的潮流到处横溢","纯洁的典礼被淹没了"。也许我们应该感到高兴的是,即使在"最坏的人"中,今天对公共话语的"狂热"也在很大程度上是惺惺作态的。无论如何,人们对于公共事务表现出来的冷漠让人不安。我好奇的是,教育能不能对此有所作为?或者在何种程度上能够有所作为?越来越多精心炮制的、本质上是民主的公共表演被生产出来,服务于那些不动脑筋的人。它们似乎在警告我们:"不要思考!"而且,除了一些高度私人化的、关键性的问题,我们真的不再思考了。这并不是说需要这些表演来安抚那些已经默认一切的普罗大众。而是说,即使是从制造者的角度来看,这些表演除了能够娱乐以外也什么都不是,完全缺乏任何公共意义。我知道,我们从阿伦特那里获得的教导引发了这种思考,而且我倾向于认为这仍然可以唤醒其他人。

你从沙尔科那里援引的那句格言,"理论虽好,但并不能阻止事实存在",不止在一个地方引起了我的共鸣。毫无疑问,心理分析过程(尤其是带上你用自己的独特方式表达的,在观察和直觉之上增加的"关心")可以带来个体身上的那些被隐藏或者受压抑的东西。并且,这种解放的努力或多或少都可以对这个人进行调适,令其可以在这个世界上过一种更加舒适的生活。或许对个人的"调适",并不能准确表达阿伦特在谈到公共空间对这个世界的"定位"时真正想说的东西。但是,我并不认为阿伦特会有类似的疑问,尽管她曾经抨击过心理分析的"语言"。我相信,在当她的学生时我们就已经感觉到,一个好世界应该具备什么条件。阿伦特既是一个范例,也把这些条件表达清楚了。然后,我们好奇为什么这么多人会抗拒这个世界、看起来真的不需要这个世界。我想问你的第一个问题是:有什么东西曾经影响过你对于心理分析的兴趣吗?你说得对,我的确对于心理分析思想感到"不适"。(我想你对此会有一个心理逻辑的解释!)然而,从你上一封信以后,我渐渐感到,这或许是一个特例:对你来说心理分析可能会是某种形式的行动。说得委婉一些,看起来美国人对于几乎所有形式的政治行动都感到了幻灭。但关于心理分析的"语言",我强调的主题和你的十分不同:阿伦特相信,性以及整个亲密关系领域都不适合出现在公共空间。这就是说,她对于保护隐私的坚持以及隐私与教育的联系,都可以对进一步的质疑作出回应。阿伦特把隐私当作一个人类存在的领域,没有隐私也就不能成为人了。

那么,隐私怎样才能得到保护呢?对阿伦特来说,这首先要依靠保护私人财产的制度。但在过去三个世纪里,一直在增加对私人财产的剥夺。如果身体是我们最后的、无法被侵犯的"财产",那么这条界线该被划定在哪里呢?阿伦特是女人,并且很高兴作为一个女人出现,而不是作为一个女性主义者。这与她以犹太人身份遭受攻击时作为犹太人回应完全不同。阿伦特当然是这样的,但这两种反应的差别被混淆了。我想阿伦特的要点在于,每个人都是一个独特、平等的自由人,无论这个人是男性还是女性,富有还是贫穷,犹太人还是非犹太人、同性恋还是异性恋、黑人还是白人,都不是有关生理性别、阶级、宗教、性取向或者我们最容易看到因此也最富有挑战性的种族的某一个样本。政治没有否定而是超越了我们每个人在私人场合的存在。换言之,私人空间和公共空间既相互区分又相互依赖。正如阿伦特理解的那样,人的多样性是政治生活的要素,这一点往往被人们忽略了。正如你在信件末尾说的那样,极权主义正是通过摧毁私人和公共这两个领域,摧毁了相互依赖性。如果说厌世(拒绝归属于一个共有的世界)在很大程度上来自个人的排他性,而政治开始于厌世消失之时,那么作为一种干预过程的教育,真的可以提供一种进入这个世界的导引吗?这是我提出的第二个问题。

让我们重新回到沙尔科的警句:在一种公共的意义上,20 世纪人类的大灾难表明,在意识形态伪装下的理论能够并且实际上已经伤害了无数男性、女性以及儿童。作为一种对整个世界的威胁,这种威胁现在已经被消除了。但是,这个世界上四处迁徙、无家可归、无国籍人士变得越来越多。对于这些人,纳粹那种自然选择式的劣等种族的意识形态,在过去曾经提供过"答案"。这些人的问题,到今天为止也仍然是最紧迫的政治问题。你同意吗?心理分析过程不是要去解决这样的问题,不仅因为涉及的人员数量巨大,而是因为在阿伦特的意义上,政治应该关注的首要对象不是人,而是这个世界。对阿伦特来说,这是一个重要的区分:作为一种社会现象而不是政治现象的法国大革命的失败,就是因为它照顾的是没有公共话语权的"不幸者",结果这些人变成了"激愤派"。革命让他们对这个世界充满了愤怒,因此并没有缓解而是加剧了他们的不幸。这是一种政治思考,在阿伦特的作品当中,这个主题曾经反复出现过。当然,这不是要贬低个体通过心理分析获得的收益,而是说从另一个方面来看,作为教师的阿伦特如何为这些"多余的"人的政治解决途径提供了基础。

阿伦特的基本论点以及以后的一切表达,都来源于前所未有的极权主义事件。我想我们都会认同这一点。这种重要的现象,即那些奴隶劳动和灭绝集中营里的"实验室",通过把自由人降格到受条件制约的动物,使他们变得多余。如果这些运动还没有被禁止,极权主义运动的机制可能早已破坏这个世界的那些无可估价的宝贵部分了。这是一个宏观的话题,可能所有人都觉得没必要继续细究下去。我要强调的是,阿伦特试图让她的学生们明白(我想这就是她的每门课程的动机,无论是"哲学和政治""古代政治思想""现代政治思想",还是"康德的《判断力批判》"等等),极权主义出现于西方文明的大本营内部,而不是从外部引进的,或者像阿伦特常常说的那样,"不是从月亮上来的",或者从别处而来。总之,她想要自己的学生们认识到,极权主义在20世纪的出场,摧毁了传统政治思想的范畴。这种传统开始于柏拉图,他通过引入"制作"这一范畴,根据预定的模式来构建政体,以此试图解决伯罗奔尼撒战争以后雅典人面临的政治危机。自由行动是靠着一致以及出于信念的人类行动的多样性而产生的力量。它的来源不在于理论,而在于前理论的政治经验。但是,自由行动最终总会宿命般地被政治思想取代。就定义来看,旧的范畴无法也不适合去处理那些全新的东西。在某种意义上,这已经被政治思想史验证过了。例如,霍布斯、洛克、卢梭关于"国家本质"这一范畴的不同意见,或者马克思对黑格尔"世界历史"这一范畴的发展,都是要说明他们所在世界里发生的真实政治变革。但是,阿伦特考虑的是一些更为基本的问题:她在应对紧急状况的同时,还意图以一种修正的方式去维护传统政治思想的结构,结果再也不可能回头去重新定义传统范畴了。相反,正是由于极权主义的出现,让阿伦特重新回到了自由行动,而自由行动恰恰又是政治经验的来源。因为,尽管极权主义没有成功地摧毁这个世界,但是它让我们明白了我们的整个传统,不仅仅是政治思想,还包括道德思想和法律思想以及普遍的宗教和权威,都在走向一个终点。后现代思想对这一观察可能还有一点微弱的回响,但是对阿伦特来说这并不是一个学术问题,而是一个实际问题,如她所说是关于"我们这个世界的历史"的问题。

在回顾1943年第一次了解到奥斯维辛的情况时,阿伦特说:

"这不应该发生"。我想,这不仅仅是一种道德上的"应该",而是一种程度上最为强烈的表达:在奥斯维辛可能出现并且事实上已经出现的一些事物,让这个世界变得不正常。然而,阿伦特试图理解极权主义,试图寻求和解。当然,这并不是针对极权主义者犯下的罪行,而是寻求与出现极权主义的这个世界和解。正是在这一点上,事情开始变得复杂起来。阿伦特通过给学生们讲述一个陌生而又恐怖的故事来实现这一点,它们现在仍然完全有意义。阿伦特完全明白自己的"方法"。"方法"问题是一个她不乐意讨论的话题。阿伦特不仅仅与政治学家、社会科学家格格不入,而且(对她来说这一点更加重要)与那些新闻记者、历史学家、诗人的方式也不相同。这些人以自己的独特方式,试图及时或不合时宜地保护他们记录和想象的东西。甚至在她写《极权主义的起源》之前,阿伦特就提出了讲述"纳粹建构的地狱的真实故事"的强烈需求:"不仅仅因为这些事实已经改变并污染了我们呼吸的空气,不仅仅因为它们还会侵入我们的睡梦和我们清醒的思考,而且因为它们成为我们的基本经验以及我们这个时代的基本不幸。只有基于这个基础,一种关于人的知识才会得到安置,我们的新洞察、新记忆、新行动才有了自己的出发点。"① 我想,这段话已经说得足够了:不是与极权主义和解,而是与这个产生了极权主义的世界和解,这是一个人创造的世界,同样,这也是一个只有人才能去改变的世界。在这个问题上有更多利害攸关的问题需要考虑,而不只是在第二次世界大战当中赢得胜利。

---

① 书信中的这段文字,来自:Arendt, H. (1946). The image of hell. *Commentary*, (2-3), 291-295. 这篇文章是阿伦特为《黑皮书:纳粹对犹太人犯下的罪行》(*The black book: The Nazi crime against the Jewish people*)以及《希特勒的教授们》(*Hitler's professors*)这两本书所写的书评。——译者注

这引出了我的最后一个问题,因为前一个问题的讨论已经足够长了,尽管同时也可以说简直还没有展开呢。面对无助于理解的那些范畴,阿伦特是通过创造一系列区分来重新开始的。从亚里士多德开始,这些久负盛名的区分(*distinguo*),就成为许多伟大思想家的标志,他们试图去理解此前无法理解的东西。甲不等于乙,"极权主义"(totalitarianism)不等于"暴政"(tyranny),"力量"(force)不等于"权力"(power),"行动"(action)不等于"工作"(work),"工作"不等于"劳动"(labor),"私人的"(the private)不等于"公共的"(the public),"社会的"(the social)既不是"私人的"也不是"公共的","思考"(thinking)不等于"意愿"(willing),"意愿"不等于"判断"(judging),"共情"(sympathy)不等于"激情"(compassion),"激情"不等于"同情"(emphathy)。("我"不等于"你"。)这些区分和阿伦特做过的许多别的区分一样,尽管对她本人来说显而易见,但是别人要想把握就困难了。这当然也包括她的大多数学生们,他们已经习惯了一种思考方式,倾向于模糊各种区分,尤其是一些非比寻常的区分。我相信阿伦特希望她的教学是实践的。不是吗?

爱你的,
杰里

2000 年 7 月 22 日
亲爱的杰里,
你 7 月 7 日的信是与瑞士的《你》(*Du*)杂志一起来的,其中刊登了我的一篇短文,内容是关于汉娜·阿伦特在美国精神生活中的

地位。① 最近一次在纽约见你时,我们曾经讨论过。这篇短文包括下面这一段:

> 在《极权主义的起源》中,阿伦特首次提出了最基本的思想。这既是一个警报,也是一个可怕的告诫。她提出,政治只在一定的历史条件下才会出现,因此政治也会消失。这里的政治,指的是公民在公共领域的言说和行动,并通过不同形式的政府和法律得到了保护。同时,某种形式的政府可以让政治完全消失,产生史无前例的可怕、矛盾的后果。极权主义作为一种全新的事物,既不等于暴政,也不等于一党专政,而是从根本上革除了政治。极权主义通过让人之为人变得多余,首先在选定的人群,最终是在任何人群当中系统地消除了人性。

正如你所说的那样,这就是她的核心教学内容,这是她希望自己的学生(我们)以及读者们去把握的。不仅是欧洲的智识传统对于这种新事物没有概念,而且传统恰恰就暗含在这种新事物当中、这种新事物就是在传统的基础之上成长起来的。阿伦特希望显示她对于这个问题的思考结果。

她思考的结果是,传统是一个终点,任何新的思考都必须超越它。新的思考必须往前推进,这首先就需要进行历史回顾,去理解为什么这些传统概念对于理解我们这个世界是无力的,以及传统本身是怎样卷入到那些恐怖当中去的。因此,她的每一篇文章、每一本书,都以一种历史游历作为起点,以此来服务于新的思考。我们

---

① 这篇文章是指扬-布吕尔在 2000 年于《Du 杂志》上发表的《纽约知识分子:三代人的希望》(Die New Yorker Intellektuelle. Drei Generationen Hoffnungen)。——译者注

反复评论的各种区分、她的教育实践,都是这样提出来的。作为她的学生,我想她对于历史准备的关注,和别的事情一样让我印象深刻。而且我感觉到,正是在这里她绝对认为自己是实践的。我以此来回应你上一封信中的最后一个问题。她像一台挖掘机一样,把地表清理干净、准备停当,把思考从各种习惯、嗜好、规则的约束以及毫无价值的事务中解放出来。

新的思考必须往前推进,它的第二种方式就是借助于展望,以及努力在你所谓的"一个好世界"中生活。这是你使用的语言,的确是一个恰当的说法。不是一种乌托邦,不是一种意识形态的宫殿,不是一种英雄主义的舞台,不是一种道德说教,而是一个好世界。用汉娜·阿伦特的术语来说,我想这就意味着一个不可能出现极权主义的世界,一个极权主义要素永远不会成为现实的世界(这些要素在所有现代大众社会中都表现了出来)。在《极权主义的起源》第一版《序言》中,阿伦特借助20世纪50年代以及随后的很长时期内关于"自由世界"的各种修辞,戏剧性地把极权主义和自由并置。不过,她实际想表达的是"一个自由的世界",我想这正是你用"一个好世界"这个短语想要表达的东西。

为什么不是每个人都想要这样一个好世界呢?正如你设想的那样,这个问题推动着每一位心理分析师的工作。人们没有能力追求爱,没有能力追求令人满意的、促进成长的工作。这在政治上必然会导致人们不再欲求、不再坚守一个好世界。我们的工作,正是从物质和精神两方面入手去进行这些问题的研究。人们为什么不想去实现符合自己以及所有人利益的东西?换个方式来表达,问题会更加恐怖:为什么人们会想要一个不好的世界?例如,在这样的世界当中,他们可以预订一辆运送牲畜的卡车,装满人、送往死亡集中营。……如果你想一想基督的教诲(以完全质朴的方式),问题就会变得清楚:"像爱你自己那样爱你的邻居。"然后,你问一问自己:那些不爱自己的人要怎么办呢?他们怎样去爱自己的邻居?……拒绝最初的理解,不再认为恶是根本的,转而开始思考"恶的平淡性",我想这是阿伦特迈出的影响深远的一步。她在《极权主义的起源》的最后部分表达了这一点。这种(平淡的)恶既不是生来就有的邪恶,也不是心理病理学意义上的精神疾病,而是人身上的某种平凡的、非根本性的东西。阿伦特提供的这些思想,是如此富有挑战性。这也是为什么,我们会因为没法读到她本人在未完成的《判断》当中作的反思而感到懊恼的原因。

使用心理分析的语言,让我想要回应你信中的另外一个部分,并且回到教育这个话题上来。你提出,我进行心理分析的方式在当今世界可能是一种行动,"用温和一点的话说,在这个世界里,似乎对几乎所有的政治行动都感到了幻灭"。(感谢上帝,对于行动感到幻灭,这与支持一种让行动变得不可能的政府是不同的。这种形式的政府,让你放弃为自己和他人采取行动。)是的,如果考虑到这种幻灭的话,那么心理分析就是(或者能够成为)一种实践。这是描述自我仇恨或者缺乏自爱的另一种方式。但是,我更愿意把自己的实践,当作一种教育形式。我把自己当成一名教育者,只不过离开了课堂、进入了咨询室。当然,任何听说了这一点的心理分析师,都可能会质疑我的临床资格,认为我还没有掌握心理分析的入门课程,认为心理分析根本就不是某种"说教"。毕竟,你当然不会教育你的病人。但是这种警告往往反映了一种非常狭隘的教育概念,它把教育当作传递信息(科学教育)或者指示和禁令(道德教育)。当我把心理分析作为教育来看待的时候,我基于"教育"的基础来理解分析师和病患之间关系。这是一种阿伦特所谓的"解冻概念",是我对于汉娜·阿伦特所教内容的反思。"E-ducere"的意思是引出。我引导我的病人们,他们也会引导我。

不过,因为我总是对学习拉丁语感到踟蹰(我没有经历过那种了不起的古典文科中学的正规教育),因此我开始转向希腊语,在这个方面我可以愉快地与汉娜·阿伦特分享,我借此来进一步思考"教育"问题,思考教育在过去、现在和未来分别意味着什么。如你所知,在希腊语中有两组词与"教育"有关:第一组词,围绕着名词"*paideia*"。重点是儿童(*pais*),儿童被教育或者被教化。更古老的一组词,围绕着动词"*trepho*",重点是抚养、养育、照料、抚育,往往把儿童与植物、动物做类比。希腊语当中名词性的"教育"是"*trophe*",来自动词"*trepho*"。这个词与"喂养"和"看护"有多重联系。在这两组词当中,第二组词更为古老。《荷马史诗》中关于农业的比喻,把相关的词汇都整合到了一起。这两组词表达的观念,是要帮助儿童成长,去栽培他们,而不是把知识灌输进他们的头脑中,或者告诉他们该做什么。当然,帮助他们成长,也包含了帮助他们把这个世界当作自己的家,进入一个共有的世界。在柏拉图的对话录当中,你可以为公立教育系统找到一个有趣的复合词"*koinotrophike*",它的字面意思是"普通教育",这也意味着大家都接受的教育,类似于"常识"。

我把病人从他们对自己的了解当中引导出来。然后,我更加缓慢地引导出关于他们自己还不了解的事物、那些停留在他们潜意识当中的事物。这个过程释放了他们,让他们得以成长,可以克服那些妨碍或者阻滞他们成长的事物,让他们可以变得成熟。[希腊语当中的动词"*therapeuein*"("治愈")与"*trepho*"有关。]这种技术比苏格拉底的提问更为消极,但是二者的目标是类似的。照我的理解,这种技术的目的是帮助病人理解,他(或者她)过去曾经经历过的对于爱的失望,现在通过有意识和无意识的故事表现出来,并且对现在的经验、爱和被爱的能力有着复杂的影响,因此,要去工作、去劳动、去行动、去思考、去意愿、去判断,去进行各种人的活动。最重要同时也最相关的是,照料病人的人照料的是一些对于被爱感到失望的人。期待被爱并得到满足或者失望的经历为人们奠定了基础,让他们在世界上有归属感或者厌世感。感受就是伴随这个世界的各种纷繁复杂的事件产生的。

我曾写过的另一种描述目无世界的自我仇恨的方式,是说它是在用不满来"教育"自己,只关注和加剧你对于人和这个世界的失望。教育者必须面对和对抗这种类型的自我教育——一种反常的教育。所以,教育者必须善于去爱,给学生提供一种能够归属于其中的关系,这也是一种与这个世界的联系。不存在自我仇恨的教育者,这在情感上是自相矛盾的。(最近,我读到了一篇文章,其中包含了有关歌德的一段话:从效果来看,不是那些最聪明的老师对他影响最大,而是那些最爱他的人。想一想,要是既聪明又爱孩子,那这样的老师会有多么大的力量!)

对我来说,爱的满足和失望这种基本的人类经验,与汉娜·阿伦特核心教义之间的联系,就在于她对奥斯维辛的判断:"这不应该发生。"这个世界有问题,在这个世界当中奥斯维辛才可能出现并且的确出现了。一个人爱的能力如果被极大破坏了、自我仇恨，他就不会觉得"这不应该发生"。在极端情况下，一个自我仇恨的人会成为大屠杀的否定者。他可能会说："说这件事情发生过的那些人都在说谎，他们是在阴谋诋毁德国人。"他也可能不那么极端："那又怎样？谁在乎？这是很久以前的事了。"这是一种幻灭和漠视。

有趣的是，虽然整晚在写这些东西、现在也感到很疲倦，我却突然特别想要和你交谈！一部分原因是在我们交谈时，我是不是前后一致并不重要，我是不是在给自己支持的观点提供证据并不重要，这些都不会在下一次对话中得到修正、完善和重申。我可不想在明早醒来以后重读这些东西，然后说：哦，看在上帝的分儿上，这是多么肤浅呐！或者说：哦，这不是在重复你说过的东西吗？又或者是别的什么。在我们的对话当中，我从不自我批评。因此，对话更加安全，从中我会得到更大程度的激发和教育。而当我独自一人、只是想象你也在场的时候，或者意识到这是在"写作"、具有完全公开的意义时，情况就大不一样了。

那么，就这样吧。这已经非常了不起了，不是吗？时隔30年以后，我们仍然在思考汉娜·阿伦特对我们提出的挑战。她就像道家圣人那样，本身就是一种力量。对于效仿者们来说，她可以什么都不做，只要设立一个永恒的、得体的榜样就足够了。

爱你的，
伊丽莎白

2000年8月1日
亲爱的伊丽莎白，

在你 7 月 22 日的信件抵达时,我正在完成另一篇文章。因此,在我有时间回信之前,耽搁了一些日子。不过,在写那篇文章时,我就在考虑你写的东西,我相信我们会在今后的对话中保留其中一部分。例如,你说传统与极权主义的出现有关。对我来说,这是一个重要的问题,同时也是一个相当复杂的问题。但是,为了讨论这个问题,就可能把我们带偏到别的领域。同样,你说自我仇恨会成为极权主义运动的一个要素。好吧,这不正减少了那个世界的独特性吗?那个世界是极权主义运动产生的土壤,正是德国等国家在两次世界大战期间的实际状况。在后一个例子上,我们之间的差异在于,能不能把普遍的心理原则应用于偶发的政治问题上。对于这种差异,我们双方都不会感到诧异!这些问题当然值得充分讨论,不过或许得等到你能够每十天来我这里一趟的时候再说。像往常一样,我总是盼望你的来访!同时,我也在更概括地考虑迄今为止的这些信件,或许对于我看重的一些要点做些评论,是开始这封信的一个好办法。

我想说的第一点是,同时谈论我们从阿伦特那里学到的东西和阿伦特如何教这些东西,这让我体会到了一种撕裂感,尽管二者都与我们对这本书的贡献有关。但麻烦在于,当我们回顾自己从她那里学到的东西时,出于某种政治性的考虑,阿伦特教导我们的过程就被弱化了。阿伦特从来不教别人接受她的意见,但是她会以不偏私的方式慢慢渗透给我们一种能力,来形成自己的意见。一种不偏私的意见,是负责任信念的条件。在第一封信里,我已经提到了这一点在政治上的重要性。在这个意义上,知识传播在她的头脑中并不是最重要的,至少在研究生院的教育当中不是如此,而我们就在那里跟随她学习。她本人知识面宽广,当然会传授其中的一部分。但是,对她来说真正重要的不是这些知识,真正重要的东西太政治化、太依赖自己的经验以及太"存在主义"了,以至于无法用教学的方式来传播。所有这些,都说明了阿伦特的意见,即政治不是一件可以教授的事。然而,我要补充的是,她的知识的羽翼可以保护我们这些学生免受幻觉的干扰。以这种方式,阿伦特示范了教师的权威。她发现在各种现代理论和当前各种教育实践当中,教师权威已经消失了。

在你的第一封信中,你顺带提到了阿伦特对于教育的理解,认为教育与"各种技能教学当然不是一回事"。确实如此,在某种意义上,这句话直接切中了我们在这些信件中谈论的问题的要害。教育(来自"*educare*",意思是"长大";"*educare*"则源于"*educere*"),尤其是小学和中学教育并不被理解为一种专门的"训练",而是要发展人内在的那些潜能。每个儿童都有独特的潜能。当然,对阿伦特来说,教育的一个主要目标就是发展儿童处在"形成"过程中的那种独特性。但是今天,上百万儿童正在接受训练来获得确定的"资质",这并非通过个性化的发展,而是通过学业评估考试(Scholastic Assessment Test,SAT)。在标准化测验中取得成功,被认为是通往那个将要生活于其中的世界的钥匙。这与阿伦特认为的教育要教会"儿童这世界是什么样的",形成了强烈对比。这成为理解阿伦特所说的"在生活艺术中"进行教学的一种方式。《教育危机》是一篇有说服力的、尖锐的文章,同时对我来说也是存在问题的一篇文章。在这篇文章当中,阿伦特清楚地表明了把儿童引入这个世界的理由,那就是他或她能够"足够热爱这个世界,愿意为这个世界承担责任;同样,正是通过教育可以挽救这个世界,让它不至于走向毁灭。因为,如果没有更新、没有新人和年轻人的加入,世界的毁灭就难以避免"。这篇文章明确对"教育领域"(其中,权威、传统的原则是必要的)和"实际世界"(其中,既没有权威的结构,也不是通过传统凝聚在一起的)进行了区分。换言之,在早期教育中有效的东西,一般来说在政治和成人生活中就不再有效了。该区分的一个必然推论是,为了培养对这个世界的责任感,儿童必须"面向过去",因为他们对于这个旧世界来说是一批新人。阿伦特在别处说过,所有的人文主义教育都必须面对过去。我们从作为她的学生的经验、从你提到的她作为课程开端的"历史导览"的后续内容以及她的大部分作品当中,都可以了解到这一点。因此,尽管她不是一位传统意义上的历史学家,但在她的思想当中却包含了历史的维度。(她曾经跟我说过,她不知道"历史是什么"。)这在她对于历史概念本身的历史发展的政治和哲学考察中有最明显的体现。

但是,在你的第一封信当中,你也提到了《文化危机》这篇文章,它并不是关于儿童教育的。我要完整引用你引证过的那段话:"传统线索被打破了,我们必须亲自去发现过去。也就是说,我们要阅读传统中的那些作者,就像从前没有人读过他们一样。"这也是在面对过去,只是用了一种完全不同的方式。她的做法以及在研究院里努力教会我们去做的就是找回过去。这里所说的"找回过去",不是可以凭借传统传递下来的某种历史性的整体,而是从时间的破坏力量当中,挽救传统中"丰富和奇异"的部分。这不是儿童的游戏或者儿童的工作,但它却似乎和阿伦特针对小学和中学教育中对于传统和权威的强调略有矛盾。一个人在发现传统当中的断裂之前,如果能像阿伦特那样懂得传统，这可能是一件好事。阿伦特对此进行了主题化。但是，这正是我认为在《教育危机》中存在的问题：这篇文章当中提出的监护的观点，与阿伦特自己对于这个世界的经验之间是冲突的。尽管如此，阿伦特并没有具体讨论技术细节。譬如，儿童怎样才能被教成她认为的那样？对于一种破碎传统的兴趣怎样才能得到更新？当然，我也没有能力去回答这样的问题。我希望本书的其他作者，那些教育专业的同仁们能够解答这个问题。我盼望读到他们的见解。

现在，我尝试解决下面这些问题：我们这些不是儿童的人，从阿伦特那里学到了什么？她是如何通过教学，在很大程度上是通过自己的示范，来把我们引入这个世界、找回这个世界的过去的？我想，这里的关键之处在于，从我们的内部发展出一种能力，对于分享了这个世界的男男女女的伟大多样性，作出不偏私的回应。这有助于维系一个共有的世界，而极权主义正要摧毁这个世界。这样的责任，尽管不是知识方面的问题，但是仍然需要思考。阿伦特并不是往我们的脑袋里填充知识，而是教我们"思考"；在阿伦特的概念中，"思考"是实践的。因为，正如阿伦特所说，作为一种习惯的思考，"是让人免于作恶的诸多条件之一"。失去对一个共有的世界的认识，这是谈论"厌世"的一种方式。（如果你喜欢，也可以用"worldlessness""Weltlosigkeit"或"world loss"。）阿伦特教育我们，要参与到可能的同时也是愉悦的、常识的应用中去，借助他人（可以是仍然健在的，也可以是已然故去的）的视野来丰富我们的视野。她把这种常识的应用，理解为共同体意识和沟通意识，构成了共有的世界的条件。正如我们曾经说过的那样，分享他人的视野，就是在扩展自己的心智。接下来，我想要提供一个例子，以说明这对我来说意味着什么。

我面前的桌子上有一幅皮耶罗(Piero della Francesca)的《复活》(Resurrezione)的复制品。当然,复制品只是原件保存完好的一个提醒。作品原件收藏于桑塞波尔克罗市立美术馆,皮耶罗就出生在这座城市。这是位于意大利半岛中部的一个小镇,距离佛罗伦萨不远,靠近阿雷佐。赫胥黎(Aldous Huxley)把《复活》称为世界上"最好的"和"最伟大的"画作,我也这样认为。尽管我的理由不仅仅是(或者说并不主要是)出于赫胥黎所说的那种艺术史的原因。当然,赫胥黎给出的那些理由,本身既巧妙又准确。这幅画不同于我所了解的任何别的对于复活的描绘。那些作品都描绘了复活的基督,用一种与俗世力量相比强大得无与伦比的精神力、超自然力,来战胜那些看守坟墓的士兵。在这幅作品当中,坟墓前的士兵睡着了,睡得很香甜(一位意大利朋友曾经补充道,这就是"睡眠的根本");其中一个士兵被人们认为是画家的自画像。这个猜想到底是真是假,是有意义的。在这里,基督的权力与任何别的力量都分离开了。他的左腿弯曲,顶在墓石上,好像抓住了升天的那一刻,但完全没有移动的意思。他的面孔整个面向前方,位于画面的正中央,他的眼睛凝视着你的眼睛。如果你同样凝视着他的眼睛,那你就可能会被定住,它们会对你说"醒来、醒来"。在这幅画面前站得越久,你就越是能了解到自己已经或正在沉睡,就和前景中的那些士兵一样,进入了画作之中。如果你在画前停留得足够久,在这幅画的世界中,你也可能会开始摆脱睡眠。对我来说,这是一种十分强烈的愉悦体验。尽管无法证明,但我并不怀疑皮耶罗是在有意提供这样的愉悦。对我来说,这种共享的视角跟宗教权威没有任何联系。但是我相信,它已经扩展了我的心智,让我意识到这个共有的世界的深度，尽管这只是以一种间歇的方式来进行的。我从来没有对阿伦特谈起过这幅画，从来没有谈起过皮耶罗。尽管阿伦特从来不曾为我鉴赏这幅画做过任何"准备"，但如果我不曾向她学习，我可能永远也欣赏不了这种进入一个世界的方式，可能永远无法掌握甚至不想去掌握这种方式。

这个经验是我此前所说"个性的独特愉悦"的一个例子。我现在觉得这可能不那么"独特"了，毕竟与那种困难、复杂的乐趣相比，二者无论如何都是同根同源的。同时，我想这一定类似于你所说的一个好世界的意思。我们知道自己是这个世界的客人，可以成为彼此的朋友，知道这是一个不可能发生极权主义的世界。这不是一个野蛮人的世界，归属于这个世界也就意味着对于生命的扩展。但是，在阿伦特试图让我们明白的事物当中，最困难的部分就在于这样的一个世界是比生命本身更有价值的。

阿伦特认为，每个人都是独特的、生而自由。我有时候会想，这是真的吗？但是，我从未怀疑在时隔30多年以后，你和我还能一直热衷于谈论她、思考她对我们说过的话，其中的主要理由是因为她自己向我们展现了一个独特而自由的人。在这里，我真正要说的是她说过的，而不是她写出来的。对你我来说，曾经有这样的机会听到她说话、倾听她的声音。今天，处在我们谈话当中的，不是某个戴着公共面具的知名女性，而是有一种"直接的现实性"。正如她在晚年做的那样，这是一种"可以识别，但是无法定义"的人，不断通过无形的面具（人格面具）来发声。

在阿伦特五十岁生日时，卡尔·雅斯贝尔斯给自己这位曾经的学生写道："你的生活是靠着那种战胜了邪恶、恐惧的坚定不移而赢得的；同样的邪恶和恐惧，却打败了那么多的人。"这话说得真好，完全准确。但是为了"理解"邪恶,阿伦特必须亲自对他们作出判断,既包括那些作恶的人,也包括那些承受恶的人。基于此,阿伦特发现,打败他们的东西,主要不是来自"外部"。这是阿伦特进行的那种艰难判断的一个例子,是行动的另一面或者是行动在精神上的等价物。这两者我们都没法去教授,而是都要靠范例的指引。这些范例,有别于人的生命,都不受有死性的感染。

我们一开始向阿伦特学习是在1968年,这是发生了学生运动、反越战游行的一年,也是持续抗议枯燥乏味、死气沉沉、苍白无力的整个政治领域的一年,尤其是在小马丁·路德·金和肯尼迪遇刺以后。在当时的氛围下,阿伦特是非常受欢迎的,甚至可以说是一种启迪。当时的年轻人,不是从自身,而是从《人之为人的条件》和《论革命》这样的书当中,发现了一种新起点的可能性。

如果说我们最初受到阿伦特的吸引是不切实际的,那么当我们结识作为教师的阿伦特时,就再也没有这种不切实际了。对于这位行动理论家来说,教学本身是不能预先排练的演出,尤其是研讨班上的那种你来我往的讨论,阿伦特说这是"对所有人都开放的"。她要求学生们提出一些真问题,而不只是卖弄辞令。然后,她往往会以完全出人意料的方式来回答这些问题。令我印象深刻的是她的那种紧张不安,这不是愤怒,而是激动。在她说话时这样的紧张不安都消失了,但这与表演开始前的那种怯场不同,再伟大的演员也常常伴有那样的怯场。这更像是一种持续的精神状态,一种不断想要开始的急迫感,这是她似乎从未经历过懈怠这个奇特事实的结果。与我们中的多数人不同,我们总会在一个情境中寻找起点、动机、力量的来源和动作。阿伦特则表现为一个起点。因此,她的这种显而易见的激动表现了圣·奥古斯丁所说的"*Initium ergo ut esset , creatus est homo*"("存在一个起点,人在这个起点上被创造出来")。这种创造,不是要去开始某种有预定结果的事物,而仅仅是成为一个起点。这不是她教的内容,而是她有关行动和判断的思想,以及有关多样性作为公共生活唯一条件的思想。在这样的公共生活当中,个人才可以实现自己潜在的自由和独特性。在她的这种自发"演出"①中,阿伦特示范了奥古斯丁的话对于她的意义。因此,尽管她对于学术界的态度是批判性的,但是她并没有像尼采那样放弃、去过一种孤独的生活、孤独地进行思考。在她的研讨班上,每一个参与者都是一个"公民",都要提供自己的意见,让自己加入这个微型城邦并且塑造它,或者用阿伦特的话来说是让它变得"更好一点"。

阿伦特相信,当世界的安全、制度尤其是个人在其中的独特处境受到威胁时,思考的需求就是广泛而急迫的。这当然不再是一种排他性的经验,或者仅仅是专业哲学家才关心的事。20世纪在维系一个共有的世界上的无能,开启了一种愿景。阿伦特认为,这就是政治生活的起源:在"公共领域"多样的人的生活当中,与他人进行交换、行动和交谈,并成为他们自己。这不是为了安全,而是为了他们的自由。在当今世界,阿伦特关于思考在政治上的紧迫性的观点,已经引起了深刻的共鸣。尽管冷战结束了,但是冷战引发的东西并未完全清除。有大量证据表明,困扰20世纪的困惑并未消失。世界上几乎每一个角落都有人开始转向阿伦特,努力摆脱压迫。他们比我们少一点直接性,但是他们更具有反思性,是同样真实的教育经验。他们无法向她提问,也没有机会聆听她的回答。但是,他们把阿伦特当作一个可以信赖的人,他们用她来鼓舞自己去思考,

---

① 指阿伦特的教学。——译者注

为自己去实现自由的意义。20世纪出现的极权主义的永恒教训是，自由是脆弱的，共有的世界是暂时性的、可以被毁灭。这并不意味着地球的毁灭或者我们这个物种的毁灭。这两者的概率看起来都如此之小，至多是某种宇宙层面的意外事件。极权主义毁灭的是公共空间，而只有在公共空间当中，各色男女才可能有所表现，他们的独特性才可能得到认可，最终他们在自由方面的平等才有可能。基于某种宇宙观，所有的实体都是基于某种自动过程产生的、每一个改变都既缓慢（难以觉察）又如此突然（需要引入一个反常事物才可以得到解释），实际的改变是稀缺的。从这个观点来看，人类自由的表现、自发干预自然过程的能力，只能被认为是一个个奇迹。对阿伦特来说，这样的奇迹构成了人的真相。无论是直接还是间接地结识她，获得的乐趣都是因为看见了她提供的那种真相。

期待你的到来，期待更多的交谈，爱你的，

杰里

译名对照

丁道勇

阿伦特的大部分作品都有中译本。本书读者可能已经不同程度地接触过这些中译本了。由于出版时间不同、译者不同、译者的理解不同,所以一些关键概念的中文译法也不尽相同。译名上的参差,容易让读者有"对面不相识"的尴尬。譬如,"natality"就曾被译作"出生率""诞生""诞生性""终有一生""新生"等,本书则将其译作"新生性"。译本读者很难凭借中文译名,对阿伦特使用的"natality"建立统一认识,甚至意识不到不同中文译名原来指的是同一个概念。为减少这种困扰,我把全书涉及的阿伦特的一部分术语整理出来,把本书的译法与已有的一部分中译本的译法做了比照,并简略说明我对于这些术语的理解和译法选择上的一些考虑。

1. appearance(表现)、appear(表现)、public appearance(公共表现)、manifest(显现)

阿伦特在《精神生活》第一卷,设专章讨论了"appearance"。在已有的中译本当中,姜志辉译本把这个词译为"显现"、苏友贞译本把这个词译为"表象"、陈高华译本把这个词译为"显象"。在《人之为人的条件》中,阿伦特写道:"如果像马克思曾经说过的那样,存在和表现永远不再联系，确实是现代科学的基本假设，那么就没有什么可以作为信仰的屏障了。"①其中"bing"和"appearance"，在竺乾威译本、王寅丽译本中均译为"存在"和"现象"。在曹明、苏婉儿所译《康德政治哲学讲稿》中，把"the world of appearances"译为"外观的世界"。该书的杨德立、李雨钟译本，把这个概念译作"现相的世界"。在康德作品的中译本中，"appearance"的译法又有不同。譬如，蓝公武所译《纯粹理性批判》以史密斯的英译本为底本，其中的"appearance"被译作"现象"。结合所有这几个来源，"appearance"这个词先后被译做"显现""表象""显像""现象""外观""现相"。

回到阿伦特，她在《人之为人的条件》中写道："当人们以言说和行动的方式聚集到一起时，表现的空间（the space of appearance）就出现了。"②这是把"表现的空间"和"公共空间"看作了同一个东西。基于这样的涵义，本书把"appearance"及"appear"译为"表现"。同时，为体现译法上的区分，本书中的"manifest"译为"显现"。

2. banality of evil（恶的平淡性）、banality（平淡性）、banal（平淡的）、distinctiveness（独特性）、distinctive（独特的）

"banality of evil"这个短语，出自《艾希曼在耶路撒冷》一书的副标题。据说，这个副标题来自阿伦特的丈夫布鲁希尔（Heinrich Blücher）③。截至目前，该书共有两个中文译本：施奕如译《平凡的邪

---

① Arendt, H. (1958/1998). *The human condition* (2nd ed.). Chicago: University of Chicago Press, p. 275.
② Ibid., p. 199.
③ Assy, B. (2003). *Private faces in public places: Hannah Arendt's life of the mind towards an ethics of personal responsibility*. Unpublished Ph.D. dissertation, New School University, New York. Dissertation Committee include: Agnes Heller, Richard Bernstein, and Jay Bernstein. 详见该文第24页的脚注第29。

恶:艾希曼耶路撒冷大审纪实》和安尼译《艾希曼在耶路撒冷:一份关于平庸的恶的报告》。另外,《责任与判断》一书的中文修订版新增的正标题:"反抗'平庸之恶'",用到了阿伦特的这个著名概念。这三本书对于"banality of evil"的译法近似。

"平庸之恶"(或"平凡的邪恶""平庸的恶")的译法,代表了一种对于阿伦特的普遍误解。简单来说,就是认为"平庸者"会因其"平庸"而作"恶"。"平庸者"思考能力低下、拒绝承担责任、无法作出妥善的判断。他们是社会大机器的一个齿轮,他们奉令行事,最终犯下了滔天罪行。阿伦特笔下的艾希曼似乎就是这样——他言语无味、平庸无趣,但同时又在大屠杀当中扮演了关键角色。在这种译法传达的理解当中,滔天恶行不是出于天才恶棍们的手笔,而是由平庸之辈来完成的。"恶"是"平庸"的人因其"平庸"而犯下的过错。所谓"雪崩时没有一片雪花觉得自己有责任",就有这个意思。根据这种理解,反对"平庸之恶"的方案,似乎就在于"平庸"的人勇敢承担起自己的责任,过一种英雄主义的生活。

这种鼓励普通人当英雄的解读,是对阿伦特的一种误读。[①] 阿伦特固然关心行动带来的机遇,但更关注行动结果的不确定性。属于英雄的那种为了既定目标不惜牺牲一切、可以扫除前进路上一切障碍的生活哲学,恰恰是让阿伦特感到恐惧的东西。另外,阿伦特也不相信通过个人的直接对抗就可以克制恶。阿伦特的方案,是希望个人可以作为人去生活,而不希望他们扮演悲剧英雄。群众若能保持思考、避免"无思",就可以为公共空间的保存创造条件,避免能够滋

---

① Canovan, M. (1998). Introduction. In H. Arendt (1958/1998). *The human condition* (2nd ed., pp. vii-xx). Chicago: University of Chicago Press, p. xiii.

长极权主义的土壤。总之,阿伦特并不欣赏英雄行动。那种不惜头破血流也要起身反抗的悲剧英雄式的生活方式,不是阿伦特的主张。

在译法上,我选择用"恶的平淡性"来翻译"banality of evil"。这不仅仅是出于语法上的考虑,更主要的是出于对阿伦特笔下的"恶"的理解。阿伦特在私人空间与公共空间、思考与行动之间建立了联系,认为群众的"无思"是 20 世纪出现的极端"恶"的主要致因。阿伦特与艾希曼审判者的理解不同,她认为极端的"恶"恰恰是"平淡的",因为是人们的"无思"导致了这种情况的出现;人们在面对那些极其残忍的事情时,用别人告诉自己的答案来理解眼前的一切。在一次访问当中,阿伦特描述了荣格(Ernst Jünger)说过的一个故事:战争期间,有农场主从集中营里带出来一些快要饿死的俄罗斯囚犯。农场主告诉荣格,这些下等人吃猪食。① 当农场主这么说话的时候,他就在拒绝"思"的可能性。这个农场主相信,吃猪食恰恰证明了下等人的恶心,但是忘记了这是所有快要饿死的人的正常反应。他相信对这些人的判断,于是他看到的一切就都证明了他相信的。阿伦特用这个例子来解释她所说的"平淡性"。这种理解颠覆了一项西方思想的传统——"恶"不再具有"深刻的基础或者动机"②,而仅仅是因为放弃了"思"。又因为这种"恶"是因为拒绝"思"而导致的,因此这种恶难以防备,因为它甚至没有进入人的思考范围。极端的恶,也就是不可思议的恶(注意,这里的"不可思议"不是指"巨大")。总之,阿伦特使用"banality of evil",不是指"平庸者"的"恶"。

---

① Arendt, H. (2018). 'As if speaking to a brick wall': A conversation with Joachim Fest. In H. Arendt. *Thinking without a banister: Essays in understanding, 1953-1975* (pp. 274-290). New York: Schocken Books, p. 279.

② Arendt, H. (1978). *The life of the mind: Thinking*. New York: Harcourt Brace Jovanovich, p. 4.

实际上，把"banality of evil"译为"平庸之恶"，恰好颠倒了阿伦特的原意：第一，阿伦特不认为纳粹德国对犹太人犯下的极端的"恶"要由普通人负全责。阿伦特写道："缺乏思考不是愚蠢，缺乏思考的状态同样可以在那些极其聪明的人身上找得到。"①"恶的平淡性"对于平凡的人和精英分子都有效。第二，阿伦特不相信个人努力足以应对"恶"的威胁，她把保持多样性的公共空间作为解决问题的备选方案。因为，多样性同时也就意味着独特性，而独特性恰恰可以抵消平淡性，可以引发人的思考。可是，个人努力的范围仅在于确保自己作为一个"人"去生活。如果大众教育没有跟上，这个社会也仍然有可能面临极端的恶的威胁。个人身处那种社会，仍旧会无能为力。阿伦特将极端的恶这一现象进行了理论化，但是这个现象本身是无解的。第三，阿伦特不相信她研究的这种"恶"可以根治。阿伦特是悲观的，所以在《人之为人的条件》中会说"本书并未提供唯一的答案"。因为恶的平淡性，使得那种平淡的恶根本就处在思考范围以外。换句话说，"思考"找不到自己要与之战斗的敌人②。正是"恶的平淡性"让"恶"可以在人的思考范围之外肆意蔓延，"平淡性"正是极端的"恶"的可怕之处。总而言之，阿伦特的"banality of evil"描述了过去被忽略的一种人类之恶的属性，而远远不是对普通人的谴责。已有的中文译法需要再斟酌。

3. common world（共有的世界）、commitment（承诺）、responsibility（责任）

在《人之为人的条件》中，阿伦特写道："共有的世界，就是我们

---

① Arendt, H. (1978). *The life of the mind: Thinking*. New York: Harcourt Brace Jovanovich, p. 13.

② Kohn, J. (2018). Introduction. In H. Arendt. *Thinking without a banister: Essays in understanding, 1953-1975*. New York: Schocken Books.

降生时进入、离世时撇下的东西。它超越了我们的生命周期,以至于延伸到过去和未来。在我们到来之前,它已经在那里了。在我们短暂逗留以后,它将继续永存。"①在已有中译本当中,竺乾威等人的译本译作"共同的世界",王寅丽译作"共同世界",林宏涛译作"共有的世界"。我认为,译为"共有",可以强调"这个世界"为每个过去、现在、未来的成员所"有"的状况。"这个世界"会带上每个人的烙印,尽管它实际上总是超然于每个人之上,至多只是暂时为每个人所有。更准确地说,它是在这种为每个人所有的状态中才得以出现的。"共同"似乎在表达我们归属于一个"同一"的世界,而"同一"是一个多余的意思且与阿伦特的本意相左——阿伦特的共有世界要求保存多样性。同时,"共同"也未能表达每个人对这个世界行使所"有"权的状况。亚里士多德和柏拉图对于城邦的不同看法是很好的范例,可以用来区别"共同"和"共有"②。

4. enlarged mentality(达观的心智)、enlarged thinker(达观的思考者)、representative thinking(换位思考)

阿伦特所谓"enlarged mentality",采用的是康德《判断力批判》中的用法,是普通人类知性的第二条思维准则。对于这条准则,宗白华译本译作"站到每个别人的地位上思想",牟宗三译本译作"放大的思想"、邓晓芒译本译作"扩展的思维方式"。

对于这条准则,阿伦特在《康德政治哲学演讲》中专门做过注解。在阿伦特作品中译本当中,王寅丽将其译为"扩大了的精神",姜志辉译为"扩大的精神状态",曹明、苏婉儿译为"扩展了的心态",

---

① Arendt, H. (1958/1998). *The human condition* (2nd ed.). Chicago: University of Chicago Press, p. 55.
② Yark, B. (1993). *Problems of a political animal: community, justice, and conflict in Aristotelian political thought*. Los Angeles: California University Press.

杨德立、李雨钟译为"扩大的心智"。在我看来，"enlarged mentality"指的就是相信这世上还有别的头脑，所以不必执着于一种立场。这也是一种破"我执"，尽管没有佛家破得彻底。译为"达观"，是取其"纵览""遍览"的意思，譬如"达观古今"。"达观"的思考者，是能够"换位思考"（representative thinking）的人。

5. natality（新生性）、mortality（有死性）、mortals（必有一死的凡人）

在已有中译本当中，竺乾威等人译作"出生率""诞生"，王寅丽译作"诞生性"，姜志辉所译《精神生活·意志》将其译作"终有一生"。我注意到，在《人之为人的条件》一书当中，阿伦特把"birth and death"和"natality and mortality"并举，称作人的存在的一般条件①。其中，"natality and mortality"同样都是人要面对的基本事实，是由于人的生死带来的人的一般条件。

在我看来，阿伦特所谓"natality"，描述的不只是儿童，更不只是婴儿，而是同样指成人进入公共空间的一种可能状况。个人通过自己的言说和行动，成为公共空间的一分子。这时我们可以说，他通过自己的努力获得和维系了一种身份，实现了自己的又一次"降生"。如果没有这些努力，那么他对于这个世界来说实际上就是可有可无的，他成了一个多余的人，他还未"降生"到这个世界上。在阿伦特讨论公共空间时，并不包含未成年人。教育界在讨论阿伦特时，应小心赖尔所谓的范畴错误（category mistake）。

在选择"natality"的译法时，需要同时考虑本书使用的另外一组词的译法，包括：the new（新）、newness（新意）、newcomer（新人）、

---

① Arendt, H. (1958/1998). *The human condition* (2nd ed.). Chicago: University of Chicago Press, p. 8.

new beginning(新的起点)、new(新的、新型的、新颖的)、something new/new thing(新元素、某些不一样的东西、新的事物)。译为"新生性",一方面可以有别于所有这些词,尤其是 newness。同时,我也有意通过这个译法,强调"新生者"通过带给这个世界一些更新的可能性,从而实现自身的又一次"降生"的意味。"新"和"生",被看作同一个过程的一体两面。

6. *The human condition*(人之为人的条件)

阿伦特谈及的人的"条件"范围极其广泛,既包括"新生性""有死性""多样性""迟来性"等,也包括人生活在地球上、受世界法则的约束等。简单来说,阿伦特所谓"condition",既包含有利于人之为人的方面,也包含不利于人之为人的方面。甚至可以说,对于这些不利方面的观察,更能代表阿伦特的成就。

"人形动物(human animal)意识不到自己的能力和责任,因此不适合去掌管那种毁天灭地的力量。"[①]她定义的犹太人中的"趋附者"(parvenu),乃至她笔下的艾希曼,都不是合格的"人"。简单来说,《人之为人的条件》的主题,不是生物学意义上的人的条件,而是实现了人之为人的可能性的"人"的条件。我用"人之为人的条件",想要直截了当地指明阿伦特这种人非生而为人的观点。

《人之为人的条件》这本书,目前有三个中译本。其中,有两个中译本译为"人的条件",一个中译本译为"人的境况"。阿伦特曾提到,该书英文版的书名是出版者所设,而阿伦特自己中意的书名实

---

① Arendt, H. (1958/1998). *The human condition* (2nd ed.). Chicago: University of Chicago Press, p. xi.

际上是《行动生活》(Vita Activa)①。该书德文版即以此命名(Vita activa oder Vom tätigen Leben)。另外，从《人之为人的条件》的致谢处可以得知，书中的部分文章来源于1956年阿伦特在芝加哥大学的系列演讲，讲座标题即为"Vita Activa"。我选定《人之为人的条件》这个译法，以契合该书这一隐匿的标题。因为，在阿伦特那里，行动和言说正属于人之为人的条件。

7. thinking（思考）、nonthinking/thoughtlessness/thoughtless（无思）、urgent need to think（对于思考的迫切需求）、judging/judge（判断）、judgment（在与 cultivation、education 一起用时，译为"判断力"；在提及康德的《判断力批判》时译为"判断力"；在与 good、faculty、political 等一起用时，译为"判断"）、withdraw from the world（远离这个世界）

《精神生活》预计含三卷，分别是"思考""意愿"和"判断"，但是第三卷未及完成。《康德政治哲学演讲》英文版扉页的背面，附上了阿伦特去世前在打字机上留下的第三卷"判断"（judging）的书名页影印照片②。阿伦特在《论阿伦特》中写道："《人之为人的条件》的主要缺陷和错误在于：我是从沉思生活（vita comtemplativa）的角度出发，来关注传统上所谓的行动生活（vita activa），而一点儿也没有真正提及沉思生活（vita contemplativa）本身。"③她觉得有必要写

---

① Arendt, H. (1978). *The life of the mind: Thinking*. New York: Harcourt Brace Jovanovich, p. 6.
② Arendt, H. (1982). *Lectures on Kant's political philosophy*. Chicago: University of Chicago Press.
③ Arendt, H. (1979). On Hannah Arendt. In M. A. Hill (Ed.), *Hannah Arendt: The recovery of the public world* (pp. 301-339). New York: St. Martin's Press, p. 305.

《人之为人的条件》的第二卷,但是这项任务并未执行,她选择完成的是《精神生活》。在前一本书的末尾,阿伦特引用了加图的格言作为结束:"无所事事时,我最有作为;孤身一人时,我最不寂寞。"在后一本书的扉页位置,阿伦特再次引用这句格言作为开始①。这种巧合,体现了行动生活和沉思生活这两大话题在阿伦特思想体系中的连续性。

在《精神生活》的一开篇,阿伦特引用了海德格尔的一段话:"思不像各门科学那样可以带来知识,思不生产有用的实践智慧,思不解决宇宙的谜题,思不直接给我们赋予行动的力量。"在另一处,海德格尔写道:"对知识的欲求和对说明的贪欲绝不能把我们带入一种运思的追问之中。求知欲始终就是一种自我意识的潜在的僭越要求。"②在这两段话当中,海德格尔用否定的方式描述了什么不是"思"。类似的否定,我们还可以继续下去,譬如思不是做学问,思不是满足认知目标,思不等于经验科学甚至形而上学中的思考。如果用肯定的说法,则"思"可以是处在所有这些知识与学问之先的活动,它不是对存在者的思考,而是存在显现给思者的那一刻有可能发生的事。说思在一切思考之先,是因为如果存在不做这种显现,那么思以及对存在者的思考就都不可能了。国内在讨论海德格尔时常用"思",而不用"思维""思考"等词,以显示海德格尔这一概念与一般围绕着存在者来说的那种心智活动的区别。

在"思"的问题上,阿伦特与海德格尔既相似、又不同。当阿伦

---

① Arendt, H. (1958/1998). *The human condition* (2nd ed.). Chicago: The University of Chicago Press, p. 325; Arendt, H. (1978). *The life of the mind*. New York: A. Harvest Book.

② 〔德〕海德格尔:《在通向语言的途中》,孙周兴译,商务印书馆 2015 年版。

特说无论上智下愚都可能思考也都可能无思的时候①,和海德格尔所说的那种摆脱了知识传统的"思"(他说我们至今还"无思")是一致的。人们在做各种实用的计算时,就放弃了海德格尔说的"思"。当一个人因为不能认识或者因为满足于已经得到的认识,而放弃对不可知的存在的好奇时,他就放弃了与世界的亲密联系,我们也会说这个人"无思"(阿伦特也有此意)。阿伦特的"思考"与海德格尔的"思"的区别在于,海德格尔把那种"思"理解为一种纯粹的活动,而阿伦特的"思考"与这个世界交织在一起,并不纯粹。当个人从私人领域走向公共领域之时,私人领域的"思考"和公共领域的"行动"就联系起来了。阿伦特的"思考"者不是这个世界的旁观者,而是参与者。在译法上,我用"思考"翻译阿伦特使用的 thinking,以显示与海德格尔的"思"的区别。同时,在否定场合又沿用海德格尔的"思"的译法,以显示阿伦特的不"思考"与海德格尔的"无思"的一致性。

8. pariah(边缘人)、conscious pariah(自觉的边缘人)、parvenu(趋附者)、exception Jews(例外的犹太人)

阿伦特在《极权主义的起源》第一部分第一章中有"在边缘人与趋附者之间"的标题。这两个词,是阿伦特从拉扎尔(Bernard Lazare)那里借用的。其中,所谓"例外的犹太人",就是主流非犹太人社会的趋附者,他们追求社会生活的成功并且做到了。他们是犹太人,但又不是一般的犹太人,是仍被作为犹太人,但是已经被同化了的犹太人。所谓的"边缘人",则是生活在主流社会圈之外的

---

① Arendt, H. (1978). *The life of the mind*: *Thinking*. New York: Harcourt Brace Jovanovich, p. 13.

那些被排挤的犹太人。阿伦特在写作《拉赫尔·法恩哈根》(*Rahel Varnahagen: The life of a Jewess*)时,即认同主人公的立场。按照扬-布吕尔的介绍:"阿伦特总认为自己是一个边缘人。……在阿伦特看来,边缘人的任务是对意外保持警觉、看看事物和事件是如何摆脱历史过程或模式的影响而显现的,避免为了趋附者的那种舒适而牺牲局外人的视角。"[①]"边缘人"是一种立场,正体现了她晚年在论述"思考"时所说的"远离"。阿伦特选择作为"自觉的边缘人":既坚持自己的犹太人身份,同时又在各种特殊性面前做到不偏私,对于这个世界上的不正义保持敏感。阿伦特对于犹太人问题的理解,就是出于这样一种"自觉的边缘人"的立场,并且因为她没有采用一种完全犹太人的立场而遭到了来自自身族群的抨击。概括来说,阿伦特既是一个犹太人,也是一个人,但不是一个放弃、扭曲、掩盖自己犹太人身份的人。在阿伦特看来,犹太人作为犹太人被迫害,犹太人却不能仅仅基于犹太人的身份出发来回应这种迫害。

本书第 6 章很好地分析了"边缘人"和"趋附者"的概念。尤其是其中的下面这段话,把上面这层意思说得很明白:"照阿伦特的估计,赫茨尔(Theodor Herzl)在趋附者和分离者这两种立场之间跳跃,代表了一种狭隘的身份政治的危险。这种狭隘的身份政治,基于一种假想的'我们'来反对一个统一的'他们',基于短期的、投机的联盟,它假装自身是完全真实的,但实际上却几乎完全是意识形态化的和非民主的。"

---

① Young-Bruehl, E. (1979). From the pariah's point of view: Reflections on Hannah Arendt's life and work. In M. A. Hill (Ed.), *Hannah Arendt: The recovery of the public world* (pp.3-26). New York: St. Martin's Press, pp.3-4.

在译法方面,林骧华译本对相关术语的译法是:pariah(贱民)、conscious pariah(具有意识的贱民)、exception Jews(例外的犹太人)、parvenu(新贵、暴发户)。李雨钟的译法分别是"贱民""自觉的贱民"和"新贵"。尤其是"贱民"这个译法,我觉得并不能匹配当时一些犹太人的体验,包括阿伦特本人以及她在《反犹主义》那一卷中描述的那些有卓越成就的犹太人。二战时期流亡美国的大批犹太人,在短期内的物质生活处境的确很糟糕。但是,阿伦特笔下作为"pariah"的犹太人,和印度的低种姓阶级毕竟还是有重大差别的,尤其是当他们进入"自觉"状态时情况更是如此。用"贱民"称呼这些人,不能与这些人的教养水平相匹配。更何况,这些人恰恰是社会主流不接受的族群,他们不是"民",因而也不能说他们是人"民"中的地位低下的一部分。

9. power(权力)、violence(暴力)、strength(力量)

阿伦特曾写道:"权力(power)是一种潜力,而不像力量(force or strength)那样是不可改变、可以度量、可靠的东西。如果说力量是孤立个体的自然属性,那么权力就在人们共同行动时出现在他们中间,并在人们分离时烟消云散。"① 在本书的另外一些场合,"power"未作为专有名词使用,届时我会将其译作"力"或"力量",与同样不是术语的"force"译名相同。

---

① Arendt, H.(1958/1998). *The human condition* (2nd ed.). Chicago: University of Chicago Press, p. 200.

10. public realm(公共领域)、public space/the public(公共空间)、the public(公众)、public arena(公共场合)、a common public world(共有的公共世界)、private realm/private sphere(私人领域)、private space(私人空间)、social realm(社会领域)、the social("社会的")、the political("政治的")、society(社会)、household(家庭)

在《人之为人的条件》中,阿伦特讨论了"政治的"(the political)被置换为"社会的"(the social)的历史,以及这种"置换"(或"对等")造成的思想混乱。简要来说,古希腊有"家庭"(包含私生活,隶属于私人领域)和"城邦"(包含政治生活,隶属于公共领域)这两个概念,但是并没有"社会"这个概念。阿伦特写道:"'社会的'(the political)对于'政治的'(the social)的不经意的置换是一种背离,结果希腊人最初对于政治的理解遗失了。这比任何精妙理论所作的都要有过之而无不及。"① 起源于拉丁文的"社会"概念与确定的目的、与统治有关,这些都与阿伦特理解的"政治"存在冲突。阿伦特反对的,恰恰是用明确的目的作为取向、取消公共空间的多样性。所以,阿伦特说"社会领域既不是私人领域、也不是公共领域,它的出现严格来说是一种新现象,它与现代同时出现、在民族国家中找到了自己的政治形式"②。讨论"社会的"对于"政治的"的伤害,是对阿伦特工作主题的另一种概括方式。卡诺文(Margaret Canovan)说,阿伦特关于"社会的"的讨论,一直是一个最让人困惑、最有争议

---

① Arendt, H. (1958/1998). *The human condition* (2nd ed.). Chicago: University of Chicago Press, p. 23.
② Ibid., p. 28.

的话题。① 因为这似乎暗示,阿伦特要求普通人对抗社会,去过一种英雄主义的生活(我对这个误解的分析,请参考前文对于"banality of evil"的译法说明)。阿伦特曾举过一个例子来表明"社会的"和"政治的"之间的区别:"让我们以住房问题为例。这里的社会问题是足够的住房。但是,足够的住房是否就意味着取消(有房者和无房者的)隔离,这当然就是一个政治问题了。这些问题中的每一个都一体两面,而其中有一面是毋庸置疑的。每个人都应该有体面的居所,这当然不应该有任何争议。"②换句话说,所谓"社会的"和"政治的"都是在刻画问题的属性,也可以认为是人看待问题的角度,而不是问题的分类。

基于以上这些理解,"the social"和"the political"都是描述问题的某些属性的专有名词。因为是专有名词,所以要给予一个排它、易辨识、可理解的译名,以便与"社会领域"和"社会空间"、"政治领域"与"政治空间"区分开来。踟蹰再三,我选择在本书中把"the social"译为"社会的",把"the political"译为"政治的"。通过加一个双引号,把作为专有名词的"the social"与"the political"与作为常用形容词的社会的、政治的区分开。这种情况主要出现在本书第 6 章和第 9 章。

《人之为人的条件》的第 6 节是"The rise of the social"、第 9 节是"The social and the private"。根据本书的这个译法,则分别可以

---

① Canovan, M. (1998). Introduction. In H. Arendt (1958/1998). *The human condition* (2nd ed., pp. vii-xx). Chicago: University of Chicago Press, p. xiii.

② Arendt, H. (2018). Hannah Arendt on Hannah Arendt. In H. Arendt. *Thinking without a banister*: *Essays in understanding*, 1953-1975 (pp. 443-475). New York: Schocken Books, p. 457.

译为:《"社会的"的出现》和《"社会的"与"私人的"》。对于这两个标题,在已有的中译本当中,竺乾威译本译为"社会领域的兴起""社会与个人"。该译法没有把"the social"看作一个专有名词。王寅丽译本译为"社会的兴起""社会的和私人的",林宏涛译本译为"社会领域的兴起""社会和私人",也未突出"the social"作为专有名词的地位。

11. the new(新)、newness(新意)、newcomer(新人)、new beginning(新的起点)、new(新的、新型的、新颖的)、something new/new thing(新元素、某些不一样的东西、新的东西)

本书第一章引用了朱迪斯·巴特勒的一段话,用来表明"新"并不是全然的原创:"对'新'的追逐是发展现代主义的要务,而后现代主义对于在某种程度上与'旧'毫无关联的'新'(如果存在这种'新'的话)的可能性都会产生怀疑。"①在这段话当中,巴特勒使用了带双引号的"'new'"和"'old'",并有"the 'new'"和"the 'old'"的字样。对这些词的译法选择,还要与阿伦特使用的"newness"和"natality"区分开来。为了在译法上突显这几个词的术语地位,我把"the new"理解为一个名词。具体来说,用带双引号的"新"来区分作为形容词的"新的"。换句话说,本书出现的带双引号的"新"均是指现代社会的那种求"新"的爱好所追求的对象。类似地,"the old"被译为带双引号的"旧"。阿伦特所用的"newness",在本书中被译为"新意"。这个译法主要是为了与作为名词的"the new"区分开,同时又能确保

---

① Butler, J. (1995). Contingent foundations. In S. Benhabib, J. Butler, D. Cornell, & N. Fraser (Eds.), *Feminist contentions: A philosophical exchange*. New York: Routledge, p. 39.

"newness"被作为一个名词。

阿伦特在《教育危机》中写道："我们的希望永远系于每一代人带来的'新'之上；但是，正是因为我们可以把希望寄托在这上面，在我们试图控制'新'，让我们这些'旧'来控制它的样貌时，我们就摧毁了全部。但正是为着每个儿童身上的新的和革命性的方面，教育才必须是保守的；教育必须保护这种新意，并且把这种新意当作一个新事物引入一个旧世界。但是在下一代人看来，不论旧世界的行动多么具有革命性，它也总是过时的、即将灭亡。"①在这段话当中，同时出现了"the new"和"newness"。王寅丽、张立立将前者译为"新事物"，将后者译为"新人新事"，未把这两个字当作术语看待。这与"新"在阿伦特思想中的位置不匹配。

12. the past（过去）、a past（某种过去）、past（过去的）

个人有自己的过去、现在和未来，这个世界也有自己的过去、现在、未来。过去等同于一个人、一个世界的历史，过去与现在发生关系，进而可以影响未来。在《教育危机》中，阿伦特即认为对儿童的教育应该强调传统和权威。"the past"包含传统，有可能成为儿童与他们将要进入的这个世界的居民共有的东西。

13. the world（这个世界）、the world as it is（这个如其所是的世界）、world alienation（厌世）、superfluousness（多余）、setting-right/set right（不断矫正）

阿伦特笔下的这个世界，是指人造成的世界。它不是一成不变

---

① Arendt, H. (1961). *Between past and future: Six exercises in political thought*. New York: Viking, pp.192-193.

的,而是随着新人的加入、不断接受"新"的可能性的世界。对于"新人"来说,这个世界是旧的。对于这个世界的居民来说,这个世界是"我们的",而终究会是这些"新人"的。译为"这个世界",以强调"世界"是复数的。世界是"新"还是"旧",是相对于"新人"或"旧人"而言的。

译者的话

我希望戈登的这本书,能够得到国内教育哲学界的重视。尽管阿伦特对于教育的直接讨论屈指可数,但是正如本书显示的那样,她的工作提供了大量富有新意的讨论视角。从清末建立新式学校系统开始,中国人就对学校教育抱以大量不切实际的期待,似乎接受学校教育的年限越长,人群所得的福祉就越大;似乎很多积重难返的社会弊病,可以只靠学校教育的普及来缓解,甚至克服……这种一面倒的关于学校教育的浪漫想象,不符合教育学的常识。阿伦特告诉我们,学校教育不只有可能推动社会改良,它也有可能成为扭曲、控制、愚弄人的机关。杜威在《民主与教育》的标题处,把"教育"与"民主"建立了联系。可是,在阿伦特看来,教育完全有可能成为破坏民主的急先锋。在我看来,一流的教育哲学家,是那些可以给出有价值的教育理解、提供有创见的教育模型的人。在这个意义上,孔子、庄子、佛陀、柏拉图、卢梭、斯宾塞、杜威、蒙台梭利、布鲁纳等人都是一流的。阿伦特有关私人、社会和公共空间的区分,有关思考的条件的论述,有关教育和政治领域的严格区分,有关教师双重责任的表达,所有这些工作完全可以整合为一种独特的教育模型,足以拓宽我们关于教育的想象,让我们可以用新的方式来谈论教育。在这个意义上,我认为阿伦特也是第一流的教育哲学家。作为世界上第一本把阿伦特与教育关联起来的作品,这本书也因此有了被翻译和阅读的价值。

阿伦特的主要作品,差不多都有中文版,并且译本还往往不止一个。这一方面表明阿伦特的作品在国内受众广泛,另一方面也导致了阿伦特作品在中文译法上的众多分歧。戈登这本书对于阿伦特作品有广泛的征引,对于她的主要概念几乎都有提及。这增加了本书在阅读和翻译上的难度。我在着手翻译之前,不得不先行建立一套自己的阿伦特术语表。(这套术语表体量庞大,不只是附录的这些。)在别的翻译工作中,我只要搞清楚概念在一本书里的用法就足够了,这本书却不能这样做。为了这一本书,我不得不去顾及更多本书。阿伦特在国内有庞大的、高质量的读者群。我确信,这套译法一定会有人不同意,甚至会引来直接的批评。尽管如此,我仍然选择了这种吃力不讨好的做法,没有借鉴已有的译文。我的初衷很纯粹:对于有学术价值的文本来说,统一术语实在是太重要了;译法的驳杂,会让学术译作的应用价值大打折扣。在这方面,中文版《杜威全集》和《卢梭全集》恰好是一对反例。前者是团队作战的产物,后者则因为出自一人之手,译文状况要好很多。总之,我期待学术著作的出版,能够更重视术语的译法标准问题。这就要求对关键人物作品的译介进行统一规划,零敲碎打是很难处理好这个问题的,教育哲学领域也是如此。我做翻译工作,带有一点朱利安所谓"迂回与进入"的初心,尝试通过阅读、学习外国人的写作,来为研读中国思想做一点技术准备。不过,即使只是一种工具性的工作,教育哲学作品的翻译也是需要规划的。

译稿是在 2019 年 2 月 24 日完成的,当时我住在纽约皇后区森林小丘 72 路 110-35 号。我在六年前的《教育哲学是什么》以及《教育群众》两篇文章当中，预告过这本书的中文版书讯。当日的预告，如今终于可以兑现了。这件事的成功，要感谢北京大学出版社的张宇溪、格致出版社的郑竹青、北京师范大学出版社的周益群等人。若非她们在不同阶段的帮忙，这份书稿或许还要继续躺在我的电脑里。

丁道勇

2025 年 6 月 1 日于八达岭